Claudia Weber

DER PAKT

Claudia Weber

DER PAKT

Stalin, Hitler und die Geschichte
einer mörderischen Allianz
1939–1941

C.H.Beck

Für Erna Weber (1922–1999)

Mit 21 Abbildungen

1.–2. Auflage. 2019

www.chbeck.de
Umschlaggestaltung: Kunst oder Reklame, München
Umschlagabbildung: Begegnung deutscher und sowjetischer Truppen an der Demarkationslinie, 20. September 1939 (Detail) © akg-images
Satz: Janß GmbH, Pfungstadt
Druck und Bindung: CPI – Ebner & Spiegel, Ulm
Gedruckt auf säurefreiem, alterungsbeständigem Papier
(hergestellt aus chlorfrei gebleichtem Zellstoff)
Printed in Germany
ISBN 978 3 406 73531 8

myclimate

klimaneutral produziert
www.chbeck.de/nachhaltig

Inhalt

Kapitel 3
«Wie unter Parteigenossen»
80

Kapitel 4
«Die Deutschen nach Deutschland, die Russen nach Russland, die Juden in den Bug!»
107

Kapitel 5
«Es war meine Aufgabe als Außenminister, die Grenzen unseres Vaterlandes zu vergrößern»
163

Kapitel 6

«Ein Spiel, ein Spiel, und zwar ein primitives»

183

Kapitel 7

«Zusammen mit den Deutschen wären wir unschlagbar gewesen»

202

Anhang

Abb. 1 Unterzeichnung des deutsch-sowjetischen Nichtangriffsvertrages am 23./24. August 1939 im Moskauer Kreml, in der Mitte Stalin, umringt von Außenkommissar Wjatscheslaw Molotow, Botschaftsrat Gustav Hilger, Legationsrat Andor Hencke und Reichsaußenminister Joachim von Ribbentrop (links mit verschränkten Armen)

Einleitung

Der Morgen des 22. Juni 1941 begann für Winston Churchill mit einem zufriedenen Lächeln. Lange hatte der britische Premier am zurückliegenden Abend mit seinem Außenminister Anthony Eden und John Winant, dem US-amerikanischen Botschafter, die Kriegslage in Europa diskutiert. Es war kein leichtes Treffen gewesen, und das gute Essen, die ausgesuchten Spirituosen und unvermeidlichen Zigarren dienten der abendlichen Entspannung ebenso wie der Sinnesschärfung in den Stürmen der Zeit. In rasender Geschwindigkeit hatten sich die seit Monaten schwelenden Gerüchte über einen deutschen Angriff auf die Sowjetunion verdichtet und waren Gewissheit geworden. Dass sich der Krieg, in dessen Verlauf Hitlers Wehrmacht Europa besetzt hatte und das britische Weltreich bedrohte, nun gen Osten richtete, bot Churchill die Chance, neue Bündnisse zu schmieden; Bündnisse, so mächtig, dass die Deutschen auf dem Kontinent geschlagen, die Invasionsgefahr vom Inselreich abgewandt und das Empire vor der Expansionslust der Achsenmächte in Fernost geschützt sein würde. Für seinen Plan benötigte er die Unterstützung der Amerikaner, und aus diesem Grund hatte Churchill Roosevelts Botschafter nach Chequers eingeladen, wo ihm am Vorabend des 22. Juni 1941 der Coup gelang. Amerika willigte ein, der Sowjetunion im Falle eines deutschen Angriffs auf das Land eine trilaterale Allianz gegen Hitler anzubieten, inklusive umfangreicher Wirtschaftshilfen und einer militärischen Unterstützung, ohne die Stalin den für sein Land existentiellen Kampf nicht gewinnen konnte. Die Allianz der großen Drei, die den Zweiten Weltkrieg vier Jahre später siegreich beendete, war geschmiedet, noch bevor die ersten Flugzeuge von Görings Luftwaffe sowjetische Städte bombardierten. Churchill hatte alles richtig gemacht, und so lächelte er, als Eden ihm die Nachricht vom Überfall der Deutschen überbrachte.[1]

Vor dem Hintergrund des apokalyptischen Kriegspanoramas, das auf den Juni folgte, und im Angesicht des millionenfachen Sterbens irritiert die Zufriedenheit, mit der Churchill dem deutschen Einmarsch entgegensah. Hätte er nicht besser erschrocken sein sollen? Dabei war er nicht der Einzige, den die Nachricht zu entlasten schien. Selbst in Moskau mischten sich unter das Erschrecken und die Angst Gefühle der Erleichterung, hauptsächlich bei den aus aller Herren Länder geflüchteten Linken und den Kadern der Kommunistischen Internationale (Komintern), deren schon geplante Auflösung nun vom Tisch war.[2] Und auch in Berlin teilten viele die Gefühle von Hitlers Propagandaminister Joseph Goebbels, der seinem Tagebuch anvertraute, dass nun die «Last vieler Wochen und Monate» von ihm abfalle.[3] Für die Zeitgenossen bedeutete der Beginn des deutsch-sowjetischen Krieges – rückblickend eine der zentralen Zäsuren in der Geschichte des Zweiten Weltkriegs[4] – zunächst das Ende einer Gegenwart, die Demokraten wie Winston Churchill, Kommunisten wie Georgi Dimitroff und Nationalsozialisten wie Joseph Goebbels gleichermaßen schwer ertrugen: die Gegenwart des Hitler-Stalin-Pakts.

Das Bündnis zwischen Stalin und Hitler bestimmte die ersten 22 Monate des Krieges im Osten und im Westen Europas. Dennoch kommt es oft wie ein Präludium daher, wie ein hinführendes Vorspiel zum «eigentlichen» Krieg, der, so auch der Tenor vieler Geschichtsdarstellungen, erst an jenem Junimorgen mit dem erbitterten Kampf zwischen Hitlers «Drittem Reich» und Stalins Sowjetunion begann.[5] In der teleologischen Sichtweise läuft der gesamte Krieg auf diesen Moment zu, in dem der Entscheidungskampf zwischen Nationalsozialismus und Stalinismus aller Gewalt im Zeitalter der Ideologien Sinn verleihen sollte. Die Kriegsgegnerschaft zwischen Hitler und Stalin bestätigte die Grundspannung der ersten Hälfte des 20. Jahrhunderts und war für Zeitgenossen wie für die Nachgeborenen das sichere Terrain der Weltkriegserinnerung, während die Geschichte ihres Pakts ein damals wie heute beeindruckendes Unbehagen auslöste. Die Beobachtung dieses Unbehagens, manchmal sogar einer Angst, im weltkriegsauslösenden Bündnis von Nationalsozialismus und Stalinismus mehr zu sehen als ein atonales Vorspiel, stand am Beginn dieses Buches, das an frühere Überlegungen anknüpft.[6] Sie verstärkte die Neugier und den Willen, sich noch einmal diesem Kriegskapitel zuzuwenden und dabei einer für die Geschichtswissenschaft grundlegenden Aufgabe nicht auszuweichen; nämlich den Geschichten zu begegnen, die irritieren und vom Unbehagen verstellt werden.

Dass Hitler und Stalin einen Pakt schlossen – meist wird damit nur der deutsch-sowjetische Nichtangriffsvertrag vom 23. August 1939 identifiziert –, ist bekannt.[7] Jeder, der sich auch nur flüchtig mit dem Thema beschäftigt hat, kennt die Bilder, die Hitlers Leibfotograf Heinrich Hoffmann von der nächtlichen Vertragsunterzeichnung im Moskauer Kreml schoss. Auf ihnen ist Stalin umringt von seinem Dolmetscher Pawlow, von Boris Schaposchnikow, dem Generalstabschef der Roten Armee, von Botschaftsrat Gustav Hilger und dem deutschen Botschafter Friedrich-Werner Graf von der Schulenburg, während die Chefdiplomaten beider Regime, Joachim von Ribbentrop und Wjatscheslaw Molotow, das Bündnis mit ihren Unterschriften besiegelten.[8] Hoffmanns Fotografien sind Bildikonen, zu deren Nachteilen die Suggestion gehört, die Geschichte sei mit Bildern, die Bände sprechen, (aus)erzählt. Was dieser Pakt nach sich zog, diskutierte die Geschichtswissenschaft für eine kurze Zeit in den 1990er Jahren, in denen das berüchtigte geheime Zusatzprotokoll zum Nichtangriffsvertrag nach Jahrzehnten der staatssozialistischen Tabuisierung und Leugnung veröffentlicht wurde.[9] Für das nationale Selbstverständnis der sich aus dem sowjetischen Imperium lösenden osteuropäischen Staaten besaßen die historischen Debatten jener Jahre eine immense Bedeutung. Auf der Grundlage des geheimen Zusatzprotokolls hatte Stalin Polen und das Baltikum schließlich in sein Reich gezwungen, und aus dieser historischen Erfahrung leiteten die Länder einen politischen Gedenk- und Erinnerungsanspruch ab. So prägte der Pakt die zeitgenössischen Kontroversen um Europas Erinnerung ganz maßgeblich. Die Forderungen nach der gleichberechtigten Anerkennung der Opfer stalinistischer Gewalt neben denen des Nationalsozialismus und nach einer europäischen Erinnerung an den Hitler-Stalin-Pakt sind seitdem, einerseits, als Angriff auf die Singularität des Holocaust missverstanden worden.[10] Tatsächlich ging es in diesen Debatten nicht darum, die singuläre Bedeutung des Holocaust zu mindern, sondern ein westeuropäisch zentriertes Geschichtsbild zu hinterfragen, das die grundstürzende Tragik Osteuropas im 20. Jahrhundert verkannte. Es lohnt sich darüber nachzudenken, ob und inwiefern den europäischen Erinnerungsdebatten das (westliche) Unbehagen an Geschichten wie der des Hitler-Stalin-Pakts zugrunde lag, das dann auf die Erinnerungskonkurrenz aus dem «peripheren» Osten übertragen wurde. Dass die dort vehement erhobenen Ansprüche, andererseits, den Eindruck stärkten, der

Hitler-Stalin-Pakt sei eine vornehmlich osteuropäische Angelegenheit, gehört ebenfalls zu den Resultaten der Geschichtsaufarbeitung in den Jahrzehnten nach dem Kalten Krieg, und nicht einmal die Einführung des 23. August als europäischer Gedenktag an die Opfer von Stalinismus und Nationalsozialismus konnte daran viel ändern.

Nach wie vor wird die historische Bedeutung, die der Hitler-Stalin-Pakt für die ersten Jahre des Zweiten Weltkriegs besitzt, unterschätzt. Auf das «Dritte Reich» bezogen, fristet er ein Dasein als taktischer Schachzug, der Hitler den Feldzug gegen Polen gestattete, ohne an der Absicht, die Sowjetunion zu vernichten, auch nur einen Deut zu ändern. Aus der sowjetischen Perspektive galt er als Versuch Stalins, den vermeintlich zwangsläufigen Überfall hinauszuzögern; eine Interpretation, die Stalin 1941 selbst erfolgreich in die Welt setzte. Die in den 1990er Jahren favorisierte Lesart wiederum lenkte den Blick auf die im geheimen Zusatzprotokoll vereinbarte geopolitische Teilung Osteuropas. Und obschon die Gültigkeit dieser Interpretationen nicht ernsthaft bezweifelt werden kann – jede hat ihre historische Berechtigung –, erfassen sie die Bedeutung, die das deutsch-sowjetische Bündnis für die Weltkriegsgeschichte und die europäische Gewalt- und Diktaturgeschichte im 20. Jahrhundert besitzt, nur unzureichend. Vor diesem Hintergrund verstehe ich meine Darstellung der mörderischen Allianz als ein Angebot und eine Anregung, die herkömmlichen Sichtachsen, die entweder der nationalsozialistischen oder der stalinistischen Kriegs- und Besatzungspolitik folgten, mittels einer Verflechtungsgeschichte des Hitler-Stalin-Pakts neu auszurichten. Ich bin davon überzeugt, dass dieser methodische Ansatz geeignet ist, Ost-West-Trennungen im Sinne einer gesamteuropäischen Gewaltgeschichte und Weltkriegserinnerung heuristisch gewinnbringend zu überwinden.[11] Mein Erkenntnisinteresse ist daher auf jene Zeiten, Orte und Situationen, auf jene Anlässe gerichtet, die die Dynamik des deutsch-sowjetischen Bündnisses aus dem Miteinander und als Ergebnis der Zusammenarbeit nationalsozialistischer und stalinistischer Politiken und ihrer Akteure erklären. Damit einher geht die Frage, wie und in welchem Ausmaß das Bündnis die europäische Kriegspolitik und den Verlauf des Zweiten Weltkriegs bestimmte. Es ist ein überfälliges und spannendes Unterfangen, den Hitler-Stalin-Pakt in die Mitte des Weltkriegsgeschehens zu rücken. Denn obwohl die berechtigte Kritik an seiner Marginalisierung und den «Entweder-oder-Achsen» in den vergangenen Jahren immer lauter geworden ist, hat sich nicht einmal an der historiographischen

Schieflage viel geändert.[12] Selbst das einflussreichste Werk der vergangenen Jahre – Timothy Snyders ausgezeichnete Studie zu den *Bloodlands* – gab das Versprechen, eine Geschichte des verhängnisvollen deutsch-sowjetischen Entanglements zu sein, zugunsten der Darstellung eines Nebeneinanders auf.[13] Eine Untersuchung, die nach dem Einfluss des Pakts auf den westeuropäischen Kriegsschauplatz fragt und über die bloße Feststellung hinausgeht, Hitler habe sich durch sein Zusammengehen mit Stalin im Osten den «Rücken freigehalten», existiert ohnehin (noch) nicht.

Die Gründe für praktizierte Geschichtstrennungen und Erinnerungshierarchien liegen in den historischen Mental Maps und der Wirkungsmacht der langen Teilung des Kontinents im Kalten Krieg. Darüber hinaus denke ich, dass sie auch etwas mit einem Unbehagen zu tun haben, hinter dem sich die Ahnung verbirgt, dass der Hitler-Stalin-Pakt den manifesten Kanon der europäischen Weltkriegserzählung herausfordert. Womöglich waren mit den Zeitgenossen auch Historiker, die sonst selten übereinstimmen, erleichtert, dass der Pakt nach knapp zwei Jahren seines Bestehens als historischer Unfall ohne großen Erkenntniswert gelten konnte. Tatsächlich wohnt der Geschichte der Verstrickung von Nationalsozialismus und Stalinismus eine revisionistische Kraft inne, vor der schon kein Geringerer als Michail Gorbatschow zurückschreckte. Inmitten der von ihm ausgelösten Glasnost-Politik, der schonungslosen Aufarbeitung der stalinistischen Gewaltgeschichte, war Gorbatschow gezwungen, die Täterschaft des sowjetischen NKWD bei den Massenerschießungen von Katyń zuzugeben. Allerdings entschloss er sich zu diesem Schritt nicht etwa, weil es ihm in erster Linie um die Aufarbeitung des Kriegsverbrechens, sondern um Beschwichtigung und Eindämmung ging. Trotz des erheblichen Drucks aus Polen zögerte Gorbatschow, bis ihm sein Außenminister Eduard Schewardnadse, Walentin Falin und der Chef des KGB, Wladimir Krjutschkow, ausmalten, was andernfalls drohte. «Vielleicht», mahnten die drei Gorbatschow, «wäre es zweckmäßiger zu sagen, was wirklich geschehen ist», um «die Sache zu beenden» und keine «Diskussion des Hitler-Stalin-Pakts in Gang zu setzen». «Ein solches Vorgehen», schrieben sie, «richtet letzten Endes weniger Schaden an, als wenn wir weiterhin untätig bleiben», denn

> mit dem Thema […] werden jetzt selbst Fragen des Ausbruchs des Zweiten Weltkrieges und des Überfalls Deutschlands auf Polen künstlich überspielt.

> Der Hintergrund dieser Kampagne ist klar – den Polen soll eingeredet werden, die Sowjetunion sei keineswegs besser, sondern eher noch schlechter als das damalige Deutschland; sie trage keine geringere Verantwortung für den Ausbruch des Krieges und sogar für die militärische Zerschlagung des damaligen polnischen Staates.[14]

Gorbatschow gab die sowjetische Täterschaft bei den Massenerschießungen von Katyń zu, um den zentralen Mythos des Großen Vaterländischen Krieges zu schützen und – in einer Zeit, in der die Auseinandersetzung mit dem Stalinismus schon (zu) viele Gewissheiten erschütterte – keinen Zweifel an der fundamentalen Gegnerschaft von Nationalsozialismus und Stalinismus zuzulassen. Doch auch in Westeuropa und vor allem in Deutschland verhinderte die Furcht vor dem Vorwurf des Geschichtsrevisionismus die systematische Auseinandersetzung mit der deutsch-sowjetischen Kooperation in den ersten zwei Weltkriegsjahren. Dabei disziplinierte sie nicht nur die wissenschaftliche Neugier, sondern widersprach zuerst dem professionellen Grundverständnis, Vergangenheiten stets neu zu betrachten, umzudeuten, kurzum: die Geschichte der Revision zu unterziehen.[15] Womit, wenn nicht mit der Veränderung, beschäftigt sich die Geschichtswissenschaft?

Die deutsch-sowjetischen Beziehungen sind, wie Sebastian Haffner vor mehr als fünfzig Jahren schrieb, «aufregender als jeder Roman». Schon in Zeiten der 68er-Bewegung wunderte sich der scharfsinnige Chronist der deutschen Verhältnisse vielleicht nur rhetorisch darüber, dass «im allgemeinen Bewusstsein Westdeutschlands jede klare Vorstellung von diesem ungeheuerlichen Geschehen», von dieser «so tödlich-intimen gegenseitigen Verknäuelung und Verstrickung zweier Völker» fehle.[16] Haffners Beobachtung einer «fehlenden Geschichte» traf und trifft für den Hitler-Stalin-Pakt zu, der ohne Übertreibung als schrecklicher Höhepunkt der «tödlich-intimen Verstrickung» bezeichnet werden kann. Seine historische Untersuchung, die Beantwortung von Fragen nach der praktischen Umsetzung und den beteiligten Akteuren stehen zweifelsohne ebenso vor einem Quellenproblem wie die Analyse gemeinsamer Aktionen, der deutsch-sowjetischen Bevölkerungsumsiedlung oder des Flüchtlingsaustausches. Unzählige Dokumente, beispielsweise zu den bilateralen Grenz- und Militärkommissionen oder über die Reisen von SS-Funktionären in das sowjetische Besatzungsgebiet, sind im Krieg verloren gegangen oder gegenwärtig in den russischen Staatsarchiven unter Verschluss. Und doch kann die «fehlende Geschichte» nicht mit dem Verweis auf unzugängliche oder vernichtete Akten begründet werden, denn überraschend viele Dokumente sind unproblematisch in deutschen Bibliotheken und Archiven einsehbar. Bestände im Politischen Archiv des Auswärtigen Amtes oder im Bundesarchiv in Berlin-Lichterfelde enthalten aufschlussreiche und wichtige Informationen zur Zusammensetzung und zur Tätigkeit der deutsch-sowjetischen Flüchtlingskommission oder Einschätzungen zum Verlauf und zu den Schwierigkeiten der beiderseitigen Zusammenarbeit. Der Archivbestand «Volksdeutsche Mittelstelle» umfasst Erfahrungsberichte von SS-Personal, das während der Umsiedlung so genannter Volksdeutscher auf sowjetischem Territorium tätig war. Die nationalsozialistische Presse – der *Völkische Beobachter* oder Besatzungszeitungen wie die *Krakauer* und die *Warschauer Zeitung* – berichtete ausführlich über den Besuch einer sowjetischen Regierungsdelegation mit NKWD-Generälen im deutschen Generalgouvernement. Um der mörderischen Allianz, beispielsweise den Arbeitstreffen zwischen dem NKWD und der Sicherheitspolizei Heinrich Himmlers, auf die Spur zu kommen, muss kein Geheimarchiv entdeckt werden, auch wenn viele Fragen aufgrund der verschlossenen Archive unbeantwortet bleiben und etliche Details unbekannt sind. Eine vollumfassende Analyse der deutsch-sowjetischen Zusammenarbeit kann zweifelsohne erst erfolgen, wenn neben den deutschen Akten auch Akten aus dem Archiv des russischen Außenministeriums zur Verfügung stehen. Bis dahin allerdings kann sich die Geschichtswissenschaft immerhin auf die hierzulande wenig beachtete empirische Grundlagenforschung polnischer Historiker stützen, die die kurze Zeit der so genannten Archivrevolution nutzten, um erstaunliches Material zutage zu fördern.[17] Die Tätigkeit der deutsch-sowjetischen Flüchtlingskommission – ein tiefschwarzes Kapitel in der Geschichte des Hitler-Stalin-Pakts – überrascht sie seit langem nicht mehr.

Der Gang in das Archiv und die Arbeit mit den Quellen, das detektivische Aufspüren und Zusammensetzen von Informationen, die ein Bild und eine Geschichte ergeben, die uns inspiriert und überrascht, weil wir sie so noch nicht gehört haben, ist eine der schönsten Seiten des historischen Berufs. Im Falle dieses Buches war diese Arbeit nicht nur herausfordernd, sondern tief erschreckend und im Angesicht unserer Gegenwart beklemmend. Die Auseinandersetzung mit den Berichten über Flüchtlinge – Juden, Polen, Ukrainer –, die im ersten Kriegswinter zwischen der deutschen und der sowjetischen Besatzungszone hin und her irrten, auf den Straßen der zerstörten Grenzstädte und in Wäldern vegetierten, von NKWD-Truppen beschossen wurden, nachdem sie von deutschen Wachposten in die eisigen Grenzflüsse getrieben worden waren, war eindringlich. Einige der Flüchtlinge zahlten Schleusern horrende Preise für die Hoffnung, die Flüsse in Booten nachts lebend überqueren zu können, wohl ahnend, dass der Tod auf beiden Seiten lauerte. Kaum weniger beschäftigte mich die Verzweiflung der französischen Kommunisten, denen Moskau im Juni 1940 befahl, Hitlers Besatzungstruppen in Paris willkommen zu heißen. Ihre Schicksale zeigten mir das ganze Ausmaß, in dem das Unbehagen an der Geschichte des Hitler-Stalin-Pakts bis heute den historischen Erfahrungen der Zeitgenossen widerspricht. Das Leben im Krieg ist eine nervöse Gratwanderung. Es ist eine schwierige Unternehmung, diese Gratwanderung, die für das Überleben im Krieg notwendige Balance, historisch zu rekonstruieren und in der Erinnerung zu vergegenwärtigen. Beides ist umso schwerer, da die Nachgeborenen den Ausgang der Geschichte kennen. Nur darum verwundert uns das zufriedene Lächeln Churchills. Wir haben uns angewöhnt, die Lage der Zeitgenossen als tragisch zu bezeichnen, weil sie den Ausgang der Geschichte nicht kannten. Im Gegensatz dazu nennen wir den Blick der Historiker ob ihres Wissens um den Ausgang privilegiert.

Ich bin mir nicht sicher, ob das so ist und ob man das Ganze nicht auch umdrehen könnte. Ein reflektiertes Selbstverständnis der historischen Profession akzeptiert die Tragik des Wissenden und nützt so dem historischen Verstehen. Es schützt vor selbstgerechten Urteilen und politisierten Deutungen. Unser vermeintliches Privileg ist trügerisch, wenn wir die Möglichkeiten menschlichen Lebens zu schnell vom Ende her lesen. Das Leben in der Gewalt ist eine Möglichkeit menschlichen Zusammenlebens. Es ist kein gutes Leben, aber es ist eine historische und immer gegenwärtige Möglichkeit. Es ist ein verstörendes Schauspiel, von dem wir wissen, wenn wir ehrlich sind, dass es unser Schauspiel ist.

Kapitel 1

«Mit den Deutschen müsste es vorangehen»

Das Jahr 1929 stand unter einem schlechten Stern: für die Welt, für Europa und für Georgi Tschitscherin, den müden Außenkommissar der Sowjetunion. Zehn Jahre bevor sein Nachfolger Wjatscheslaw Molotow den deutsch-sowjetischen Nichtangriffsvertrag unterzeichnen sollte, wandte sich Tschitscherin krank, entmutigt und entmachtet an Stalin. Georgi Tschitscherin, der sich in Berlin aufhielt, war als Spross einer alten russischen Adelsfamilie noch von Lenin an die Spitze des neuen Volkskommissariats für Auswärtige Angelegenheiten (NKID) gesetzt worden und hatte nach Trotzkis schwarzledernem Aktionismus für «Vorsicht und das Abschleifen scharfer Kanten» in der Diplomatie der Bolschewiki gesorgt.[1] Gebildet, polyglott und mit Manieren ausgestattet, verhalf Tschitscherin der ungehobelten Sowjetmacht zu einer gewissen internationalen Anerkennung im Mächtesystem der Nachkriegszeit. Vor allem aber hatte Tschitscherin, dessen Mutter dem deutsch-baltischen Adel entstammte, für gute Beziehungen zum Deutschen Reich gesorgt. Im Bund mit den so genannten Ostlern der Weimarer Republik, allen voran mit Ago von Maltzan, war ihm am Ostersonntag des Jahres 1922 jener legendäre Coup von Rapallo gelungen, der «Europa wie ein Donnerschlag […] erschütterte».[2] Das auf der Konferenz von Genua hastig ausgehandelte Bündnis zwischen den beiden Pariastaaten des Versailler Systems bestimmte die deutsch-sowjetische Zusammenarbeit in den 1920er Jahren in allen ihren Facetten: von den Handels- und Kreditverträgen über den Berliner Vertrag von 1926 bis hin zu jener geheimnisumwitterten, bereits vor Rapallo eingefädelten Militärkooperation zwischen der Reichswehr und der Roten Armee. In Rapallo durchkreuzte Tschitscherin die Pläne des britischen Premierministers Lloyd George, der die bedrohliche Macht im Osten durch eine vorgebliche Aufbauhilfe – in Wirklichkeit ging es ihm um die Rückkehr Russlands in das kapitalistische Weltwirtschaftssystem – in die Knie zu zwingen gedachte. Tschitscherin misstraute den westlichen Offerten. Sieben Jahre später – im Frühjahr 1929 – sah er im Aufstieg seines Stellvertreters Maxim Litwinow nicht nur die eigene Macht dahinschwinden, sondern sein außenpolitisches Lebenswerk und sogar die Existenz der Sowjetunion bedroht. Obschon sich Litwinow bisher nicht als Gegner der deutschlandfreundlichen Politik hervorgetan hatte, schien er die Annäherung an die westeuropäischen Großmächte zu bevorzugen; sei es, um sich von Tschitscherin abzusetzen, sei es, weil Litwinows Bruder Saveli, der in der sowjetischen Handelsvertretung in Berlin gearbeitet hatte, nach einem ominösen Betrugsskandal bei Stalin in Ungnade gefallen war und Litwinow Verbindungen nach Deutschland fortan lieber mied.[3] Doch auch in der Politik der Weimarer Republik hatte sich der Wind gedreht. Tschitscherins Mitstreiter, der erste Außenminister der Republik und spätere Botschafter in Moskau, Ulrich Graf Brockdorff-Rantzau, war 1928 gestorben. Der amtierende Außenminister, Gustav Stresemann, machte keinen Hehl aus dem Ziel, Deutschland in die Runde der westlichen Großmächte zurückzuführen und auf Distanz zur Sowjetunion zu gehen. «Wir können nicht unser Verhältnis zu Deutschland verderben»,[4] warnte Tschitscherin Stalin, selbst wenn Stresemann seit den Locarno-Verträgen von 1925 der Westanbindung den Vorrang gab.[5] «Wenn», erboste er sich,

> Sinowjew auf dem Augustplenum [des ZK, A. d. V.] von 1927 die kolossale Dummheit verkündet hat, Deutschland habe sich umorientiert, dann heißt das doch nicht, dass unsere Presse diesen Unsinn nachbeten und damit unsere Lage verschlechtern muss. Zwar hätten es die deutschen Kommunisten gern, dass sich unsere Beziehungen zur deutschen Regierung verschlechtern, […] aber wir können nicht unser Verhältnis zu Deutschland verderben, nur um ihnen und Sinowjew einen Gefallen zu tun.[6]

Tschitscherin irrte im Glauben an die Unverzichtbarkeit des deutsch-russischen Bündnisses für das Überleben der Sowjetunion. Worin er nicht irrte, war seine Ahnung, dass mit seinem Karriereende das Ende der Nachkriegsepoche in den gegenseitigen Beziehungen verbunden war. Seit Jahren wich die Euphorie von Rapallo einer sich im Kabinett von Reichskanzler Heinrich Brüning ab März 1930 verstärkenden Entfernung des Deutschen Reichs von der Sowjetunion, die in Moskau nicht unbemerkt geblieben war. Am besten ließen sich die offiziellen politischen Beziehungen um 1929, dem europäischen Schicksalsjahr, mit dem Begriff der freundlichen Distanz charakterisieren.

Flugzeuge, Panzer und Kredite

Während Deutschland allmählich in die Krise schlitterte, markierte das Jahr 1929 in der Sowjetunion den Aufstieg des Georgiers Josef Stalin, der aus den Diadochenkriegen der Erben Lenins als machtvoller Sieger hervorging. Nachdem Stalin seine Konkurrenten Lew Kamenew und Grigori Sinowjew verdrängt hatte, entledigte er sich im Januar 1929 mit Lew Trotzki seines gefährlichsten Widersachers. Am 20. des Monats erhielt Trotzki den Regierungsbeschluss über seine Ausweisung, zunächst in die Türkei, aufgrund der angeblichen «Vorbereitung eines bewaffneten Kampfes gegen die Sowjetunion».[7] Als Nächstes beseitigte Stalin mit den Personen auch den Imperativ der kommunistischen Weltrevolution, für die Bolschewisten wie Sinowjew und Trotzki gestritten und gekämpft hatten. Stalins Machtübernahme änderte die Prämissen der sowjetischen Außenpolitik, die, wie der deutsche Diplomat und «Ostexperte» Gustav Hilger schrieb, «von jeher im Wesentlichen zwei Ziele [hatte]: die Ausdehnung der proletarischen Revolution auf andere Länder und die Erhaltung und Stärkung des Sowjetstaates selbst.»[8] Die neue Doktrin vom «Aufbau des Sozialismus in einem Land» richtete seit 1929 sowohl die Innen- als auch die Außenpolitik ganz auf das zweite Ziel aus: die Erhaltung und Stärkung des ersten kommunistischen Staates. Zwar präsentierte sich die Sowjetunion weiterhin als Heimstatt des internationalen Kommunismus, der aus Moskau, dem Sitz der Komintern, finanziert und für Jahrzehnte am Leben gehalten wurde. Die Prioritäten aber hatten sich geändert. Mit Stalin an der Macht diente der internationale Kommunismus zuerst dem Erhalt der Sowjetunion und hatte sich dieser Doktrin bedingungs- und fraglos unterzuordnen.

Die neue Außenpolitik bedeutete nicht, dass Stalin, wie Tschitscherin befürchtet hatte, die deutsch-sowjetischen Beziehungen vernachlässigte. Gerade weil seine Prioritäten klar formuliert waren, blieb die sowjetische Bündnispolitik in den 1930er Jahren äußerst flexibel und ungeachtet aller ideologischen Grundsätze bis über die Schmerzgrenze pragmatisch. In der

Politik pflegte Stalin stets derjenigen Konstellation den Vorzug zu geben, die seinem Ziel am meisten entgegenkam – schnelle Wechsel und ideologische Kehrtwenden inklusive. Im Hinblick auf Deutschland – die Weimarer Republik und das «Dritte Reich» Hitlers – bedeutete dies, dass die Beziehungen bis zum Juni 1941 zu keiner Zeit gänzlich unterbrochen waren, weder nach dem Machtantritt der Nationalsozialisten noch auf dem Höhepunkt der sowjetischen Westorientierung zur Amtszeit von Außenkommissar Maxim Litwinow. «Ungeachtet einiger Taktlosigkeiten», beschwichtigte Stalin Tschitscherin 1929,

> die unsere Leute gegenüber den Deutschen geäußert haben (die Deutschen sind gegenüber der UdSSR nicht weniger taktlos), laufen unsere Beziehungen recht gut. Sie brauchen dringend Großaufträge für die Industrie – unter anderem, um die Reparationen zahlen zu können. Solche Aufträge liegen natürlich nicht auf der Straße, und von uns können sie, wie bekannt, nicht wenige erhalten. Mit den Deutschen müsste es vorangehen.[9]

Stalin sollte Recht behalten. In den 1930er Jahren hielten Deutschland und die Sowjetunion – allen politischen Gegensätzen zum Trotz – an einer nicht immer konfliktfreien, aber stets beiderseitig vorteilhaften Zusammenarbeit fest. Die Beziehung hielt ungeachtet der sich verschärfenden ideologischen Spannungen nach 1933, weil vor allem der wirtschaftliche Nutzen überwog. Deutsche Firmen wie Siemens unterstützten die Industrialisierung der Sowjetunion, insbesondere nach dem Abschluss eines Wirtschaftsabkommens im Jahr 1921. Die im gleichen Jahr gegründete deutsch-sowjetische Fluggesellschaft Deruluft (Deutsch-Russische Luftverkehrs A. G.) bediente bis 1937 regelmäßig die Strecken Berlin–Moskau und Berlin–Leningrad via Riga und Tallin. Und den Berliner Vertrag von 1926, der im Wesentlichen die Weiterführung der Rapallo-Linie und die deutsche Neutralität im Falle eines Krieges der Sowjetunion gegen einen Drittstaat versicherte, verlängerte selbst Tschitscherins Nachfolger Litwinow. Das Protokoll über die Verlängerung, das beide Staaten im Juni 1931 unterzeichneten, ratifizierte der Reichstag nach der Machtübernahme Hitlers im Mai 1933.

Für die Wirtschaftsbeziehungen, die sich nach 1929 intensivierten, war eine ganze Reihe von Gründen ausschlaggebend, wobei die immensen Reparationsverpflichtungen der Deutschen, anders als Stalin vermutete, nicht einmal im Vordergrund standen. Nach dem im September

1929 in Kraft getretenen Young-Plan sanken die Zahlungen sogar, bevor sie auf der so genannten Reparationskonferenz von Lausanne im Jahr 1932 eingestellt wurden. Der zentrale Grund war die Weltwirtschaftskrise. Als Tschitscherin im Herbst 1929 im hessischen Wiesbaden kurte, zwang der amerikanische Börsencrash Europa in die Knie. Hochriskante Investitionen in Konsumgüter und Immobilien hatten über Jahre eine Spekulationsblase geschaffen, die am 24. Oktober 1929 an der New Yorker Wall Street platzte. Die USA fielen als Wirtschaftsmotor aus, die Vergabe von Auslandskrediten, insbesondere der kurz laufenden Kredite, von denen Deutschland profitiert hatte, wurde eingestellt. Der Welthandel brach zusammen. Der immense Produktionsrückgang, die hohe Arbeitslosigkeit – im Jahr 1932 waren in Deutschland offiziell fünf Millionen Menschen arbeitslos – und die soziale Verelendung großer Bevölkerungsteile führten Europa in eine existentielle Krise, aus der das in Verruf geratene westlich-kapitalistische Wirtschaftsmodell keinen Ausweg zu bieten schien. Den freien Handel der Nachkriegsjahre ersetzten Protektionismus, Schutzzollpolitik und die Abschottung der nationalen Märkte. Jedes Land versuchte, zuerst sich selbst zu retten. Großbritannien erhob im März 1932 einen allgemeinen Zoll von zehn Prozent und schloss mit seinen Dominions, den sich selbst verwaltenden Kolonien, ein Abkommen über die bevorzugte Einfuhr britischer Waren.[10] Um die katastrophalen sozialen Folgen der Weltwirtschaftskrise abzufedern, die Industrieproduktion und die Exporte anzukurbeln, suchte Deutschland neue Märkte, die im Osten lagen. Es war der sprunghaft ansteigende Handel mit der Sowjetunion, der Deutschland aus der Wirtschaftskrise half.

Stalin profitierte von der Kapitalismuskrise des Westens. Während dort die Bevölkerung bis weit in das Mittelstandsmilieu hinein im Elend versank, präsentierte die Sowjetunion den ersten Fünfjahrplan, der ein gigantisches Aufbau- und Industrialisierungsprogramm entwarf. Die Modernisierung des Landes gehörte zu Stalins «Revolution von oben» und bedeutete die erbarmungslose Transformation des Imperiums in einen modernen Industriestaat, der im Wettbewerb mit den kapitalistischen Staaten nicht nur bestehen, sondern diese weit hinter sich lassen sollte. Die Vorgaben und Sollzahlen – der Plan wurde 1929 beschlossen, aber auf das Jahr 1928 vordatiert – waren so unrealistisch und irrwitzig wie die auf den Titelseiten der *Prawda* prangende Losung «Den Fünfjahrplan in vier

Jahren erfüllen». Die stalinsche Industrialisierung – eigentlich dazu gedacht, die Überlegenheit der sozialistischen Planwirtschaft zu beweisen – stürzte das Land in eine zivilisatorische Katastrophe, von der es sich jahrzehntelang nicht erholte. Sie kostete Abertausende Menschen das Leben, zerstörte traditionelle, aber funktionierende Wirtschafts- und Lebensformen und schuf ein riesiges Zwangsarbeits- und Lagersystem, dessen Insassen beim Bau monströser, oftmals wirtschaftlich sinnloser Großprojekte, wie dem Weißmeer-Ostsee-Kanal, elendig zugrunde gingen. Diese auch unter dem Namen «Belomorkanal» bekannte Wasserstraße erbauten Gulag-Häftlinge in nur zwei Jahren, von 1931 bis 1933, eine Wasserstraße zwischen den Meeren, deren wirtschaftlicher Nutzen in keinem Verhältnis zu den Kosten stand. Bis heute ist der Belomorkanal nur eingeschränkt schiffbar und als Transportweg zwischen den Meeren nahezu wertlos.[11]

Für die Industrialisierung der Sowjetunion benötigte Stalin aus dem Ausland Kredite, Maschinen und ganze Fabrikanlagen, die ihm deutsche Banken und Unternehmen auf der Suche nach Absatzmärkten bereitwillig zur Verfügung stellten. Inmitten der globalen Wirtschaftskrise offerierte Deutschland Millionenkredite, die an die Bedingung gebunden waren, mit dem Geld Maschinen und Industriegüter aus Deutschland einzukaufen. «Da», so beschwichtigte der deutsche Botschafter in Moskau, Herbert von Dirksen, Ängste vor Kreditausfällen, «in der Sowjetunion weder ein Umsturz noch ein Systemwechsel zu erwarten ist»,[12] könne die deutsche Wirtschaft ganz auf den Handel mit Moskau setzen. Die deutsche Botschaft und das Auswärtige Amt (AA) halfen bei der Vermittlung der Kontakte. Während der Weltwirtschaftskrise war, wie Gustav Hilger, damals Leiter der Wirtschaftsabteilung in der Moskauer Botschaft, schrieb, «das Interesse deutscher Wirtschaftskreise an der Entwicklung von Handelsbeziehungen mit der Sowjetunion» so groß, dass

> ich während meiner Urlaubsaufenthalte in Deutschland wochenlang Sprechstunden abhalten musste, um die Interessenten über bestehende Geschäftsmöglichkeiten zu unterrichten und sonstige Auskünfte über die Sowjetunion zu erteilen. […] In Berlin allein habe ich bei solchen Gelegenheiten im Laufe von 10 Tagen durchschnittlich über 200 Firmenvertreter empfangen, die alle wissen wollten, welche Möglichkeiten der sowjetische Markt ihren Unternehmungen biete.[13]

Bankenvorstände und Industrielle renommierter Konzerne wie Krupp, MAN, Borsig und Klöckner folgten im Februar 1931 gern der Einladung von Grigori Ordschonikidse, dem Vorsitzenden des Obersten Volkswirtschaftsrates der UdSSR, zu einem 14-tägigen Besuch in der Sowjetunion, um Geschäfte anzuschieben. Innerhalb kürzester Zeit stiegen die sowjetischen Bestellungen in Deutschland auf den Rekordwert von 919,2 Millionen Reichsmark.[14] In den Jahren 1931 und 1932 war die Sowjetunion der größte Abnehmer von Maschinen aus Deutschland; ihre Verschuldung überschritt im Sommer 1932 die Milliardengrenze.[15] Im ersten Halbjahr 1932 bezog die Sowjetunion über die Hälfte der deutschen Gesamtausfuhr an Formeisen, Nickelmetallen und ähnlichen Waren, 60 Prozent aller von Deutschland ins Ausland verkauften Bagger und Dynamomaschinen, 70 Prozent aller Metallbearbeitungsmaschinen, 80 Prozent der exportierten Kräne, Bleche und Lokomobilen, 90 Prozent aller Dampf- und Gasturbinen sowie Dampfpressen.[16] Der Handel mit Stalins Sowjetunion half der deutschen Wirtschaft aus der Krise. «Und wenn», betonte Hilger, «zahlreiche deutsche Industriewerke, speziell aus der Werkzeugmaschinenbranche, die Wirtschaftskrise heil überstanden, so hatten sie dies im Wesentlichen den sowjetischen Bestellungen zu verdanken.»[17] Die Zwänge der Weltwirtschaftskrise und des Fünfjahrplans belebten und festigten die Handelsbeziehungen zwischen Deutschland und Stalins Sowjetunion. Diese bildeten in den 1930er Jahren jenseits aller politischen Verwerfungen und Konflikte eine stabile Vertrauensbasis, auf deren Grundlage am Ende des Jahrzehnts jene Annäherung eingeleitet wurde, die schließlich zum Hitler-Stalin-Pakt führte.

Die Zusammenarbeit in der Zwischenkriegszeit war nicht auf die Wirtschaft beschränkt. Weitaus bekannter, weil spektakulärer, wurde die militärische Kooperation zwischen der Reichswehr und der Roten Armee, die allerdings schleppender anlief und bis zum Beginn der 1930er Jahre einige Tiefschläge zu verkraften hatte. Die Kontakte zwischen den Militärs hatte der ebenso umtriebige wie undurchsichtige Berufsrevolutionär Karl Radek schon vor der Unterzeichnung des Vertrages von Rapallo hergestellt. Radek, ein jüdischer Postbeamtensohn aus dem galizischen Lemberg (Lwów), der der bolschewistischen Delegation für die Friedensverhandlungen von Brest-Litowsk angehört hatte, sondierte im Herbst 1919 aktiv bei der Reichswehr und unterhielt enge persönliche Beziehungen zum neuen Reichswehrchef, Generaloberst Hans von Seeckt. Anfänglich tat er dies in seiner Zelle im Untersuchungsgefängnis Berlin-Moabit, die er wegen kommunistischer Untergrundtätigkeit kurzzeitig bewohnte und flugs in «Radeks politischen Salon» verwandelte. Nach seiner Entlassung führte er die Gespräche in der großzügigen Wohnung des Nachrichtenoffiziers Oberst Eugen von Reibnitz fort, der zum Stab von Seeckts gehörte.[18] Radeks Verhandlungen mündeten 1922/23 in einem kurzlebigen Vertrag, in dem die Sowjetregierung den deutschen Junkers-Flugzeugwerken die Konzession für eine Flugzeugfabrik in Fili, zwölf Kilometer westlich von Moskau, erteilte. Da, wie Moskau klagte, Junkers seinen Verpflichtungen nicht nachkam und weder Flugzeuge lieferte noch die Fabrik baute, wurde der Vertrag bald wieder aufgelöst.[19] Auch die geplante Produktion von Senfgas in einer gemeinsamen Anlage in Trozk (Tschapajewsk) in der Wolgaprovinz Samara kam nicht zustande, obschon dafür eigens die sowjetisch-deutsche Aktiengesellschaft Bersol gegründet worden war.[20] Erfolgreicher als der gemeinsame Flugzeugbau und die Giftgasproduktion war die Durchführung von chemischen Versuchen, dazu gehörten Abwürfe von Phosgen- und Reizgasbomben sowie die Entwicklung chemischer Minen und bemerkenswerterweise der Start großflächiger Vergiftungsexperimente durch Sprühwagen der Firma Krupp.[21]

Nach dem holprigen Start konsolidierte sich die militärische Zusammenarbeit in der zweiten Hälfte der 1920er Jahre, insbesondere nach der Gründung der berüchtigten Panzerschule in Kasan im Dezember 1926. Zunächst nur an zwei britischen Panzern «mit Christielaufwerken»[22] testeten deutsche und sowjetische Offiziere in Kasan neue Modelle und entwickelten die dortige Schule zu einer wichtigen Ausbildungsstätte für viele Panzeroffiziere, die sich im Zweiten Weltkrieg feindlich gegenüberstanden. Im Sommer 1929 waren bereits je drei Panzer der Firma Krupp und der Firma Rheinmetall eingetroffen. Später wurden in Kasan die sowjetischen Panzerentwicklungen T 26, T 28, T 35 sowie schnelllaufende Modelle der BT-Serie erprobt.[23] Der deutsche Panzergeneral Heinz Guderian, der nach dem Überfall auf Polen im September 1939 mit Semjon Kriwoschein die deutsch-sowjetische Siegesparade in Brest-Litowsk abnahm, besuchte Kasan in den Jahren 1932 und 1933. Insgesamt wurden an der Schule rund dreißig Reichswehroffiziere ausgebildet.

Eine ähnliche Entwicklung nahm die Gründung einer gemeinsamen Fliegerschule und Erprobungsstätte der Reichswehr im russischen Lipezk.

Den Vertrag hatte der Leiter der deutschen Militärmission in Moskau, Oberst Hermann von der Lieth-Thomsen, im April 1925 unterzeichnet.[24] Die Reichswehr finanzierte die Fliegerschule in Lipezk, mithilfe derer die restriktiven Bedingungen des Versailler Vertrages umgangen werden konnten. Lipezk wurde zur zentralen Basis für die Jagdfliegerausbildung und die geheime Wiederaufrüstung der deutschen Luftstreitkräfte. Von 1925 bis 1933 – der letzte Jahrgang absolvierte die Schule im August – wurden hier etwa 120 Reichswehr-Jagdpiloten ausgebildet, die im Zweiten Weltkrieg als Staffelführer der Luftwaffe Hermann Görings dienten.[25] Lipezk war das bedeutendste Zentrum für Flugzeugtests und für die Erprobung deutscher Kampfflugzeuge. Im Gegenzug erhielt die Rote Armee Einblicke in die Entwicklung der deutschen Flugzeugindustrie.

Während in Kasan und Lipezk Panzer und Flieger getestet und Führungskräfte unterrichtet wurden, nahmen die Reichswehr und die Rote Armee seit Mitte der 1920er Jahre regelmäßig an Manövern teil und pflegten einen intensiven Personalaustausch. Generäle und Offiziere besuchten sich gegenseitig in Moskau und Berlin, wo persönliche Kontakte und sogar Freundschaften entstanden. Zu den eifrigen Verfechtern der deutsch-sowjetischen «Waffenbrüderschaft» gehörte Michail Tuchatschewski, einer der fähigsten sowjetischen Generäle, den die Verbindungen nach Deutschland das Leben kosten sollten. Tuchatschewski, der 1934 zum stellvertretenden Volkskommissar für Verteidigung aufstieg, war eines der prominentesten Opfer des Großen Terrors, der im Jahr 1937 auch die Rote Armee erfasste.

Auch Semjon Timoschenko, einer der bekanntesten Heerführer im Zweiten Weltkrieg, der Kliment Woroschilow nach dem verheerenden «Winterkrieg» 1939/40 gegen Finnland als Volkskommissar für Verteidigung ablöste, pflegte rege Kontakte zur deutschen Reichswehr. Sowjetische Offiziere belegten Generalstabslehrgänge und wurden im Berliner Reichswehrministerium operativ ausgebildet. Ohne die militärische Kooperation jener Jahre hätte weder die Reichswehr noch die Rote Armee den Anschluss an die internationale Militärentwicklung gehalten. Dass Hitler die Militärbeziehungen nach seinem Machtantritt abbrach, wurde beiderseits bedauert, auch wenn die guten persönlichen Kontakte nicht darüber hinwegtäuschen sollten, dass sich beide Staaten stets misstrauisch beäugt und eigene politische Interessen verfolgt hatten. Denn selbst wenn Reichswehroffiziere mit den Generälen der Roten Armee fast freundschaftliche Kontakte pflegten, bedeutete dies nicht, dass sie mit dem Kommunismus liebäugelten oder das bolschewistische System guthießen. Im Gegenteil wurden die Kontakte von der deutschen Seite auch gepflegt, weil die Reichswehr die Roten Armee, in der zarische Offiziere hohe Positionen innehatten, potentiell als die Institution betrachtete, die im Falle eines politischen Umsturzes in der Sowjetunion für das Ende des Bolschewismus kämpfen würde.[26] Stalin wiederum sah kein Problem darin, für das eigene Sicherheitsinteresse und die Modernisierung der Roten Armee auf das Know-how eines kapitalistischen Staates zurückzugreifen. Von diesen Interessen geleitet, bauten Deutschland und die Sowjetunion die Zusammenarbeit aus, auch nachdem die britische Zeitung *Manchester Guardian* im Dezember 1926 die geheime Militärkooperation aufgedeckt hatte und einen politischen Skandal auslöste, der zum Rücktritt des dritten Kabinetts von Reichskanzler Wilhelm Marx führte. Zwischen dem «Coup von Rapallo» und dem Machtantritt der Nationalsozialisten schätzten beide Staaten stabile Beziehungen zum beiderseitigen Vorteil. Der Erste Weltkrieg, Versailles und die Weltwirtschaftskrise hatten das Deutsche Reich und die Sowjetunion zueinander geführt. Beide fühlten sich von den Westmächten gegängelt und gedemütigt. Sicher war das Misstrauen, das dem Bolschewismus in Europa entgegenschlug, auch in Deutschland weit verbreitet. Stalins «Revolution von oben» und seine Abkehr vom Imperativ der Weltrevolution aber fanden sogar in der deutschen Rechten Zustimmung.[27] Deutschland und die Sowjetunion waren zur Zusammenarbeit imstande, insbesondere nach der «nationalen Wende», die Stalin viele Sympathien einbrachte und von Vertretern des Nationalbolschewismus gar als spezifische Verkörperung des Preußentums gelobt wurde.[28] Es bestand wenig Zweifel, dass auch «die Sowjetregierung gut mit einer deutschen reaktionären Regierung arbeiten»[29] konnte.

«Das Rapallo-Kapitel ist abgeschlossen»

Ungeachtet der Sympathien, die die deutsche Rechte Stalin entgegenbrachte, verschlechterte der ideologische Furor des Nationalsozialismus das zwischenstaatliche Verhältnis in den 1930er Jahren. Mit dem Machtantritt Hitlers war dieser von einer Bewegung zur Staatsmacht geworden, so wie in ganz Europa im Zuge der Wirtschaftskrise und des Legitimationsverlustes der Demokratien autoritäre und totalitäre Regime auf dem Vormarsch waren. In Italien hatte Mussolinis faschistische Bewegung im Oktober 1922 mit dem «Marsch auf Rom» – Mussolini war bequem im Zug von Mailand nach Rom gereist – die Macht übernommen. In Ost- und Südosteuropa folgte den demokratischen Intermezzi die Ära der Königsdiktaturen und der Präsidialregime, die mit straffer Führung und der Auflösung des als chaotisch erlebten parlamentarischen Pluralismus einen «nationalen Heilungsprozess» und die Wiedergeburt des starken Nationalstaates versprachen. In Deutschland ernannte Reichspräsident Hindenburg am 30. Januar 1933 den Führer der Nationalsozialistischen Deutschen Arbeiterpartei (NSDAP), Adolf Hitler, zum neuen Reichskanzler und besiegelte das Ende der Weimarer Republik. Hitlers NSDAP hatte seit den 1920er Jahren einen Aufstieg erfahren, der von der populären Ablehnung des Versailler Systems, der legitimatorischen und institutionellen Schwäche der parlamentarischen Demokratie und den sozialen Verwerfungen der Wirtschaftskrise ebenso profitierte wie vom erklärten Internationalismus des Kommunismus. Dass der linke Internationalismus dem Nationalismus faschistischer Bewegungen zum Erfolg verhalf, gehört, so der französische Historiker François Furet, zu den «bestgehüteten Geheimnissen kommunistischer Politik im 20. Jahrhundert».[30] Der Mehrheit der Bevölkerung Europas erschien der Internationalismus in unsicheren Zeiten nicht als Verheißung, sondern als Gefahr, während die Rede von der völkischen Wiedergeburt eine vertraute Zukunft versprach. Hitler zögerte nicht, den Widerwillen gegen den Kommunismus zu instrumentalisieren und für die brutale Verfolgung der politischen Konkurrenten einzusetzen.

Unmittelbar nach seiner Machtübernahme eskalierte die ideologische Gegnerschaft von Kommunismus und Nationalsozialismus nicht mehr auf der Straße oder in den Arbeiterkneipen. Stattdessen bestimmte sie die Innenpolitik der Reichsregierung. Der Reichstagsbrand vom 27. Februar 1933 wurde zum Anlass, die demokratischen Grundrechte auszusetzen und mit einer Hetzjagd auf Kommunisten zu beginnen, die am 15. März im Verbot der KPD gipfelte. In den ersten zwei Jahren der Herrschaft Hitlers wurden 2000 Kommunisten ermordet, bis zum Kriegsausbruch 1939 erhöhte sich die Zahl der Todesopfer der ideologischen Repressionen auf 20 000 Personen.[31] Weder die Führungsriege der Komintern noch

Stalin und sein Politbüro machten sich angesichts dieses Feldzuges Illusionen über den Krieg der Ideologien, der die Politik Deutschlands dominierte. Sie hatten Hitlers *Mein Kampf* gelesen und von den Nachrichtendiensten jene berüchtigte Rede zugespielt bekommen, die Hitler am 3. Februar 1933 vor den Spitzen der Reichswehr gehalten hatte. Offen sprach er dort von der «Vergiftung der Welt durch den Bolschewismus» und erklärte die «Ausrottung des Marxismus» zum Ziel seiner nach Osten «aktiven» Lebensraumpolitik. Wörtlich sagte er:

> Ich setze mir die Frist von 6–8 Jahren um den Marxismus vollständig zu vernichten. Dann wird das Heer fähig sein eine aktive Außenpolitik zu führen, und das Ziel der Ausweitung des Lebensraumes des deutschen Volkes wird auch mit bewaffneter Hand erreicht werden. – Das Ziel würde wahrscheinlich der Osten sein. Doch eine Germanisierung der Bevölkerung des annektierten bzw. eroberten Landes ist nicht möglich. Man kann nur Boden germanisieren.[32]

Die Aggressivität, mit der Hitler die Germanisierung des Ostens und die Ausrottung des Bolschewismus plante – beides bedeutete die Vernichtung der dortigen Bevölkerung –, musste in Moskau Unruhe auslösen.

Im Zuge der innenpolitischen Repressionen mehrten sich gewaltsame Übergriffe auf sowjetische Einrichtungen wie die Handelsvertretungen in Hamburg und Leipzig. In Berlin besetzten SA-Truppen das Gebäude der deutsch-sowjetischen Ölgesellschaft «Derop», und die Korrespondentin der sowjetischen *Iswestija* wurde wegen vermeintlich antideutscher Berichte verhaftet. Dennoch versuchte die sowjetische Regierung, eine Eskalation zu vermeiden, und bemühte sich um den Erhalt der vorteilhaften «Rapallo-Beziehung». Als deutsch-sowjetisches Gegengewicht zum Nachkriegssystem der westlichen Großmächte war sie unverzichtbar, vom wirtschaftlichen und militärischen Nutzen ganz zu schweigen. Während die Unterstützung für die deutsche Linke über legale und illegale Kanäle der Komintern gesteuert wurde, ignorierte die sowjetische Regierung offiziell die innerdeutsche Säuberungspolitik. Mit den Worten – «Was geht es uns an, wenn ihr eure Kommunisten erschießt»[33] – versicherte Maxim Litwinow vor deutschen Diplomaten, dass sein Land an Rapallo und der Nichteinmischung in die inneren Angelegenheiten festhalten werde und selbst der «Krieg der Ideologien» einer politischen Zusammenarbeit nicht im Wege stehen müsse.

Wie zum Beweis der litwinowschen Worte fand im Sommer 1933 – inmitten der schärfsten Repressionen gegen deutsche Kommunisten – nahe Moskau ein bemerkenswertes Treffen statt. Eingeladen hatte Stalins georgischer Kampfgefährte Abel Jenukidse. Jenukidse, der 1937 dem Großen Terror Stalins zum Opfer fiel, war ein Verwandter von dessen erster Frau und gehörte so zum engen familiären Umfeld des Diktators. Er war Trauzeuge jener unglücklichen zweiten Heirat Stalins mit Nadeschda Allilujewa, die sich ein halbes Jahr vor dem Treffen das Leben genommen hatte. Auf Jenukidses Datscha trafen sich der deutsche Botschafter in Moskau, Herbert von Dirksen, der erste Botschaftsrat und einstige U-Boot-Kommandant Fritz von Twardowski sowie der stellvertretende Volkskommissar für Auswärtige Angelegenheiten und frühere Botschafter in Berlin, Nikolai Krestinski, um die Stimmung nach dem Regimewechsel im Deutschen Reich auszuloten. Jenukidse, der von Stalin klare Anweisungen erhalten hatte, versicherte gegenüber Botschafter Dirksen «das vollste Verständnis der führenden Vertreter der Sowjetunion für die Entwicklung in Deutschland».[34] Die sowjetische Regierung habe, so Jenukidse zuversichtlich, keine Angst vor dem neuen Regime, da sich die «derzeit dominierenden Elemente» in der Partei – womit die ideologischen Hardliner gemeint waren – ohnehin bald von den «staatspolitischen Elementen» trennen würden. In Moskau war man davon überzeugt, dass der Nationalsozialismus eine ähnliche Metamorphose durchlaufen werde, wie sie die Bolschewiki seit Stalins «Revolution von oben» am eigenen Leib erfuhren. Der revolutionäre Sturm werde sich legen und auch in Hitlers Deutschland die realpolitische Pragmatik obsiegen. Stalin war, wie er über Jenukidse mitteilen ließ, nicht nur nicht beunruhigt, sondern optimistisch, dass «die nationalsozialistische Umgestaltung des deutschen Staates für die deutsch-sowjetischen Beziehungen günstige Folgen haben» werde.[35] Die Repressionen, die Säuberung und Vernichtung innerparteilicher Konkurrenten und politischer Gegner entsprachen für ihn dem machiavellistischen Rezept für die Machtübernahme, demzufolge Grausamkeiten am Anfang nötig waren, um Herrschaft dauerhaft zu sichern.[36] «Die innenpolitische Gleichschaltung wird», wie Jenukidse versicherte,

> Garantien dafür schaffen, dass der Politik der Annäherung der Interessen beider Staaten seitens der Öffentlichkeit und der Reichstagsmehrheit keine Hindernisse mehr in den Weg gelegt werden. Die deutsche Regierung ist jetzt

> offenbar dabei, sich durch entsprechende innenpolitische Regelungen die außenpolitische Handlungsfreiheit zu schaffen, über die die sowjetische Regierung bereits seit vielen Jahren verfügt.[37]

Die Hoffnungen Stalins, Hitler werde es ihm gleichtun und in Berlin könne über kurz oder lang Realpolitik die Oberhand gewinnen, wurden enttäuscht. Im Unterschied zum sowjetischen Diktator war Hitler ein besessener Ideologe und als Politiker fern jener pragmatischen Elastizität und Deutungsflexibilität, die Stalin im Umgang mit den Lehrsätzen des Kommunismus an den Tag legte. Konstruktive Beziehungen zu Moskau spielten in seiner Außenpolitik anfänglich keine Rolle. Ganz im Gegenteil war Hitler in den ersten Jahren seiner Herrschaft bemüht, mit Großbritannien, Frankreich und osteuropäischen Staaten einen schlagkräftigen antisowjetischen Block aufzubauen. Die Signale, die Stalin über Jenukidse ausgesandt hatte, ignorierte er, und so kam die Krise in den Beziehungen schleichend, aber unaufhaltsam. Kurz nach dem Datscha-Treffen verließ Botschafter Herbert von Dirksen seinen Posten und wechselte nach Tokio, nicht ohne den letzten Bericht aus Moskau mit dem Satz «Das Rapallo-Kapitel ist abgeschlossen»[38] zu beenden. Im Unterschied zu seinem Nachfolger, Rudolf Nadolny, hatte Dirksen verstanden, dass weder Hitler noch das Auswärtige Amt an guten Beziehungen zur Sowjetunion interessiert waren. Nadolny, der als Kompromisskandidat auf Drängen sowjetfreundlicher Reichswehrgeneräle und gegen Hitlers Willen ernannt wurde, kämpfte von Beginn an auf verlorenem Posten. Nach erbitterten Auseinandersetzungen mit Hitler und Außenminister Konstantin von Neurath dankte er nach wenigen Monaten ab und schied als Kritiker der neuen nationalsozialistischen Außenpolitik aus dem diplomatischen Dienst aus.

Die Verschlechterung der deutsch-sowjetischen Beziehungen traf zuerst die militärische Zusammenarbeit. Im September 1932 hatte das letzte Reichsmanöver in Anwesenheit einer hochkarätigen sowjetischen Delegation unter der Leitung von Michail Tuchatschewski stattgefunden. In der Nähe der ostbrandenburgischen Garnisonsstadt Frankfurt an der Oder trainierte die deutsche Reichswehr die militärische Abwehr eines «polnischen Angriffs» über die Flusslinie.[39] So bezeichnend diese Konstellation im Rückblick auch erscheint, so sehr offenbarte das Manöver noch einmal eine zentrale politische Grundlage der militärischen Kooperation:

Abb. 2 Reichspräsident Paul von Hindenburg begrüßt die Offiziere der Roten Armee bei den Herbstmanövern der Reichswehr bei Frankfurt an der Oder, 1932

die geteilte Ablehnung der Zweiten polnischen Republik. Schon 1930 hatte der sowjetische General Jeronim Uborewitsch, der seine Offiziersausbildung teilweise in Berlin absolviert hatte und wie Tuchatschewski im Großen Terror starb, anlässlich eines Vertragsabschlusses mit der deutschen Waffenschmiede Rheinmetall erklärt: «Sind wir nun in zwei Jahren so weit, dass wir die Grenzregulierung vornehmen und die Polen totschlagen können? Wir müssen doch Polen wieder teilen.»[40] Bevor Uborewitschs Forderung neun Jahre später Wirklichkeit wurde, stoppte die sowjetische Regierung im Mai 1933 zunächst die gemeinsame Erprobung chemischer Kampfstoffe; die so genannten Tomka-Versuche. Im Juni verkündete Deutschland die Schließung der Flugstation in Lipezk.[41] Viele Generäle, die in den vergangenen Jahren freundschaftliche Kontakte, gemeinsame Feindbilder und den Hass auf Polen gepflegt hatten, bedauerten das Ende. «Vergessen Sie nicht», verabschiedete sich Tuchatschewski von Botschaftsrat von Twardowski, «es ist die Politik, ihre Politik, die uns trennt, nicht unsere Gefühle, die Gefühle der Freundschaft der Roten Armee zur Reichswehr.»[42] 1934 strich Reichswehrminister Werner von Blomberg, der die Zusammenarbeit mit Moskau begrüßt und gefördert hatte, die Rote Armee aus der Liste befreundeter Armeen und reihte sie in die der potentiellen Gegner ein.[43]

Die Ablehnung, mit der Hitler dem deutsch-sowjetischen Verhältnis in den ersten Jahren seiner Herrschaft begegnete, belastete den Handel und die traditionell starken Wirtschaftsbeziehungen. Der Export deutscher Waren in die Sowjetunion sank stetig, selbst wenn Deutschland bis 1935 im sowjetischen Außenhandel noch an erster Stelle stand. Drei Jahre später war es auf den fünften Platz hinter England, den USA, Belgien und Holland zurückgefallen.[44] Stalin hatte in der Zwischenzeit reagiert und die Verluste mit verstärkten Handelsbeziehungen zu westeuropäischen Staaten kompensiert; eine Veränderung, die auf die politische Ebene rückwirkte beziehungsweise vom dortigen Wandel beeinflusst war. Auf dem XVII. Parteitag der KPdSU zu Beginn des Jahres 1934 erklärte Moskau die westlichen Demokratien zu politischen Verbündeten der gemeinsamen Strategie der kollektiven Sicherheit, die sich in Europa gegen die nationalsozialistische Bedrohung formiere. Öffentlich vollzog die Sowjetunion eine beeindruckende politische Entwicklung, die Außenkommissar Maxim Litwinow repräsentierte.

Hinter den Kulissen und ohne Litwinow aber bemühte sich Stalin weiterhin um die Verbesserung oder zumindest Aufrechterhaltung der Beziehungen zum «Dritten Reich». Hierfür nutzte er anstelle des Außenkommissariats und der Berliner Botschaft die sowjetische Handelsvertretung und ihren Leiter David Kandelaki, der ebenso wie Abel Jenukidse ein langjähriger loyaler Gefolgsmann aus Georgien und Stalins Mann für heikle Sondermissionen war. Stalin hatte Kandelaki nach Moskau geholt, zuerst mit der Handelsvertretung in Stockholm betraut und im Dezember 1934 nach Berlin beordert.[45] Über Herbert Göring, einen Vetter von Hermann Göring, der als Referent im deutschen Wirtschaftsministerium arbeitete, baute Kandelaki in Berlin Kontakte zu hochrangigen Nazis auf, unter anderen zu Hjalmar Schacht, dem Finanzminister und «Bankier Hitlers». Früh konnte er als ersten Erfolg ein Kreditabkommen abschließen, das der Sowjetunion über fünf Jahre 200 Millionen Reichsmark gewährte.[46] Damit war Kandelaki aber nur der offizielle Teil der Mission geglückt. Seine zweite Aufgabe, über die Handelsgespräche eine politische Annäherung und ihre Bedingungen zu sondieren, war komplizierter. Mehrfach, auch über Schacht, versuchte Kandelaki herauszufinden, unter welchen Konditionen die deutsche Regierung bereit sein würde, das politische Verhältnis zu entspannen.[47] Dabei stellte er voran, dass sich die Sowjetunion grundsätzlich nicht in die inneren Angelegenheiten anderer Staaten einmische und deren «inneren Regime» keinen Einfluss darauf haben, welche «Haltung die Sowjet[regierung] zu ihnen einnimmt».[48] Seine Bemühungen und die Zugeständnisse blieben erfolglos. Stalins Doppelstrategie, über einen Sondergesandten das politische Terrain in Deutschland abzustecken, während Litwinow an einem antideutschen Sicherheitsbündnis mit den Westmächten arbeitete, ging nicht auf. Hitler interessierte sich nicht für Moskau. Seine Haltung änderte sich erst, als im Zuge der Kriegsvorbereitungen der Druck aus der Rüstungswirtschaft zunahm.

Am 7. März 1936 besetzte die Wehrmacht die entmilitarisierte Zone des Rheinlandes. Im Herbst desselben Jahres wurde Luftwaffenchef Hermann Göring zum Beauftragten für den Vierjahresplan ernannt und mit der Umsetzung des «Nürnberger Rohstoffplanes» beauftragt. Göring war nunmehr für die gesamten Aufrüstungspläne der Wehrmacht verantwortlich. Sein Vetter Herbert, der, wie Kandelaki an Stalin schrieb, «eine besondere Meinung zu den sowjetisch-deutschen Beziehungen habe», erkannte die Gunst der Stunde und stellte einen «unverbindlichen Meinungsaustausch» in Aussicht, den auch Außenkommissar Litwinow befürwortete.[49] Hermann Göring, der nicht mit Kandelaki, sondern mit dem sowjetischen Botschafter in Berlin, Jakow Suriz, sprach, zeigte sich vorsichtig entgegenkommend. Einerseits distanzierte er sich taktisch von Hitlers antikommunistischer Hetze auf dem Nürnberger Parteitag. Andererseits betonte er, vor allem an «entpolitisierten» Wirtschaftsbeziehungen interessiert zu sein, was bedeutete, dass Deutschland verstärkte Handelsbeziehungen ungeachtet der bestehenden Konflikte begrüßte und Göring vor allem mit sowjetischen Rohstofflieferungen liebäugelte. Gleichzeitig hatte seine Äußerung auch zu verstehen gegeben, dass Wirtschaftsgespräche noch keine politische Verständigung bedeuteten, die nach der Unterzeichnung des Antikominternpakts zwischen dem «Dritten Reich» und Japan am 25. November 1936 in Berlin ohnehin in weite Ferne gerückt schien. Der in der nationalsozialistischen Presse bejubelte Pakt, der die Bekämpfung der Kommunistischen Internationale zum Ziel hatte, richtete sich allzu offensichtlich gegen die Sowjetunion, der mit Japan ein starker Konkurrent im Machtspiel um das bürgerkriegsgeschüttelte China gegenüberstand.

In Europa war der Antikominternpakt ein Signal an Großbritannien, wo Konservative und Liberale um Lloyd George lieber einen Bund mit Hitler schlossen, als dem sowjetischen Botschafter Iwan Maiski auch nur die Hand zu geben. Görings Wunsch nach unpolitischen Wirtschaftsbeziehungen kann nicht als Aufgabe des Antikommunismus verstanden werden. Im Gegenteil verlangte er von Stalin, jegliche politische Agitation und Propaganda der Komintern zu unterbinden.[50] Erst dann sei die Basis für Wirtschaftsgespräche geschaffen, die in eine politische Verständigung münden könnten. Stalin lehnte diese Bedingungen ab. Gleichzeitig testete er die Stimmung im Politbüro und ließ Anfang Januar 1937 ein Dokument unterzeichnen, das die Aufnahme politischer Gespräche mit Nazideutschland nicht ausschloss und vorsah, diese, wenn die deutsche Seite den Wunsch äußerte, als geheim zu behandeln. Auf dem Höhepunkt der offiziellen sowjetischen Außenpolitik der kollektiven Sicherheit war dies tatsächlich ein bemerkenswertes Dokument.[51]

Kandelakis Mission scheiterte schließlich am Misstrauen Hitlers, der Moskau unterstellte, etwaige Verhandlungen nur benutzen zu wollen, um den eigenen Preis gegenüber Frankreich und Großbritannien in die Höhe zu treiben und dort die «weitere Annäherung» zu erreichen.[52] Als er das Ende des sowjetischen Engagements im Spanischen Bürgerkrieg forderte, war nicht nur die Anbahnung gestoppt. David Kandelaki bezahlte mit dem Ende seiner Karriere und seinem Leben. 1937 wurde er als Leiter der sowjetischen Handelsvertretung in Berlin abgelöst und zunächst verhaftet. Nach einem Intermezzo als stellvertretender Volkskommissar für Außenhandel ließ Stalin seinen georgischen Gefolgsmann Kandelaki 1938 erschießen. Botschafter Suriz wurde von Berlin nach Paris versetzt, und die deutsche Propaganda lancierte Gerüchte über die Geheimverhandlungen an die Presse, um Stalin bei jenen Westmächten zu diskreditieren, mit denen Außenkommissar Maxim Litwinow mühsam um Verständigung rang.

Die Politik der kollektiven Sicherheit

Noch vor dem Machtantritt Hitlers hatte Stalin damit begonnen, die politischen Beziehungen zu den westeuropäischen Demokratien, insbesondere zu Frankreich, zu Großbritannien, aber auch zu Polen langsam zu verbessern. Dieser Kurs entsprach der außenpolitischen (Überlebens-)

Strategie, zuerst die Existenz der Sowjetunion zu sichern und dafür stets mehrere Karten im Spiel zu halten. Seit der bolschewistischen Revolution und der Intervention britischer und französischer Truppen im russischen Bürgerkrieg im Sommer 1918 glichen die Beziehungen zum Westen einer Berg- und Talfahrt, wobei die steilen Talfahrten überwogen. Sie waren von einem tiefen beiderseitigen Misstrauen und Argwohn geprägt, das auch im Zuge der Etablierung der Sowjetmacht nicht abnahm. Die Bolschewiki, von denen nicht wenige im Londoner Exil gelebt hatten, verabscheuten die imperialistischen Großmächte und ideologischen Gegner, auch wenn sie deren Lebensstil durchaus zu schätzen wussten. Großbritannien erwiderte diese Abscheu, sah es doch durch den weltrevolutionären Ehrgeiz des ersten kommunistischen Staates die eigenen imperialen Machtansprüche in Asien, in Afghanistan und Persien empfindlich gestört. Die bloße Existenz der Sowjetunion war den Briten ein Ärgernis, und London verweigerte Moskau die Wertschätzung, wo immer möglich. Auf der Konferenz von Genua im Frühjahr 1922 hatte Lloyd George vergeblich versucht, das bolschewistische Regime zu untergraben, und somit dessen Schulterschluss mit den Deutschen befördert. Erst im Laufe der 1920er Jahre konsolidierte sich die diplomatische und wirtschaftliche Zusammenarbeit auf der Basis eines Handelsabkommens von 1921, dem drei Jahre später die diplomatische Anerkennung der Sowjetunion folgte. Beides wurde von der konservativen Regierung unter Premier Baldwin 1927 vorübergehend wieder aufgehoben.

Erst 1929, im Jahr der Weltwirtschaftskrise, entsandte Moskau mit Grigori Sokolnikow, einem Ökonomen und Wegbegleiter Lenins, wieder einen sowjetischen Botschafter, den König George V. aus Protest gegen die Ermordung der Zarenfamilie, der Großbritannien kein Exil gewährt hatte, und die illegale Finanzierung der britischen Linken mehrere Tage auf die übliche Audienz warten ließ.[53] Die *stiff upper lip* der britischen Oberklasse und die Verachtung gegenüber der «ungehobelten» und doch so bedrohlichen Macht im Osten bekam noch Sokolnikows Nachfolger, Iwan Maiski, zu spüren.[54] Maiski, der das Amt im Oktober 1932 übernahm, stand vor der komplizierten Aufgabe, die nach einem spektakulären sowjetischen Schauprozess gegen sechs britische Ingenieure auf einem neuen Tiefpunkt angelangten Beziehungen wieder zu verbessern und in London angesichts der wachsenden nationalsozialistischen Gefahr in Europa für die sowjetische Politik der kollektiven Sicherheit zu werben.[55] Den Abschluss eines Handelsabkommens am 16. Februar 1934 konnte Maiski zu Recht als ersten Erfolg verbuchen.

Geschickt und mit Verve arbeitete Iwan Maiski in London an der Umsetzung eines außenpolitischen Grundsatzbeschlusses des Politbüros vom November 1933, der die Annäherung an Großbritannien, Frankreich und Polen vorsah. Auf dem XVII. Parteitag der KPdSU – dem «Parteitag der Sieger» des ersten Fünfjahrplans – pries Stalin dementsprechend Anfang 1934 «den Umschwung zum Besseren in den Beziehungen zwischen der UdSSR und Polen sowie zwischen der UdSSR und Frankreich, der in der letzten Zeit eingetreten ist».[56] Im Unterschied zum britischen Empire stand Frankreich einem Bündnis mit der Sowjetunion, das den Grundstock des kollektiven europäischen Sicherheitssystems bilden sollte, aufgeschlossener gegenüber. Inmitten der Weltwirtschaftskrise, die Frankreich später als Deutschland, dafür aber umso heftiger traf, machte das Land eine Phase politischer Instabilität durch, die linke und sozialistische Parteien in die Regierungen brachte. Das Land durchlebte einen Linksruck. In den 1930er Jahren verstärkte die französische Außenpolitik ihre Bemühungen um die politische und diplomatische Isolation Deutschlands und richtete den Blick ostwärts. Als Zeichen der gegenseitigen Annäherung wurde am 11. Januar 1934 – gleich dem britischen Pendant – ein sowjetisch-französischer Handelsvertrag unterzeichnet.

Durch die verbesserten Beziehungen zu Frankreich hoffte Stalin auch das Verhältnis zu Polen, dem ungeliebten Nachbarn, zu entspannen. Der üblen außenpolitischen Lage, zwischen den revisionistischen Mächten, zwischen Deutschland und der Sowjetunion, gefangen zu sein, war sich die polnische Politik bewusst. Im Falle Deutschlands ging es um den Status der Freien Stadt Danzig, die unter der Aufsicht des Völkerbundes stand, sowie um den Umgang mit der deutschen Minderheit im neuen polnischen Staat. Mit Sowjetrussland hatte Polen nach dem Ersten Weltkrieg noch einen siegreichen Krieg geführt, der mit erheblichen polnischen Gebietsgewinnen im Friedensvertrag von Riga im März 1921 endete.

Stalin vergaß weder die demütigende Niederlage von Warschau – für die er General Tuchatschewski verantwortlich machte – noch die territoriale Einbuße weiter Teile von Weißrussland und der Ukraine. Ungeachtet der Feindseligkeiten, die das Verhältnis zwischen beiden Staaten charakterisierten, kam am 25. Juli 1932 in Warschau aber ein polnisch-sowjetischer Nichtangriffspakt zustande, der Polen eine gewisse Sicherheit versprach.

Für die Sowjetunion leitete der Vertrag die außenpolitische Emanzipation von «Rapallo» ein. Die polnisch-sowjetische Annäherung währte indes nicht lange. Als der polnische Außenminister Józef Beck knapp zwei Jahre später mit Hitlerdeutschland ebenfalls einen Nichtangriffspakt aushandelte – Beck versuchte eine Kräftebalance herzustellen, die nicht herzustellen war –, sah Stalin sein Misstrauen und alle antipolnischen Ressentiments bestätigt. Das im November 1934 um einen Wirtschaftsvertrag erweiterte deutsch-polnische Bündnis betrachtete er als unmittelbare Bedrohung der Sicherheit der Sowjetunion. Außenpolitisch intensivierte die Sowjetunion die Arbeit an einem europäischen Gegengewicht zu Deutschland.

Für diese Linie, die als Politik der kollektiven Sicherheit in die Geschichte eingegangen ist, benötigte Stalin Vertreter und Protagonisten. Er selbst kam dafür nicht infrage, wenn im Hintergrund die Türen in viele Richtungen offenstehen sollten, mehrere Optionen zu sondieren waren, Entscheidungen erst spät getroffen würden und, darüber hinaus, Niederlagen nicht auf ihn zurückfallen durften. Für die Verhandlungen mit den Westmächten eignete sich niemand besser als Außenkommissar Maxim Litwinow. 1876 in Białystok geboren, hatte Litwinow den Bolschewiki einst als fähiger Geld- und Waffenbeschaffer gedient und, wenn auch im Untergrund, beim Internationalen Sozialistischen Büro in London erste diplomatische Erfahrungen gesammelt.

In der dortigen russischen Exilgemeinde traf er mit Alexandra Kollontai, der legendären sowjetischen Botschafterin in Schweden, Georgi Tschitscherin und Iwan Maiski auf wichtige Weggefährten. Gemeinsam bauten sie nach der Revolution das sowjetische Außenkommissariat auf und bildeten die erste diplomatische Elite der Sowjetunion aus. Mit Stalin, den er vermutlich noch vor dem Exil im revolutionären Untergrund im Kaukasus kennengelernt hatte, teilte er in London kurz ein Zimmer. Offiziell arbeitete Litwinow unter dem Namen Maxim Harrison bei verschiedenen Londoner Verlagshäusern und baute so Kontakte zu britischen Intellektuellen und linken Schriftstellern auf.[57] Aufgrund dieser Netzwerke, seiner Westerfahrung und der persönlichen Beziehungen – seine Frau Ivy war Britin – war Litwinow die passende Person, um die Wende in der außenpolitischen Orientierung glaubhaft zu vertreten. Er tat dies so überzeugend, dass diese Phase der sowjetischen Politik bis heute mit seinem Namen verbunden ist. Litwinow, nicht Stalin, galt und gilt als Betreiber einer Politik, die ein gegen Hitler gerichtetes europäisches Sicherheitssystem über multilaterale

Zusammenarbeit mittels bilateraler Verträge mit Frankreich, Polen, der Tschechoslowakischen Republik und zuvor bereits mit Finnland und Estland bis hin zu einem Ostpakt zu errichten strebte.

Seine Amtszeit steht für die Aufnahme der Sowjetunion in den Völkerbund 1934, wo sie auf Fürsprache von Frankreich einen ständigen Sitz im Völkerbundsrat erhielt. Deutschland hatte den Völkerbund bereits verlassen und seine Teilnahme an der Internationalen Abrüstungskonferenz beendet. Für Litwinow war die Aufnahme – neben der diplomatischen Anerkennung durch die USA 1933 – der größte politische Erfolg in seiner Amtszeit.[58] Im Bunde mit dem französischen Außenminister Louis Barthou, der allerdings schon im Oktober 1934 bei einem Attentat ums Leben kam, engagierte er sich in der Genfer Kommissions- und Ratsarbeit und stritt für das Zustandekommen des so genannten Ostpakts, ein Bündnis zwischen den osteuropäischen Staaten, Frankreich und der Sowjetunion gegen das nationalsozialistische Deutschland. In diesem Sinne griff Litwinow auch in die Struktur des Außenkommissariats ein, besetzte wichtige Posten mit seinen Vertrauten und schuf bereits im Oktober 1931 eine Abteilung für allgemeine internationale Fragen, die nach 1934 die sowjetische Politik im Völkerbund koordinierte.[59] Barthou hatte ursprünglich vorgeschlagen, dass Deutschland gemeinsam mit der Sowjetunion, der Tschechoslowakei, Polen und den baltischen Staaten ein «Ost-Locarno» aufbauen sollte, dem Frankreich wohlgesinnt wäre, an dem es sich aber nicht beteiligen würde. Dieses Arrangement – Frankreich versprach lediglich eine Sondervereinbarung mit Moskau – wies Litwinow als zu unverbindlich zurück und forderte stattdessen, Deutschland auszuschließen, um die eindeutige Positionierung Frankreichs sicherzustellen.[60] Der Ostpakt kam auch aufgrund des frühen Todes von Barthou nicht zustande.

Litwinow vollzog die Politik der kollektiven Sicherheit aus einer persönlichen Überzeugung heraus. Sein beeindruckendes Engagement im Völkerbund, seine Reisen und seine eindringlichen Beschwörungen der Kraft der internationalen Friedenssicherung und des «Geists von Genf» basierten auf der Erkenntnis, dass diese Politik die erfolgreichere im Kampf gegen Hitler war. Vor allem aber war er sicher, dass nur sie das Überleben der Sowjetunion garantierte. Denn noch bevor Litwinow ein Gegner Hitlers war, war er ein getreuer Gefolgsmann Stalins. Die Politik der kollektiven Sicherheit entsprach zweifelsohne seinen politischen

Überzeugungen, seiner Biographie und seinen persönlichen Einstellungen; er war, wie Stalin erkannt hatte, ihr bester Repräsentant. Schon als Stellvertreter Tschitscherins hatte er sich in guter Arbeitsteilung um die Kontakte zu den westlichen Demokratien gekümmert, während Tschitscherin die Rapallo-Linie verfolgte. Aber Litwinow war mitnichten das anglophile Pendant zum germanophilen Tschitscherin, der sich ebenfalls für den Ausgleich mit Großbritannien einsetzte, so wie Litwinow Kontakte nach Deutschland hielt. Sie waren Diplomaten, zuerst für Lenin und dann für Stalin, und in diesem Sinne bestimmte Stalin allein über das Schicksal der Politik der kollektiven Sicherheit. Er hatte Litwinow für diese Rolle ausgewählt und diktierte den Einsatz. Auf Geheiß Stalins hielt Litwinow auch in dieser Phase die Beziehungen zum «Dritten Reich» aufrecht. Auf der Durchreise zur Genfer Abrüstungskonferenz machte er im Januar 1932 in Berlin Halt und versicherte gegenüber Staatssekretär Bernhard Wilhelm von Bülow das sowjetische Interesse am Weiterbestand der guten Rapallo-Beziehungen.

Es war Litwinow, der nach Hitlers Machtantritt erklärte, dass sich die Sowjetunion nicht in die inneren Angelegenheiten des Regimes und die antikommunistischen Repressionen einmischen werde. Gegenüber dem deutschen Botschafter in Moskau, Graf von der Schulenburg, wies er auf das Vorbild der verlässlichen Verbindungen zum faschistischen Italien hin.[61] Und mit von der Schulenburg vereinbarte Litwinow im Oktober 1938 den Verzicht auf «direkte Angriffe gegen die beiderseitigen Staatsoberhäupter [...] in Presse und Rundfunk» und vollzog einen der ersten Schritte auf dem Weg zum Hitler-Stalin-Pakt. Maxim Litwinow vertrat die sowjetische Westannäherung genauso lange, wie Stalin diese außenpolitische Strategie für nützlich hielt. Mit den Jahren hatte er ein feines Gespür für die Umschwünge und Stimmungswechsel im Kreml entwickelt, wo er weder zum Politbüro noch zum inneren persönlichen Machtkreis des Diktators gehörte. Umso argwöhnischer verfolgte er das Doppelspiel, das Stalin in der Außenpolitik betrieb. Litwinow litt unter taktischen Manövern und Sondermissionen wie der David Kandelakis in Berlin, die seine Autorität als Außenkommissar untergruben, ihn internen Konkurrenten und Aufsteigern wie Andrei Schdanow auslieferten und in zunehmendem Maße zum machtlosen Darsteller einer Politik degradierten, die im Kreml offensichtlich nicht mehr unterstützt wurde. «Ich stellte», schrieb Litwinow,

> eine Frage hinsichtlich Kandelakis. Er [Stalin, A. d. V.] lachte: ‹Kandelaki gehört zu meinen alten Bekanntschaften, ein alter Kamerad aus der geheimen Arbeit im Kaukasus […] Er hatte den Spitznamen ‹der Fuchs› […] Man braucht sich nicht über ihn aufzuregen – niemand wird ihn in die Falle locken!›

«Da ich», so Litwinow weiter,

> wusste, dass er Sprichwörter liebt, sagte ich: ‹Es ist gut, dass Kandelaki ein Fuchs ist, aber ein Kopf wäre gut, und zwei noch besser›. Er lachte. ‹Sehr richtig. Wir haben zwei Köpfe: meinen und den von Kandelaki. Seien Sie unbesorgt […] Wir werden uns nicht überrumpeln lassen. Wenn ersthafte Gespräche zustande kommen sollten, werde ich Sie jedenfalls auf dem Laufenden halten. Inzwischen vernebeln wir ihnen das Gehirn. Das wird ihre Bosheit und ihren Eigensinn [gemeint waren die Deutschen, A. d. V.], nicht nachzugeben, vermehren. Und so werden wir den englischen Versuch, sich hinter unserem Rücken zu verständigen, vereiteln.›[62]

Der Rückhalt für Litwinow und die Politik der kollektiven Sicherheit schwand zusehends. Dabei war es durchaus möglich, dass Stalin zumindest zeitweise ernsthaft auf ein Bündnis mit Großbritannien und Frankreich hinarbeitete. Für diese These sprach die ideologische Kehrtwende auf dem VII. Weltkongress der Kommunistischen Internationale im Sommer 1935, die selbst stalintreuen Kommunisten einiges abverlangte. Die auf dem Kongress verkündete Volksfrontstrategie forderte den Schulterschluss mit der Sozialdemokratie, deren Anhänger bis zu diesem Zeitpunkt als «Sozialfaschisten» ideologisch abgelehnt und als politische Gegner scharf bekämpft worden waren. Nun sollte man sich im Kampf gegen Faschismus und Nationalsozialismus, die die Existenz des ersten kommunistischen Staates bedrohten, zusammenschließen. Insbesondere auf die deutschen Kommunisten, die seit Jahren eine tiefe Feindschaft mit der konkurrierenden Sozialdemokratie verband, wirkte die neue Doktrin, die Stalin perfide vom Vorsitzenden der KPD, Wilhelm Pieck, verkünden ließ, wie eine kalte Dusche. Sie lieferte die ideologische Legitimation für das politische Bündnis mit den westlichen Demokratien, progressiven linken Kräften und bürgerlichen Parteien, das Stalin auf dem VII. Komintern-Kongress als Geburtsstunde des internationalen Antifaschismus inszenierte, dessen Heimstatt freilich die Sowjetunion sei.

Die Politik der kollektiven Sicherheit und die Volksfront-Doktrin bestimmten die sowjetische Außenpolitik in der Mitte der 1930er Jahre, während sich die Lage in Europa entscheidend veränderte. Der Kontinent rückte nach rechts. Der tragische Tod von Litwinows französischem Amtskollegen Barthou hatte die vagen Pläne für ein Sicherheitsbündnis mit den osteuropäischen Staaten, von dem die Sowjetunion profitiert hätte, schlagartig beendet. Barthous Nachfolger Pierre Laval, der nach 1940 als einflussreichster Politiker der Vichy-Regierung die Kollaboration mit dem «Dritten Reich» anführte, präferierte die außenpolitische Annäherung an das faschistische Italien. Auch Polen orientierte sich unter der Ägide von Außenminister Józef Beck zunehmend nach Deutschland. Beide Staaten verstärkten ihre Wirtschaftsbeziehungen und beschlossen, die gegenseitigen Propagandakampagnen einzustellen. Die Annäherung ging so weit, dass Hermann Göring zum Trauerstaatsakt für Józef Piłsudski am 15. Mai 1935 nach Warschau reiste, während Hitler in Berlin einer eigens veranstalteten Trauerzeremonie beiwohnte. In Großbritannien, der einflussreichsten westeuropäischen Großmacht, gewann Neville Chamberlains Beschwichtigungspolitik (Appeasement), die den Ausgleich mit dem faschistischen Deutschland einem Bündnis mit der Sowjetunion vorzog, die Oberhand. Der tiefe Antibolschewismus der Conservative Party war unverändert, und die Sympathien der britischen Oberklasse für Adolf Hitler waren so gesellschaftsfähig, dass der Duke of Windsor, der abgedankte König Edward VIII., im Jahr 1937 nach Deutschland reisen konnte, wo ihn Hitler wie eine Trophäe auf dem Berghof empfing.

Dass der Besuch des in Ungnade gefallenen Duke nicht als Spleen eines peinlichen royalen Familienmitglieds abgetan werden konnte, sondern stattdessen die britische Annäherung an Deutschland symbolisierte, unterstrich die Visite von Chamberlains Lordsiegelbewahrer und späterem Außenminister Lord Halifax bei Adolf Hitler und Hermann Göring im November desselben Jahres. Während Halifax mit Göring auf die Jagd ging und durch die Brandenburger Schorfheide kutschierte, zerfiel der Völkerbund, dessen Machtlosigkeit immer deutlicher zutage trat. Die Krisen der 1930er Jahre offenbarten seine Ohnmacht auf erschreckende Art und Weise. So war die japanische Expansion in China – bis auf laue Proteste – ebenso folgenlos geblieben wie Mussolinis Besetzung des afrikanischen Kaiserreichs Abessinien in den Jahren 1935/36. Um den Duce nicht vollends in die Arme Hitlers zu treiben, verhängten Großbritannien und Frankreich nur halbherzige Sanktionen und waren bereit – wenn auch um den Preis der Abdankung ihrer Außenminister Hoare und Laval –, die völkerrechtswidrige Expansionspolitik Italiens anzuerkennen. «Der Krieg ist zu Ende», notierte Maiski am 3. Mai 1936, «Abessinien ist erobert. Mussolini triumphiert. Das ist auch der letzte Sargnagel für den Völkerbund, und Europa steht an einem schicksalhaften Scheideweg.»[63]

München 1938

Der «schicksalhafte Scheideweg» wies in Richtung Krieg oder Frieden. Noch war unklar, wie Letzterer erhalten und Ersterer verhindert werden konnte. «Es ist leider so», ahnte Maxim Litwinow schon im Sommer 1937, «dass die Kräfte, die für den Frieden stehen, weniger resolut, weniger energisch und weniger vereint sind als die Kräfte, die ihnen gegenüberstehen.»[64] Die Stimmung in den Machtzentren Europas sprach für eine Verständigung mit Deutschland und Italien und richtete sich somit gegen die Sicherheitsinteressen Moskaus. Stalin wollte einen Krieg für sein Land um jeden Preis vermeiden und, wenn dieser, wie die kommunistischen Glaubenssätze voraussagten, im kapitalistischen Lager unvermeidbar war, die Sowjetunion so lange wie möglich heraushalten. Ideologisch war er davon überzeugt, dass die imperialistisch-kapitalistischen Gegner mit einem neuen Krieg untergehen würden, und die Ereignisse der vergangenen Jahrzehnte schienen ihm Recht zu geben. Der Erste Weltkrieg hatte die alten Imperien vernichtet, die Weltwirtschaftskrise die kapitalistische Wirtschaftsordnung erschüttert, und die Unfähigkeit, ein internationales System der Friedenssicherung aufzubauen, bewies, dass die imperialistischen Mächte am Frieden nicht interessiert und dem Krieg ausgeliefert waren. «Man riecht schon das Schießpulver!», schrieb Maiski in seinem Tagebuch: «Ein furchtbarer Sturm nähert sich in Höchstgeschwindigkeit.»[65]

In Europa traf dieser Sturm zuerst auf Spanien, wo ein fast dreijähriger Bürgerkrieg einen Vorgeschmack auf den Zweiten Weltkrieg gab.[66] In Spanien testete Hitler, der General Franco unterstützte, die Kriegstauglichkeit der Wehrmacht und ließ die «Legion Condor» mit der Bombardierung der baskischen Stadt Guernica eines der aufsehenerregenden Verbrechen dieses Krieges begehen. Die Sowjetunion, die auf Seiten der Republikaner und der Internationalen Brigaden kämpfte, exportierte den blutigen Terror des NKWD, der vor allem gegen katalanische Anarchisten und linke Konkurrenten gerichtet war und in Barcelona einen «Bürgerkrieg im Bürgerkrieg» auslöste.[67] Frankreich und Großbritannien hielten sich im «Komitee für die Nichteinmischung in die Angelegenheiten Spaniens», dem, wohlgemerkt, auch Italien, Deutschland und die Sowjetunion angehörten, weitgehend an die Appeasement-Strategie.

Während der Spanische Bürgerkrieg den Frieden in Europa beendete, trieb Hitler eine Expansionspolitik voran, die über die Revision des Versailler Vertrages hinausging. Anfang November 1937 weihte er Außenminister von Neurath und die Wehrmachtführung in einer vierstündigen Erklärung in die Kriegspläne ein. Zur Lösung der «deutschen Frage», so Hitler, «könne es nur noch den Weg der Gewalt geben», der «in den nächsten Jahren schrittweise unter Ausnutzung günstiger Konstellationen» beschritten werden würde.[68] Am 12. März 1938 marschierten deutsche Truppen in Österreich ein. Dass Großbritannien den «Anschluss» Österreichs hinnahm, war ein Vorbote jener berüchtigten Münchner Konferenz, auf der die Westmächte und Italien der Abtretung der Sudetengebiete an das «Dritte Reich» zustimmten. Mitte September hatte Hitler auf dem Nürnberger Parteitag die Abtretung gefordert und die Krise mit der Androhung eines militärischen Einmarsches in die Tschechoslowakei angeheizt. Der Völkerbund in Genf reagierte tatenlos. Die Delegierten unternahmen Ausflüge in die Umgebung, während Europa am Rand des Krieges stand und Chamberlain mit Hitler auf dem Obersalzberg sogar über die Abtretung von britischen Kolonien verhandelte.[69] Am 22. September akzeptierte der britische Premier nach einem Treffen in Bad Godesberg die Forderung Hitlers, der die Drohung eines militärischen Einmarsches in die Tschechoslowakei jedoch aufrechthielt. Sieben Tage später beendeten Hitler, Mussolini, Chamberlain und der französische Premier Édouard Daladier auf der hektisch organisierten Konferenz in München die so genannte Sudentenkrise. Alle Forderungen der Deutschen wurden erfüllt. Die Sowjetunion, die ihre Teilnahme an Bedingungen geknüpft hatte, um abermals die Bündnisbereitschaft des Westens auszutesten, war nicht eingeladen worden. Die ebenfalls vom Verhandlungstisch ausgeschlossene tschechoslowakische Regierung wiederum begriff, dass ihre Existenz nicht im «britischen Interesse» lag. Sie führte einen Staat, dessen Gebiet, wie ein Labour-Abgeordneter eingestand, «99 Prozent [der britischen Bevölkerung, A. d. V.]» ohnehin «nicht lokalisieren» können.[70] Der von den Deutschen garantierte Bestand der «Resttschechei» war, wie alle Beteiligten wussten, nicht gesichert.

Stalin nutzte die Demütigung, nicht nach München eingeladen worden zu sein, um das Ende der «litwinowschen» Außenpolitik zu rechtfertigen. Für ihn bewies das Abkommen – nicht zu Unrecht –, dass sich die Westmächte eher mit Hitler verständigten, als jemals das Bündnis mit Moskau zu suchen. Die Politik der kollektiven Sicherheit war gescheitert. Der «Völkerbund und [die] kollektive Sicherheit sind tot», konstatierte Maiski im Oktober und sah für die internationalen Beziehungen «eine Epoche grausamster Zügellosigkeit und Gewalt und einer Politik der bewaffneten Faust» voraus.[71] Litwinow hielt sich noch einige Monate im Amt, und zwar bis Stalin sich für den Pakt mit Hitler entschied. Denn wichtiger als die Sudentenkrise, die Nichteinladung und Litwinows Karriere war für den sowjetischen Diktator, dass München Spekulationen um einen Viererpakt der europäischen Mächte anheizte. Das Bündnis zwischen Großbritannien, Frankreich, Italien und Hitlerdeutschland war für Stalin die wirkliche Gefahr, die es abzuwenden galt.

Kapitel 2

«Wir werden ebenfalls schachern»

Nach einem für den Frieden in Europa unheilvollen Jahr wandte sich der britische Premier zum Jahreswechsel an seine Bevölkerung. Chamberlain hatte in den vergangenen Monaten viel Kritik einstecken müssen, und so nutzte er die traditionelle Neujahrsansprache an Silvester, um seine Außenpolitik zu loben. «Niemand», so Chamberlain, «hätte sich auch nur erlaubt vorherzusagen, dass die vier großen europäischen Nationen so weit auf der Straße der Aussöhnung vorankommen werden»,[1] wie es – seiner Meinung nach – durch die Beschwichtigungspolitik und das Münchner Abkommen gelungen war. Appeasement als «Politik des Friedens» – des «Friedens für unsere Zeit» («peace for our time») – hatte den Krieg (noch) verhindert. In den Augen seiner Gegner, unter ihnen Winston Churchill, bedeutete Appeasement das naive, nutzlose und zugleich zynische Paktieren des Westens mit Hitler. Während Chamberlain, geleitet von seinem persönlichen Antibolschewismus und dem vieler Landsleute, ein Bollwerk gegen die kommunistische Bedrohung aus dem Osten vorzog, befürwortete Churchill, selbst bar jeder Sympathie für den Kommunismus, eine europäische Anti-Hitler-Koalition, wenn es sich nicht vermeiden ließ auch mit Stalin. Churchill hielt den Kontakt zu sowjetischen Diplomaten wie Maiski selbst dann aufrecht, als, auf dem Höhepunkt des Appeasement, niemand in London die Sowjets zu Empfängen bat.

Wenige Tage nach Chamberlains Rede lud in Berlin Adolf Hitler am 12. Januar 1939 zum Neujahrsempfang des diplomatischen Korps in die Neue Reichskanzlei, die ihm Albert Speer noch rechtzeitig hingestellt hatte. Auch Hitler lobte die aus seiner Sicht hervorragende Verständigung in München und mischte sich bestens gelaunt unter die Botschafter, Attachés und Agenten.

Abb. 3 «What, no chair for me?» (Karikatur von David Low, 30. 9. 1938)

Zum Staunen aller unterbrach er seinen Rundgang ausgerechnet bei Alexei Merekalow, dem neuen Botschafter Moskaus, der erst vor kurzem in den diplomatischen Dienst eingetreten war. Merekalow hatte Chemietechnologie studiert, war Absolvent der Akademie für Außenhandel und diente nun – für wenige Monate – als Botschafter in Berlin. Hitler beglückwünschte ihn zum neuen Posten, erkundigte sich nach dem Umzug, dem Wohlbefinden der Familie und zog überaus zufrieden, mit Außenminister Ribbentrop, General Wilhelm Keitel und seinem Büroleiter Otto Meissner im Schlepptau, weiter.[2] Die von den Umstehenden aufmerksam beobachtete Szene war weder zufällig noch eine reine Höflichkeitsgeste gegenüber dem Neuling. Am Tag zuvor, dem 11. Januar, war Merekalow im Auswärtigen Amt vorstellig geworden und hatte dem Leiter der Handelspolitischen Abteilung, Emil Wiehl, eine wichtige Botschaft überbracht. Stalin war einverstanden, Handels- und Kreditverhandlungen aufzunehmen.[3] Hitler hatte allen Grund, den neuen Botschafter freundlich zu begrüßen.

Wechselnde Koalitionen

Mit dem Abkommen von München waren Moskaus Hoffnungen auf ein gegen Hitler gerichtetes europäisches Sicherheitsbündnis mit der Sowjetunion zerbrochen. Nichts brachte die europäische Ablehnung prägnanter zum Ausdruck als die berühmte Karikatur von David Low, in der Chamberlain und Daladier schwach und beschämt dem Blick des übergroß gezeichneten Stalin ausweichen, während sie mit den kraftstrotzenden Diktatoren Hitler und Mussolini um einen Globus versammelt sind. «Was, kein Stuhl für mich?», lautete die Frage, die Stalin an sie richtete.

Die Frage nach dem fehlenden Stuhl in der Runde der europäischen Großmächte bezog sich nicht allein auf die Entscheidungen von München. Der Verdacht, dass aus der Konferenz ein Viermächtepakt zwischen Großbritannien, Frankreich, Italien und Hitlers «Drittem Reich» hervorgehen könnte, beunruhigte Stalin viel stärker, würde ein solcher doch die politische Isolation seines Landes bedeuten und, mehr noch, dass Europa die Sowjetunion Hitler «zum Fraß» vorwarf. Gerüchte über geheime Verhandlungen, die nach der Anerkennung Francos als Sieger im Spanischen Bürgerkrieg neuen Nährboden erhielten, kursierten in ganz Europa. Unbegründet waren sie nicht. Immerhin hatten die vier europäischen Mächte auf Initiative von Benito Mussolini schon Jahre zuvor, am 15. Juli 1933, einen Viermächtepakt über die kollektive Sicherheit in Europa unterzeichnet, der jedoch nicht ratifiziert wurde und nie in Kraft trat. Für die Sowjetunion besaß dieses politisch völlig unbedeutende Abkommen einen hohen Symbolwert, hatte es doch demonstriert, dass Europa durchaus zu einer Einigung mit seinen Diktatoren fähig war. In Zeiten der Beschwichtigungspolitik war die Wahrscheinlichkeit einer solchen Einigung, wie München zeigte, sogar gestiegen. Am 4. Oktober 1938 erklärte der französische Premier Daladier in Paris, zukünftig die Beziehungen zu Deutschland stärken zu wollen. Daladier beendete die französische Volksfrontpolitik, deren Vertreter zu den Protagonisten der kollektiven Sicherheit gehört hatten und Stalin das Vorbild für die ideologische Volksfrontstrategie der Komintern lieferten. Zwei Monate später, am 6. Dezember, unterzeichneten die Außenminister Bonnet und Ribbentrop im Uhrensaal des Quai d'Orsay feierlich eine deutsch-französische Erklärung, in der sie den Willen zur guten Nachbarschaft bekundeten, die gemeinsame Grenze garantierten und zukünftige Konsultationen vereinbarten.[4] Selbst wenn die

Chancen auf ein dauerhaftes Bündnis, wie beide wussten, gering waren, erfolgte die deutsch-französische Erklärung doch im Geiste jener deutschlandfreundlichen europäischen Politik nach München, für die auch Großbritannien einstand. Chamberlain und Hitler hatten schon Ende September eine bilaterale Erklärung verabschiedet, in der sie sich des Wunsches versicherten, niemals wieder Krieg gegeneinander zu führen sowie Konsultationen abzuhalten. Die Pläne, mit dem «Dritten Reich» einen Kolonialpakt einzugehen, der den deutschen Expansionsdrang mit der Überlassung zweitrangiger Kolonialgebiete stillen würde, diskutierte das britische Kabinett in dieser Zeit durchaus wohlwollend.[5] Erst der deutsche Einmarsch in Prag und die Besetzung der «Rest-Tschechei» setzte der Phase, in der ein Viermächtepakt möglich schien, ein Ende. Von September 1938 bis zu jenem 15. März 1939 aber trieben Frankreich und Großbritannien die Appeasement-Politik auf die Spitze. Chamberlain und Daladier schlafwandelten nicht in den Krieg. Sie zockten.

Angesichts der drohenden Isolation und der Kriegsgefahr, die Stalin mehr als alles andere fürchtete, sortierte auch er die Karten neu. Gegenüber Großbritannien und Frankreich hielt er die Fassade der sowjetischen Verhandlungsbereitschaft aufrecht, auch wenn ein Bündnis nach München unmöglich schien. Gleichwohl waren plötzliche Kehrtwenden nie auszuschließen, und zudem trieben Scheinverhandlungen den Preis bei den Deutschen in die Höhe, so wie Gespräche mit dem «Dritten Reich» womöglich London zu Zugeständnissen zwangen. Stalin ließ den unglücklichen Litwinow noch eine Weile den Schein der kollektiven Sicherheitspolitik wahren. In diesem Sinne startete dieser unmittelbar nach dem deutschen Einmarsch in Prag im März 1939 den Versuch, eine internationale Konferenz zur Eindämmung der deutschen Aggression mit Großbritannien, Frankreich, Polen, der Türkei, Rumänien und der Sowjetunion auf die Beine zu stellen. Die Ablehnung Londons kam nicht überraschend und besaß den öffentlichkeitswirksamen Vorteil, Moskau als jene Macht darstellen zu können, die, ungeachtet der westlichen Verweigerungshaltung, für den Frieden in Europa eintrat. In Berlin signalisierte Litwinows Initiative, dass Moskau weiterhin mit den Briten im Gespräch war, obwohl Stalin die Fühler bereits nach Deutschland ausstreckte.

Nach der gescheiterten Mission von David Kandelaki waren die deutsch-sowjetischen Beziehungen auf einem Tiefpunkt angelangt. Hitler, der sich mit seinem kläglichen Außenminister Ribbentrop ganz auf Großbritannien konzentrierte, hatte, im Gegensatz zu deutschen Rüstungs- und Wirtschaftsplanern, keinerlei Interesse an einer Verbesserung der bilateralen Beziehungen gezeigt. Ribbentrops Strategie schien aufzugehen, die deutsche Außenpolitik schwamm auf einer Erfolgswelle, und Großbritannien schien zum Verbündeten im Kampf gegen den internationalen Kommunismus werden zu können. Und doch ging Hitler auf die Avancen ein, die Stalin mit der Wiederaufnahme der Wirtschaftsverhandlungen machte. Einerseits stärkten sie seine Verhandlungsposition gegenüber London, andererseits hatte auch Hitler allmählich verstanden, dass Handelsbeziehungen mit Moskau der deutschen Kriegswirtschaft nutzten. Erste vorsichtige Annäherungsversuche hatte es schon unmittelbar nach der Münchner Konferenz gegeben, als Botschafter von der Schulenburg und Maxim Litwinow vereinbarten, auf Propagandakriege zu verzichten. Auch hatte sich von der Schulenburg mit dem Ziel, eine «Regelung der die deutsch-sowjetischen Beziehungen erschwerenden Fragen»[6] anzubahnen, an Wjatscheslaw Molotow, den damaligen Vorsitzenden des Rates der Volkskommissare, gewandt. Im Oktober 1938 begann, so Gustav Hilger, ein gegenseitiges «Gib und Nimm», «bei dem [...] der Zeitpunkt, zu dem die eine oder andere Seite den endgültigen Entschluss zu einer Verständigung» gefasst hatte, nicht «genau festgestellt werden kann».[7]

Deutschland interessierte sich vor allem für Wirtschaftsbeziehungen, die das deutsche Aufrüstungsprogramm mit sowjetischen Rohstoffen absicherten. «Die deutsche Industrie und die mit der Rohstoffversorgung Deutschlands betrauten Stellen» drängten, schrieb Emil Wiehl zu Jahresbeginn 1939, «den deutsch-sowjetischen Warenaustausch im Interesse unserer Rohstoffversorgung mit allen Mitteln auszuweiten».[8] Von deutscher Seite wurde Karl Schnurre, der Leiter des Osteuropa-Referats in Wiehls handelspolitischer Abteilung, mit den Verhandlungen betraut. Schnurre, der wie Gustav Hilger zu den eigentlichen Schlüsselfiguren in der Geschichte des Hitler-Stalin-Pakts gehörte, war ein Karrierediplomat, der in London, Teheran und Budapest gedient hatte und seit 1936 das Osteuropa-Referat leitete. Am 19. Dezember 1938 unterzeichneten beide Länder ein erstes Abkommen über den zukünftigen Handels- und Zahlungsverkehr. Deutschland erhielt aus der Sowjetunion im Laufe von zwei Jahren Rohstoffe im Wert von 150 Millionen Reichsmark, und die Sowjetunion erhielt einen Kredit über 500 Millionen Reichsmark, um im Zeitraum von drei Jahren in Deutschland Industriegüter zu kaufen.[9] Danach stockten die Verhandlungen bis zu jener Nachricht, die Botschafter Merekalow einen Tag vor Hitlers Neujahrsempfang im AA überbracht hatte. Stalins Einverständnis ebnete den Weg für Verhandlungen über einen weiteren Warenkredit von über 200 Millionen Reichsmark, den Deutschland angeboten hatte. Die Gespräche, die der Chefunterhändler Karl Schnurre leiten sollte, kamen aber nicht zustande. Ende Januar war Schnurre schon über Warschau in Richtung Moskau unterwegs, als Ribbentrop ihn unter der fadenscheinigen Begründung «unvorhergesehener dringender anderweitiger dienstlicher Inanspruchnahme» wieder nach Hause schickte.[10] Hintergrund waren die Verhandlungen, die das «Dritte Reich» seit dem aufsehenerregenden Besuch von Außenminister Józef Beck bei Hitler Anfang Januar auf dem Obersalzberg mit Polen führte. In Warschau, von wo aus Schnurre gen Osten weiterreisen sollte, gehörte er zum Tross Ribbentrops, der die Gespräche über den Status von Danzig, den «polnischen Korridor» und den Umgang mit der deutschen Minderheit fortsetzte. Da die polnische Seite Entgegenkommen signalisierte – Beck teilte Ribbentrop mit, «ernsthaft» über ein deutsch-polnisches Kondominium, eine gemeinschaftlich ausgeübte Herrschaft über die Ukraine, nachzudenken –, wurde Schnurres Moskaureise ausgesetzt.

Stalin musste das deutsch-polnische Zusammengehen verhindern, und so umgarnte auch er den einst geschmähten «Saisonstaat» oder, wie Molotow Polen nannte, den «Bastard des Versailler Vertrages». Józef Beck, der nach dem Tod von Piłsudski die Geschicke lenkte, begegnete den Annäherungsversuchen mit einer Politik des Gleichgewichts. Die polnischen Nichtangriffsverträge – 1932 mit der Sowjetunion und 1934 mit dem «Dritten Reich» – waren Ausdruck des schwierigen Bemühens, zwischen Hitler und Stalin Polens Existenz nicht nur zu sichern, sondern auch die eigenen territorialen Ambitionen etwa auf das Teschener Gebiet (Oberschlesien) zu befriedigen.[11] Wenige Wochen nach der Konferenz von München empfing Litwinows Stellvertreter Potemkin den polnischen Botschafter Wacław Grzybowski zu Sondierungsgesprächen, bei denen Grzybowski ganz im Stile der beckschen Pendeldiplomatie versicherte, dass «einer freundschaftlichen Zusammenarbeit mit der Sowjetunion [keinerlei Hindernisse] im Wege stünden».[12] Ende November bestätigten beide Regierungen alle bisherigen Abkommen, darunter den Friedensvertrag von Riga aus dem Jahr

1921 sowie den Nichtangriffspakt von 1932, und unterzeichneten am 19. Februar 1939 ein bilaterales Handelsabkommen.[13]

Stalins Befürchtung, Hitler werde mittels eines polnisch-rumänisch-ungarischen Bündnisses ein (süd-)östliches Bollwerk gegen die Sowjetunion errichten, war berechtigt. Das Angebot eines 25-jährigen Freundschaftsvertrages, das Deutschland Polen unterbreitet hatte, ließ daran keinen Zweifel.[14] Ribbentrop warb in Warschau für den Eintritt Polens in den Antikominternpakt, dem Ungarn am 24. Februar 1939 beitrat, und verlangte das Bekenntnis zu den Achsenmächten. Gleichzeitig bekräftigte er jene Forderungen, denen Polen nicht zustimmen konnte und die den von Stalin gefürchteten Block schließlich verhinderten: die Eingliederung der Freien Stadt Danzig in das Deutsche Reich, eine exterritoriale Autobahn- und Eisenbahnverbindung vom Reich nach Ostpreußen – durch den «polnischen Korridor» – sowie Verhandlungen über den Status der deutschen Minderheit in Polen. Als Gegenleistung versicherte Ribbentrop das angebliche deutsche Desinteresse an der Ukraine und versprach, die Zwangsausweisung polnischer Juden aus dem Reich, die so genannte Polenaktion, zu stoppen. Deutschland buhlte, forderte, drohte mit der bolschewistischen Gefahr und versprach, dass die «Interessengemeinschaft […] in Bezug auf Russland» auch für Polen Vorteile – gemeint war die Ukraine – bringe.[15]

Entscheidungen

In den ersten Monaten des Jahres 1939 beobachtete Europa das verwirrende Wechselspiel politischer Allianzen, Koalitionen, öffentlicher und nichtöffentlicher Verhandlungen; mithin eine Phase des politischen Aushandelns und Schacherns. Die Konturen des Herbstes begannen sich abzuzeichnen, vorbestimmt waren sie nicht. Für Deutschland und Italien schienen sich die Dinge positiv zu entwickeln. Beide sammelten Verbündete und Sympathisanten, selbst unter den noch verbliebenen Demokratien. Die Sowjetunion war dagegen ins Hintertreffen geraten. In dieser Situation hielt Stalin am 10. März 1939 eine seiner wichtigsten Reden, die so genannte Kastanienrede, bei der es sich formal um den Rechenschaftsbericht zur Tätigkeit des Zentralkomitees der WKP(b) auf dem XVIII. Parteikongress handelte. Vor den Delegierten präsentierte er seine außenpolitische Einschätzung. Er analysierte die internationale Lage und erklärte die Prämissen der sowjetischen Außenpolitik, während sich die Auseinandersetzungen unter den Mächten zuspitzten. Bezeichnenderweise beklagte Stalin weder wirtschaftliche noch ideologische Konfrontationen, sondern sprach von einem Krieg um die «Neuaufteilung der Welt». Seine und die Aufgabe der Partei sei es zu verhindern, dass die Sowjetunion in diesen Krieg hineingezogen werde «von jenen Kriegstreibern» – so die berühmte Passage –, «die gewöhnt sind, andere für sich die Kastanien aus dem Feuer holen zu lassen».[16] Nach den Ereignissen von München erklärte Stalin, keine Marionette Großbritanniens und Frankreichs zu sein, die er – im Unterschied zu den «aggressiven» kapitalistischen Mächten Italien und Deutschland – als die «nicht-aggressiven» kapitalistischen Mächte bezeichnete. Ihre Politik hielt er für besonders perfide. «Erst wenn alle Kriegstreiber sich gegenseitig außer Atem gesetzt haben», so Stalin,

> werden die nicht-aggressiven Mächte mit ihren eigenen Vorschlägen herauskommen – im Interesse des Friedens natürlich, und sie werden ihre Bedingungen den Mächten diktieren, die ihre Stärke in gegenseitigen Kriegen vergeudet haben. Ein hübscher und billiger Weg, [um] zum Ziel zu kommen.[17]

Stalins «Kastanienrede» war eine Abrechnung mit den Westmächten. Ob sie das deutsch-sowjetische Bündnis ankündigte und dessen Bedingungen – Achtung der sowjetischen Grenzen und Interessen – diktierte, ist strittig. In jedem Fall signalisierte sie Hitler, dass die sowjetische Regierung, die von Chamberlain und Daladier in die Isolation getrieben worden war, den Spieß umdrehte und sich von den Westmächten entfernte. Moskau gab sich offen für neue Koalitionen, und so betrachtet, war die «Kastanienrede» durchaus das Signal für eine Gesprächsbereitschaft, das Berlin verstand.[18]

Fünf Tage nach Stalins «Kastanienrede» marschierte die Wehrmacht in die «Rest-Tschechei» ein, die fortan «Protektorat Böhmen und Mähren» hieß.[19] In London richtete sich ein Sturm der Entrüstung gegen Chamberlains Politik – im kleinen Kreis hatte der Premier das Scheitern des Appeasement längst zugegeben –, und eine deutschfeindliche Stimmung beherrschte die Öffentlichkeit. Als Hitler am 23. März mit der Angliederung des Memellands an Ostpreußen seine kaltschnäuzige Expansionspolitik auf die Spitze trieb und Polen bedrohte, musste Chamberlain reagieren. Am 31. März 1939 gab die britische Regierung eine Garantie- und Beistandserklärung für Polen ab, der sich Frankreich umgehend anschloss.[20] Vor den Augen der Welt versprachen die Westmächte, Polen – anders als die Tschechoslowakei – nicht an Hitler auszuliefern.

Für Polen und seinen Außenminister Józef Beck war die Garantie- und Beistandserklärung eine «Lebensversicherung», die es ihnen ermöglichte, Hitlers anmaßende Forderungen und vergiftete «friedliche Lösung der Polenfrage» abzulehnen. Hitler befahl Generaloberst Keitel, unverzüglich mit den Vorbereitungen für den Einmarsch in Polen zu beginnen. Am 3. April gab Keitel die entsprechende Weisung, die Kommandosache «Fall Weiß» des Oberkommandos der Wehrmacht (OKW), heraus. Stalin wiederum beunruhigte die westliche Garantieerklärung für Polen, hinter der er eine potentiell gegen die Sowjetunion gerichtete Allianz vermutete. Darüber hinaus sah er sich in der Ansicht bestärkt, dass der Westen kein Bündnis mit Moskau eingehen würde. Während nämlich die Sowjetunion in den Gesprächen über die kollektiven Sicherheitsbemühungen keinerlei Schutzerklärungen angeboten bekommen hatte, untermauerte Chamberlain am 6. April 1939 das polnisch-britische Bündnis mit einem gemeinsamen Kommuniqué und gab wenig später – nach der italienischen Besetzung Albaniens – ähnliche Garantie- und Beistandserklärungen für Rumänien und Griechenland ab. Sollte Hitler nun in Polen einmarschieren, konnte Großbritannien die Garantie entweder brechen, oder der Krieg würde in bedrohliche Nähe zur Sowjetunion rücken, ohne dass es Stalin bislang gelungen war, einen Sicherheitsschild aufzubauen oder territoriale Gewinne einzustreichen. Dass Großbritannien im Frühjahr 1939 auch den Kontakt zu Moskau wieder aufnahm, konnte den Ärger nicht mildern. Denn nach dem deutschen Einmarsch in Prag waren weder eine gemeinsame Erklärung noch jene Konferenz zustande gekommen, um die sich Litwinow bemühte. Am 17. April 1939 unterbreitete Moskau der britischen Regierung ein weiteres Mal ein Dreierbündnis mit Frankreich, das die gemeinsame Abwehr eines Angriffs gegen ein Nachbarland der Sowjetunion «zwischen Ostsee und Schwarzem Meer» [sic] beinhalten sollte. London lehnte den Vorschlag, der Moskau quasi die militärische Intervention in die Nachbarländer ermöglicht hätte, erwartungsgemäß ab. Doch selbst für den unwahrscheinlichen Fall, dass Chamberlain auf die Vorschläge eingegangen wäre, war zu bezweifeln, dass Stalin tatsächlich zugestimmt hätte, denn mit den Garantieerklärungen hatte Großbritannien die eigene Verhandlungsposition gegenüber Moskau stark geschwächt. «Their hands», kommentierte der Publizist Angelo Rossi (alias Angelo Tasca), «were tied by their commitments, they had nothing to bargain with when they came to negotiate. All they could offer Stalin was a fight against Hitler ‹for freedom›, with the risks which this entailed.»[21] Der Kampf um die Freiheit war Stalin zu wenig. Er wollte Territorien, und zwar jene, die London aufgrund der Beistandsverpflichtungen nicht mehr «zu bieten» hatte, während Hitler Osteuropa «auf dem Silbertablett» präsentierte.

Die Entlassung Litwinows

Auf dem Weg zum Hitler-Stalin-Pakt entließ Stalin seinen Außenkommissar Maxim Litwinow, dessen Zeit spätestens seit der «Kastanienrede» abgelaufen war. Die Ablösung am 3. Mai 1939 – am 1. Mai hatten beide noch nebeneinander auf der Tribüne des Lenin-Mausoleums der alljährlichen Maiparade beigewohnt – überraschte niemanden, am wenigsten Litwinow selbst. Seinem wohlgesinnten Biographen Arthur Upham Pope zufolge verlief sie wenig spektakulär. «The resignation itself», so Pope, «occurred in a conference room in the former Palace of Catherine in the Kremlin. There was no scene, nothing theatrical, only a conference, or rather at last a series of conferences.»[22] Pope berichtet, dass Litwinow «von sich aus» seinen Stellvertreter Wjatscheslaw Molotow, den Vorsitzenden des Rates der Volkskommissare, als Nachfolger vorschlug.[23] Litwinow fiel nicht, wie häufig vermutet, bei Stalin in Ungnade. Er trat lediglich in die zweite Reihe, dorthin, wo sich die Beziehungen zum Westen nun befanden. Nach der Ablösung leitete Litwinow die Abteilung für Internationale Information beim Zentralkomitee der Partei. Er behielt ein Büro im Außenkommissariat, wenn auch nicht das alte, und gehörte als Delegierter des Leningrader Bezirks dem Obersten Sowjet der Sowjetunion an. Litwinow lebte auf seiner Datscha bei Moskau verhältnismäßig ruhig, besuchte in Moskau Theater und Konzerte, arbeitete in Bibliotheken und spielte mit dem Gedanken, seine Memoiren zu schreiben. Verfolgt, verhaftet oder in ein Straflager deportiert wurde er nicht. Er war «kaltgestellt» – «carefully wrapped up and kept

Abb. 4 Maxim Litwinow (links) und Botschafter Iwan Maiski (rechts) in London, Januar 1936

on ice for another day» («sorgfältig eingewickelt und vorsorglich auf Eis gelegt») –, wie der amerikanische Journalist Henry C. Cassidy in *Moscow Dateline* treffend bemerkte.[24] Der «andere Tag» kam nach zwei Jahren. Nach Hitlers Überfall auf die Sowjetunion holte Stalin Litwinow zurück und entsandte ihn als Botschafter nach Washington, zum neuen Verbündeten im Westen.

Dass Litwinow das Scheitern der kollektiven Sicherheitspolitik überlebte, war den fragilen Bündnissen und wechselnden Mächtekonstellationen in Kriegszeiten geschuldet. Selbstverständlich war es nicht, und im Angesicht des Großen Terrors rechnete auch Litwinow eher mit dem Gegenteil. Auf dem Höhepunkt der stalinistischen Säuberungen im Jahr 1937 hatte der brutale Terror des berüchtigten NKWD-Chefs Nikolai Jeschow auch das sowjetische Außenkommissariat durchfegt. Innerhalb weniger Monate verlor Litwinow seine fähigsten Botschafter und Diplomaten, darunter David Shtern, den für Deutschland und die Balkanstaaten verantwortlichen Leiter der Zweiten Westabteilung, sowie seinen Stellvertreter Nikolai Krestinski, einst Botschafter in Berlin und in den frühen 1920er Jahren ein Anhänger Trotzkis.[25] Krestinski wurde 1939 durch Wladimir Dekanosow, einen langgedienten hochrangigen NKWD-Offizier und Gefolgsmann Lawrenti Berias, ersetzt, der nach der «Jeschowschina» die zweite Säuberungswelle im Außenkommissariat einleitete. Noch in der Nacht von Litwinows Rücktritt wurde das Gebäude vom NKWD umstellt. Nahezu alle Abteilungen wurden «gesäubert», 140 führende Diplomaten entlassen, und Vertretungen, beispielsweise in Berlin, verwaisten.[26] Von dort hatte Stalin Botschafter Alexei Merekalow, den Hitler auf dem Neujahrsempfang so herzlich begrüßt hatte, schon im April zurückgerufen. Merekalow überlebte die Säuberungswelle, abgeschoben auf den Direktorenposten eines Allunionsinstituts für Fleischindustrie. In der entscheidenden Phase der politischen Annäherung arbeitete die sowjetische Vertretung in Berlin ohne Botschafter. Die Geschäfte führte Botschaftsrat Georgi Astachow, dessen Schicksal weniger glimpflich verlief. Gemeinsam mit Karl Schnurre brachte Astachow den Hitler-Stalin-Pakt auf den Weg und wurde noch im August nach Moskau zurückbeordert, sofort aus dem diplomatischen Dienst entlassen und verhaftet. Astachow starb 1942 im Lager.

Die politischen Säuberungen im sowjetischen Außenkommissariat erfolgten im Zuge der Annäherung an Deutschland. Ihre Bedeutung ging weit darüber hinaus, denn sie beendeten eine Ära der sowjetischen Außenpolitik und von Diplomaten, die teilweise noch in den Kämpfen des vorrevolutionären Russland sozialisiert worden waren, meist über Auslandserfahrung verfügten, mehrere Sprachen beherrschten und mit dem Selbstbewusstsein der ersten Garde der bolschewistischen Funktionärselite ausgestattet waren. Das Außenkommissariat durchlief einen umfassenden Personal- und Strukturwandel. Auf Jahrzehnte wurde es, so die Historikerin Sabine Dullin, von der so genannten Gromyko-Kohorte dominiert: «plebejisiert, provinzialisiert und russifiziert».[27] Gustav Hilger kommentierte die Vorgänge folgendermaßen:

> Als erstes beseitigte Molotow aus dem Außenkommissariat den letzten Rest der Intellektuellen, die dem Gesicht dieser Behörde einst das Gepräge gaben, und umringte sich fast ausschließlich mit jungen Großrussen, die dazu erzogen waren, auch die überraschendste Wendung der stalinschen Außenpolitik widerspruchslos mitzumachen.[28]

Seinem amerikanischen Kollegen Charles E. Bohlen schien es, als sei dieses Personal rekrutiert worden, gerade weil es «keine Erfahrungen und keine Verbindungen zur Außenpolitik besaß»[29] und, so sei hinzugefügt, keine eigenen außenpolitischen Vorstellungen entwickelte. Dies traf insbesondere auf Litwinows Nachfolger Wjatscheslaw Molotow selbst zu, der zwar zur ersten Generation der bolschewistischen Revolutionäre gehörte, sich aber von Beginn an als blind ergebener Gefolgsmann Stalins positionierte. «Wir waren uns einig», erinnerte sich der deutsche Botschaftssekretär Hans von Herwarth,

> dass Molotow ein fleißiger Mann ohne herausragende Eigenschaften war, der Typ des braven Beamten, der zuverlässig und humorlos hinter einem großen Schreibtisch sitzt und Weisungen peinlich genau ausführt. Er gehörte nicht zu jenen, die durch ihren Charme wirken, aber er war ein ehrlicher Mann, der stets seine Meinung sagte, wo andere vielleicht geschwiegen hätten. In seinen späteren Verhandlungen mit Schulenburg verhehlte er nie, dass er Deutschland nach wie vor misstraute. Diese Offenheit beeindruckte uns. Schulenburg merkte aber bald, dass Molotow niemals in eigener Verantwortung handelte. Selbst in unwichtigen Fragen holte er Weisung von Stalin ein, so dass alle Verhandlungen mit Schulenburg sich endlos hinzogen, wenn Stalin nicht aktiv eingriff.[30]

Mit Molotow an der Spitze vollzog das Kommissariat alle Volten der stalinschen Außenpolitik, den Hitler-Stalin-Pakt ebenso wie die Kriegsallianz mit den Westmächten und den Aufstieg der Sowjetunion zur Supermacht im Kalten Krieg. Molotow, dessen Geburtsname Skrjabin lautete und der sich den Namen Molotow, abgeleitet vom russischen Wort für Hammer «Molot», gegeben hatte, blieb auch an Stalins Seite, als dieser seine jüdische Frau Polina Schemtschuschina ins Lager steckte und ihn 1949 aus dem Außenamt entließ. Nach Stalins Tod kehrte Molotow von 1953 bis 1956 kurzzeitig zurück, um nach einem verlorenen Machtkampf mit Nikita Chruschtschow auf den Botschafterposten in der Mongolei abgeschoben zu werden. Noch in seinen letzten Lebensjahren, Molotow starb kurz vor dem Ende der Sowjetunion im Jahr 1986, rechtfertigte er reuelos Stalins Außenpolitik ebenso wie die gnadenlosen Säuberungen, die ihn 1939 zum Chefdiplomaten Moskaus und Unterzeichner des deutsch-sowjetischen Nichtangriffsvertrags machten.[31]

«Wir werden ebenfalls schachern»

Von Zeitgenossen und Historikern ist der Wechsel im Außenkommissariat als Zeichen für Stalins Kurs in Richtung Berlin gedeutet worden. Tatsächlich verschwand mit Maxim Litwinow ein jüdischer Bolschewist, der in den 1930er Jahren einer wüsten antisemitischen Hetzkampagne der nationalsozialistischen Propaganda ausgesetzt gewesen war.[32] Für Ribbentrop, der nach den gescheiterten London-Plänen neue Bündnisse sondierte, bot die Ablösung die Chance, nach den aufgelösten Verträgen mit Großbritannien und Polen – dem Flottenabkommen und dem Nichtangriffsabkommen – bei Hitler für eine Annäherung an den Kreml zu werben. Am 10. Mai arrangierte Ribbentrop auf dem Berghof ein Treffen mit Karl Schnurre und Gustav Hilger, der den «Führer» über die politischen Entwicklungen in Moskau seit dem Machtantritt Stalins unterrichtete. «Hitler», erinnerte sich Hilger,

> eröffnete die Besprechung mit der Frage nach den Gründen, die Stalin veranlasst haben mochten, Litwinow zu entlassen. Ich antwortete, nach meiner Überzeugung sei dies geschehen, weil Litwinow auf eine Verständigung mit England und Frankreich gedrängt habe, während Stalin der Meinung sei, die Westmächte hätten die Absicht, Russland im Falle eines Krieges die Kastanien aus dem Feuer holen zu lassen. [...] Dann fragte er, ob ich glaubte, dass Stalin unter gewissen Umständen bereit sein würde, sich mit Deutschland zu verständigen.[33]

Hilger, der diese Verständigung befürwortete, empfahl im Einklang mit Schnurre zunächst die Wiederaufnahme der Handelsgespräche, die nach der abrupt abgebrochenen Moskaureise Schnurres ins Stocken geraten waren. In den deutschen Wirtschaftskreisen war, ungeachtet der wiederbelebten Kontakte zur britischen Industrie, das Interesse am Handel mit Russland ungebrochen groß.[34] Mehrmals hatte Emil Wiehl im Auswärtigen Amt seinen Minister gemahnt, dass «die deutsche Industrie und die mit der Rohstoffversorgung Deutschlands betrauten Stellen [...] nicht nur an einer Beibehaltung des Warenaustausches mit der Sowjet-Union interessiert» waren, sondern darauf drängten, «diesen Warenaustausch im Interesse unserer Rohstoffversorgung mit allen Mitteln auszuweiten».[35] Unabhängig von der politischen Ebene sprachen Deutschlands Aufrüstungspläne für verbesserte Beziehungen zu Moskau, in die Hitler nach dem Treffen mit Hilger und Schnurre einwilligte. Er gab grünes Licht für die Wiederaufnahme der Handelsgespräche – hinter seinem Rücken hatte Schnurre längst den Kontakt mit der sowjetischen Botschaft intensiviert – und befürwortete die Reise Schnurres nach Moskau. Dort allerdings reagierte man zurückhaltend. Nach der abgebrochenen Januarmission misstraute Molotow den Avancen und verlangte bei von der Schulenburg, vor Wirtschaftsverhandlungen eine politische Basis zu schaffen, wobei er offenließ, worin diese bestehen sollte. Darüber «[müssten] wir», so Molotow gegenüber von der Schulenburg, «und die deutsche Regierung nachdenken». «Ich sagte dem Botschafter», berichtete Molotow nach dem Treffen Stalin,

> dass wir von der Reise Schnurres nach Moskau nicht zum ersten Mal hören. […] Die Wirtschaftsverhandlungen mit Deutschland seien in der letzten Zeit mehrmals aufgenommen worden, doch sei nichts dabei herausgekommen. Ich sagte weiter, dass bei uns der Eindruck entstehe, dass die deutsche Regierung […] eine Art Spiel betreibe; dass man sich für ein solches Spiel besser ein anderes Land als Partner suchen sollte, nicht aber die Regierung der UdSSR.[36]

Nach der missglückten Kandelaki-Mission, insbesondere aber angesichts der wachsenden Gefahr eines europäischen Krieges, dem Moskau noch kein Bündnis entgegenstellen konnte, verlangte Stalin ernsthafte Gespräche mit den Deutschen und kein Geplänkel mehr. Nach wie vor fürchtete er ein «zweites München» und einen Viermächtepakt, den er trotz der verschlechterten deutsch-britischen Beziehungen nie ausschließen konnte und dessen Gefahr, solange Stalin die Westmächte und Deutschland gleichzeitig in Verhandlungen hielt, nur verringert war. Um einen antisowjetischen Pakt aber zu verhindern, benötigte Stalin ein Bündnis, und nach den Erfahrungen mit der litwinowschen Sicherheitspolitik bevorzugte er den Pakt mit den Deutschen, nicht zuletzt weil dieser die größte «Beute» versprach.

Dass auch Hitler das Bündnis benötigte, um den deutschen Einmarsch in Polen abzusichern, ist hinlänglich bekannt. Dabei musste er, um einem sowjetisch-britischen Zusammengehen vorzubeugen, ebenfalls taktisch behutsam vorgehen. Die in diplomatischen Kreisen kursierenden Gerüchte über die deutsch-sowjetische Annäherung waren kontraproduktiv, denn obwohl sich Hitler auf den tiefsitzenden Antikommunismus der Briten verlassen konnte, drohten sie London in Richtung Moskau zu treiben oder Moskau für London zumindest attraktiv zu machen, selbst wenn das Zusammengehen letztendlich unwahrscheinlich war. «Wir müssen», warnte Botschafter von der Schulenburg in diesem Sinne Staatssekretär Ernst von Weizsäcker, «auf diesem Gebiete wohl solange außerordentlich vorsichtig sein, als nicht sichergestellt ist, dass etwaige Anregungen vom Kreml nur zu dem Zweck benutzt werden, um England und Frankreich zu erpressen.»[37] Das Auswärtige Amt drosselte die Geschwindigkeit, so dass Molotow von der Schulenburg am 20. Mai daran erinnern musste, wie sehr die sowjetische Regierung den Wunsch nach «weitergehenden Angeboten politischer Art» hege.[38] Berlins Taktieren lockte Moskau aus der Reservc. «Nach bisherigem Ergebnis Ihrer Fühlungnahme mit Molotow ist es nötig», antwortete von Weizsäcker dem Botschafter am 21. Mai, «unsererseits nunmehr ganz stillzuhalten und abzuwarten, ob Sowjetrussen mit der Sprache weiter herauskommen.» Gleichzeitig wurde Schulenburg aus dem Auswärtigen Amt aufgefordert, nachrichtendienstliche Informationen, deren er habhaft werden konnte, unverzüglich nach Berlin zu «drahten», um so über Moskaus Kontakte nach London im Bilde zu sein.[39] Im Auswärtigen Amt interessierte man sich brennend für den Stand der sowjetischen Verhandlungen mit den Westmächten, über die, wie von der Schulenburg schrieb, nur «außerordentlich schwer» etwas zu erfahren war.[40] Für Stalin gab es keine Veranlassung, daran etwas zu ändern, während Molotow die Deutschen bei Laune hielt.

In dieser Situation gab Molotow am 31. Mai 1939 seine erste außenpolitische Grundsatzerklärung vor dem Obersten Sowjet ab, mit der er die Rhetorik der stalinschen «Kastanienrede» aufnahm. Der neue Außenkommissar warnte die «nicht-aggressiven Mächte» vor der Weiterführung ihrer Politik der Nichteinmischung angesichts der aggressiven Kriegspolitik des «Dritten Reiches». Im Unterschied zur Rede Stalins vom März aber stellte Molotow überraschend deutlich klar, dass, «obwohl wir mit England und Frankreich verhandeln, […] wir nicht unbedingt damit [rechnen], dass wir deshalb die Verbindungen mit Deutschland und Italien aufgeben». Molotow erwähnte die bevorstehende Moskaureise von Karl Schnurre und bemerkte in Richtung Berlin und in Richtung London, dass, «wenn nicht alle Zeichen trügen, […] die Verhandlungen demnächst wieder aufgenommen [werden]».[41] Zum Zeitpunkt seiner Rede wusste er, dass die Deutschen ihre Zurückhaltung nicht nur wieder aufgegeben hatten, sondern einen Schritt weiter gegangen waren. Wenige Stunden vor der Rede hatte Staatssekretär von Weizsäcker gegenüber Georgi Astachow in Berlin die Bereitschaft geäußert, einen politischen Kompromiss zu finden. Deutschland war gewillt, zwischen der ideologischen Feindschaft, den «innenpolitischen Maximen» und der «außenpolitischen Einstellung» eine «sehr reinliche Scheidung» zu vollziehen.[42] Diese Nachricht meldete Astachow umgehend, so dass Molotow mit seiner Rede einerseits ein Signal nach Berlin senden konnte und gleichzeitig den Druck auf Großbritannien erhöhte, wo das sowjetische Angebot eines Beistandsabkommens noch auf dem Tisch lag. Im Kern verlangte Moskau ein defensives Hilfeleistungsabkommen mit Frankreich und Großbritannien, inklusive einer trilateralen Beistandsgarantie für die Staaten Mittel- und Osteuropas sowie für alle an die Sowjetunion grenzenden europäischen Staaten.

London reagierte reserviert und schickte Mitte Juni William Strang, den erfahrenen, politisch aber unbedeutenden Leiter der Europa-Abteilung im Foreign Office (FO), nach Moskau, wo er im Laufe von sechs Wochen lediglich drei Mal mit Molotow sprach. Die so genannte Strang-Mission war zum Scheitern verurteilt, nicht nur weil Molotow Strang, der vormals die Völkerbund-Abteilung im FO geleitet hatte und als Vertrauter von Litwinow galt, nicht leiden konnte. Das aus Berlin gesandte Signal, zu einem «politischen Kompromiss» bereit zu sein, war wirkungsmächtiger als das Verhalten der Briten, denen gegenüber Stalin den Preis erhöhte. Die Verhandlungen mit London scheiterten an der sowjetischen Beistandsgarantie, die Moskau als Teil des Abkommens für die Nachbarstaaten verlangte und die diese im Wissen um Stalins Absichten bei aller Furcht vor den Deutschen vehement ablehnten. Denn die Sowjetunion verlangte nicht weniger als das Recht zur Intervention, wenn sich die Situation in den betreffenden Staaten innenpolitisch so verändere, dass «deren Neutralität nicht mehr gesichert» sei.[43] Das Problem der «indirekten Aggression», wie Moskau eine derartige Neutralitätsaufgabe, beispielsweise durch die Annäherung des Baltikums an Deutschland, nannte, konnte Strang ebenso wenig aus dem Weg räumen wie die Furcht britischer Politiker, dass eine Übereinkunft mit Stalin Hitler provozieren und den Kriegsausbruch in Europa beschleunigen könnte.[44]

Während Strang in Moskau auf verlorenem Posten stand, erschien am 29. Juni in der *Prawda* ein Artikel von Andrei Schdanow, dem neuen

Günstling Stalins, der im Politbüro für Fragen der Ideologie und Propaganda verantwortlich war. Schdanow plädierte für eine Annäherung an Deutschland, eine «persönliche Ansicht», die, wie es im Artikel hieß,

> nicht alle meine Freunde teilen. Sie meinen nach wie vor, dass die englische und französische Regierung durch die Aufnahme von Verhandlungen mit der UdSSR ernste Absichten beweisen [...] Ich hingegen glaube nicht, dass sie ein gleichberechtigtes Abkommen mit der UdSSR anstreben.[45]

Stalins so genannte Kastanienrede, Molotows außenpolitische Erklärung und Schdanows «persönlicher» Artikel waren im Frühjahr 1939 drei zentrale Signale Moskaus nach Berlin und nach London. Stalin warnte die Westmächte, insbesondere Chamberlain, dessen Regierung mit Hitler verhandelte. Stein des Anstoßes war ein Wirtschaftstreffen zwischen britischen Industriellen und Hermann Göring in Schleswig-Holstein.[46] «London schachert», notierte Maiski in seinem Tagebuch. «Wir werden ebenfalls schachern.»[47] Und auch Berlin schacherte. Am 7. Juli 1939 informierte Staatssekretär von Weizsäcker die deutsche Botschaft in Moskau über die Bereitschaft Hitlers, der Sowjetunion einen Warenkredit zu bewilligen und Wirtschaftsverhandlungen auf höchster Ebene mit Anastas Mikojan, dem Volkskommissar für Außenhandel, aufzunehmen.[48]

Ende Juli war die Mission von Strang am Ende. Molotow schlug vor, stattdessen eine britisch-französische Militärdelegation in Moskau zu empfangen, um den Westen im Spiel zu halten. Zuvor wurde – Strangs Aufenthalt sollte nicht vollends vergeblich sein – eine politische Übereinkunft paraphiert, die allerdings mehr symbolischen Charakters war und die entscheidenden Fragen der «indirekten Aggression» und der militärischen Beistandsverpflichtungen gegenüber den osteuropäischen Staaten aussparte. Diese blieben den Verhandlungen vorbehalten, die nach dem Eintreffen der Militärmission beginnen sollten. Am 4. August informierte die *Prawda* zum ersten Mal über die geplante Mission, deren Vertreter Botschafter Maiski in London am selben Tag zum Lunch empfing. Falls dieses Treffen der ernsthaften Vorbereitung dienen sollte, wurde Maiski vom Desinteresse der Anwesenden schnell enttäuscht. «Im Gespräch», notierte er, «waren die Gäste sehr zurückhaltend und zogen es vor, über unverfängliche Themen zu sprechen wie die Rebhuhnjagd.»[49] Maiskis Enttäuschung wuchs, als er erfuhr, dass die Mission, anstatt sich per Flugzeug zügig nach Moskau zu begeben, eine mehrtägige Schifffahrt nicht mit einem schnellen Kreuzer oder einem Kriegsschiff, sondern mit einem gemächlichen Frachter plante. «Die englische und die französische Militärabordnung reisen also per Frachtschiff nach Moskau [...]», schrieb Maiski,

> und das zu einer Zeit, da in Europa der Boden unter unseren Füßen zu brennen beginnt! Unglaublich! Will die britische Regierung wirklich ein Abkommen? Ich gelange immer mehr zu der Überzeugung, dass Chamberlain ungerührt ein eigenes Spiel spielt: was er braucht, ist kein Dreierpakt, sondern Gespräche über einen Pakt als Trumpfkarte, um mit Hitler gut verhandeln zu können.[50]

Die britisch-französische Militärmission konnte, darin waren sich Zeitgenossen und Historiker einig, nur als Verhöhnung Moskaus bezeichnet werden. Ihre Leiter und Mitglieder waren zwar hochrangige Generäle, darunter der ehemalige britische Militärattaché in Moskau. Sie gehörten aber weder zur Regierung, noch waren sie im Besitz politischer Vollmachten, um ernsthafte Verhandlungen führen zu können. «Das ist nicht ernst zu nehmen», erboste sich Stalin, «London und Paris wollen weiterhin Poker spielen.»[51] Tatsächlich konnte die britische Regierung, vor allem aber Außenminister Halifax, der eine Reise nach Moskau ablehnte, nicht deutlicher signalisieren, dass das Bündnis mit Stalin nicht gewollt war und, wie Maiski schon lange erkannt hatte, die «spontanen Präferenzen der ‹oberen Zehntausend› Britanniens ganz sicher bei Deutschland» lagen.[52] Doch es gab auch Kritik. Teile der Londoner Tagespresse beklagten, wie der *Sunday Express* schrieb, das «passive Verhalten des Premierministers und von Lord Halifax», deren «politischen Snobismus» sie verantwortlich für die Verzögerungen (in den Verhandlungen) machten.[53] Der ehemalige Premier Lloyd George, der Chamberlain ohnehin für komplett unfähig hielt, erklärte in einem Gastbeitrag für die französische Zeitung *Le Soir* unumwunden: «Neville Chamberlain, Halifax und John Simon wollen keine Übereinkunft mit Russland.»[54] Selbst wenn Stalin die Verhandlungen mit den Westmächten nur am Leben hielt, um den Preis in Berlin hochzutreiben, war die Entsendung einer derart lächerlichen Mission ein politischer Affront. Auf dieses «Angebot» konnte Stalin schon aus Gründen der Gesichtswahrung nicht eingehen. Als Admiral Sir Reginald Aylmer Ranfurly Plunkett-Ernle-Erle-Drax, den die Presse «Admiral

Nobody» taufte, und der französische General Joseph Édouard Doumenc, der bald «Général Inconnu» hieß, in der Nacht vom 9. auf den 10. August in Leningrad eintrafen, war die Entscheidung für den Pakt mit Hitler gefallen.

Die letzten Schritte

In den Tagen bis zur Ankunft der Militärmission gingen Moskau und Berlin die letzten Schritte in Richtung Pakt. Neben den Gesprächen über die politische Annäherung gab es offenbar auch militärische Geheimtreffen zwischen der Roten Armee und der Wehrmacht, die angeblich von jenen deutschen Militärs ausgingen, die in der Zwischenkriegszeit die Militärkooperation vorangetrieben hatten.[55] Die Planung für den deutschen Überfall auf Polen war indes abgeschlossen, und Goebbels' Propaganda stimmte die Deutschen mit Hetzartikeln über die «brutale Verfolgung» und «grausamen Lebensumstände der Volksdeutschen» auf die kommenden Ereignisse ein. Zu ihrer Umsetzung war Deutschland auf das Bündnis angewiesen. Hitler stand unter Zeit- und Handlungsdruck.

Als Ende Juli die Strang-Mission in Moskau scheiterte, trafen sich Karl Schnurre, sein Mitarbeiter Walter Schmidt, Georgi Astachow und dessen Stellvertreter Jewgeni Babarin im legendären Berliner Weinlokal «Ewest» zum Abendessen. Ohne lange Vorrede unterbreitete Schnurre die Offerten der Deutschen. Er versicherte erstens, dass Deutschland sich für Moskau entschieden habe, indem er Großbritannien – ob seiner Weigerung, deutsche Kolonien zurückzugeben – als Hauptfeind bezeichnete. Zweitens erklärte er die Bereitschaft zu weitreichenden politisch-territorialen Zugeständnissen: in Bezug auf das Baltikum, Polen und Rumänien. Und drittens versprach Schnurre, dass sich Deutschland für verbesserte sowjetisch-japanische Beziehungen im Fernen Osten einsetzen werde, wo andauernde Grenzkonflikte Stalin seit Jahren zusetzten. Astachow nahm das Angebot zur Kenntnis und informierte Molotow und Stalin, der am 2. August grünes Licht für ein Treffen des Geschäftsträgers mit dem deutschen Außenminister gab, um die Belastbarkeit der Worte Schnurres zu überprüfen. In dem nun folgenden Gespräch bekräftigte Ribbentrop, dass es «im ganzen Raum vom Schwarzen Meer bis zur Ostsee» keine «unlösbaren Fragen zwischen Deutschland und der UdSSR» gebe und «über alle diese Fragen» Einigung zu erzielen sei, «wenn die Sowjetregierung diese Ausgangspunkte» teile.[56] Die einzige Bedingung war die «gegenseitige Nichteinmischung in die inneren Angelegenheiten»; ein Punkt, auf den Hitler großen Wert legte. «Unsere Ideologien», erklärte Ribbentrop, «sind diametral entgegengesetzt. Gegenüber dem Kommunismus gibt es in Deutschland keinerlei Toleranz», um ebenso zu beruhigen, dass «der Nationalsozialismus keine Exportware [ist] und wir weit davon entfernt [sind], ihn jemandem aufdrängen zu wollen». Als Astachow beipflichtete, «dass meine Regierung die Nichteinmischung in die inneren Angelegenheiten ebenfalls als notwendige Voraussetzung für normale Beziehungen ansehe», war der Weg bereitet. Für Moskau, unterstrich der Geschäftsträger, «habe der Unterschied in den Ideologien und der inneren Ordnung freundschaftlichen außenpolitischen Beziehungen niemals im Wege gestanden».[57]

In den folgenden Tagen diskutierte Stalin das deutsche Angebot im Politbüro, während Molotow nach außen ungerührt mit «Admiral Nobody» und «General Inconnu» verhandelte. Mitte August unterbrach Molotow die Gespräche mit den Westmächten mit der Begründung, dass vor einer Wiederaufnahme die Frage der militärischen Beistandsverpflichtungen mit Polen und Rumänien zu klären sei. Das Durchmarschrecht der Roten Armee war eine Forderung, der, wie alle Beteiligten wussten, die betroffenen Regierungen nicht zustimmen würden. Zur gleichen Zeit diskutierten Moskau und Berlin bereits über den Ort für die deutsch-sowjetischen Verhandlungen. Anfänglich sprach noch Astachow mit Ribbentrop, den er meist telefonisch auf dessen Sommerresidenz Schloss Fuschl bei Salzburg erreichte, während von der Schulenburg im Kreml bei Molotow vorstellig war. Wie in allen wichtigen Fragen setzte sich schließlich Stalin gegenüber den Deutschen durch. Er bestimmte Moskau als Verhandlungsort. Gleichzeitig lehnte er Ribbentrops schwülstigen Vorschlag für eine Vertragspräambel ab und sprach sich gegen Hans Frank, damals Reichsminister ohne Geschäftsbereich, als zu unbedeutenden Verhandlungspartner aus; ein Vorschlag, den Ribbentrop aus überheblicher Bequemlichkeit unterbreitet hatte, um nicht selbst von Schloss Fuschl nach Moskau reisen zu müssen. Schließlich setzte Stalin auch das geheime Zusatzprotokoll durch und griff damit eine Idee auf, die ursprünglich Karl Schnurre ins Spiel gebracht hatte. Als der britische «Admiral Nobody» und der französische «General Innconu» Moskau am 17. August 1939 mit leeren Händen wieder verließen, verhandelten Deutschland und die Sowjetunion längst nicht mehr darüber, ob es einen Nichtangriffsvertrag geben sollte, sondern über dessen Inhalte und das geheime Zusatzprotokoll. Ribbentrop hatte begriffen, dass er persönlich in Moskau erwartet wurde. Vorab informierte er von der Schulenburg, von Hitler bevollmächtigt und «in der Lage» zu sein, «ein spezielles Protokoll zu unterzeichnen, das Interessen beider Teile in diesen oder jenen Fragen der auswärtigen Politik regelt, z. B. Interessensphären im Ostsee-Gebiet, Frage Baltenstaaten usw.». Allerdings, kündigte er an, seien Einzelheiten in der «mündlichen Aussprache» zu klären.[58]

Bevor Ribbentrop das Flugzeug nach Moskau bestieg – die deutschen Wochenschauen zeigten ihn auf dem Flughafen entschlossen mit erhobenem Arm zum Hitlergruß –, beendeten Karl Schnurre und Astachows Nachfolger, Jewgeni Babarin, in Berlin jene Handelsgespräche, die den Weg zur politischen Verständigung geebnet hatten. Am 19. August 1939 unterzeichneten sie ein auf sieben Jahre angelegtes Kreditabkommen. Deutschland gewährte der Sowjetunion ein Darlehen über 200 Millionen Reichsmark, unter anderem für den Kauf von Fabrikeinrichtungen, Werkzeugmaschinen, Schiffen, Fahrzeugen und Laboreinrichtungen innerhalb von zwei Jahren in Deutschland. Die Sowjetunion lieferte im selben Zeitraum «verschiedene Waren», hauptsächlich jedoch die für die deutsche Kriegswirtschaft nötigen Rohstoffe im Wert von 180 Millionen Reichsmark. Die Differenz von 20 Millionen Reichsmark wurde durch Goldlieferungen an Deutschland ausgeglichen.[59] Ein Leitartikel in der *Prawda*, der die Öffentlichkeit auf die Achse Berlin–Moskau einstimmte, lobte das Abkommen als «wichtigen Schritt in Richtung auf eine weitere Verbesserung nicht nur der wirtschaftlichen, sondern auch der politischen Beziehungen zwischen der Sowjetunion und Deutschland».[60]

Dass dieser Schritt lange vorher erfolgt war, die Vertragsentwürfe zwischen Berlin und Moskau hin und her telegrafiert wurden und der Pakt vor dem Abschluss stand, blieb den Lesern vorenthalten. Am 20. August lag der von Stalin redigierte Text in Berlin vor, von wo aus er unverzüglich nach Fuschl und auf den Berghof weitergeleitet wurde. Unter dem Zeitdruck des Einmarsches in Polen stehend, war Hitler «gänzlich einverstanden». «Ich», telegrafierte er Stalin am 20. August,

> akzeptiere den von Ihrem Außenminister Herrn Molotow übergebenen Entwurf des Nichtangriffspaktes. […] Das von der Regierung der Sowjetunion gewünschte Zusatz-Protokoll kann nach meiner Überzeugung in kürzester Zeit substantiell geklärt werden, wenn ein verantwortlicher deutscher Staatsmann in Moskau hierüber selbst verhandeln kann.[61]

Damit war Ribbentrop gemeint, dessen Reise er für «Dienstag, den 22. August, spätestens aber am Mittwoch, den 23. August» vorschlug; ausgestattet mit der «umfassendsten Generalvollmacht zur Abfassung und Unterzeichnung des Nichtangriffspakts sowie des Protokolls».[62] Dass Hitler im Telegramm auf die «unerträglich» gewordene «Spannung zwischen Deutschland und Polen» hinwies, aufgrund deren «jeden Tag eine Krise ausbrechen kann», war das eindeutige Signal für den Krieg und ein großer taktischer Fehler. Hitlers Eingeständnis des eigenen Zeitdrucks schwächte die Verhandlungsposition gegenüber Stalin, der diese Schwäche selbstverständlich ausnutzte. Mit dem Telegramm in den Händen beendete Stalin die Gespräche mit den Westmächten, die ihm niemals jene territorialen Gewinne zugestehen konnten, zu denen Hitler, der den Krieg wollte, gezwungen war. Am 21. August antwortete Stalin:

> Danke für Ihr Schreiben. Ich hoffe, dass der deutsch-sowjetische Nichtangriffspakt ein Wendepunkt für eine ernsthafte Verbesserung der politischen Beziehungen zwischen unseren Ländern sein wird. Die sowjetische Regierung hat mich beauftragt, Sie davon zu unterrichten, dass sie einem Besuch des Herrn Ribbentrop in Moskau am 23. August zustimmt.[63]

Dass der Pakt jetzt noch scheitern würde, war nahezu ausgeschlossen, ebenso stand fest, dass Stalin einen hohen Preis verlangen konnte. Die Nachricht vom Vertragsabschluss kursierte bereits außerhalb der exklusiven diplomatischen und geheimdienstlichen Kreise. Die Spitzen der Wehrmachtsgeneralität waren von Hitler persönlich am 22. August in Berchtesgaden unterrichtet worden, Instruktionen an die Botschaften zur Sprachregelung waren ergangen und die Schlagzeilen im *Völkischen Beobachter* gedruckt.

Am 23. August um 13 Uhr landete Außenminister von Ribbentrop in Moskau, stark beeindruckt von dem mit Hakenkreuzfahnen geschmückten Flughafen, auf dem ein Militärorchester zum Empfang das Deutschlandlied spielte. Paul Schmidt, der Chefdolmetscher des Auswärtigen Amtes, erinnerte sich an die historische Ankunft:

Abb. 5 Außenminister Joachim von Ribbentrop vor seiner Rückkehr in Moskau, August 1939

> Die erste Sensation, die ich nach Verlassen des Flugzeugs erblickte, war ein Flughafenschild. ‹Moscou› las ich in französischer Sprache und sah das Hakenkreuzbanner und die rote Sowjetflagge mit Hammer und Sichel in trautem Verein zu beiden Seiten des Namens im Winde flattern.[64]

Zwei Stunden später war Ribbentrop bei Stalin und Molotow im Kreml. Von diesem Treffen, auf dem die Einzelheiten des geheimen Zusatzprotokolls verhandelt wurden, existieren bis heute nur Berichte Dritter in Erinnerungen. Sie lassen darauf schließen, dass Stalin und Molotow, immerhin zu zweit, den überforderten und arroganten deutschen Außenminister ausspielten, was ihnen vermutlich nicht einmal schwerfiel. Hart feilschten sie um jeden Quadratkilometer und kleinste Details, wie die lettischen Seehäfen Libau (Liepâja) und Windau (Ventspils), die dem sowjetischen Interessengebiet zugeschlagen wurden.[65] Mit kurzen Pausen zogen sich die Verhandlungen sieben Stunden lang hin, bis abends um zehn das geheime Zusatzprotokoll beschlossen und die Territorien verteilt waren. Weitere vier Stunden später, am frühen Morgen des 24. August, lag das gesamte Werk des deutsch-sowjetischen Nichtangriffsvertrags vor. Molotow und Ribbentrop unterschrieben, und dann wurde der Abschluss auf den 23. August zurückdatiert, damit die *Prawda* ihren Lesern die Nachricht am nächsten Morgen verkünden konnte. «Mit der Feindschaft zwischen Deutschland und der Sowjetunion», lasen die überraschten Sowjetbürger, «wird Schluss gemacht. [...] Die Unterschiede in der Ideologie können kein Hindernis für die Herstellung gutnachbarlicher Beziehungen zwischen den beiden Ländern sein.»[66] Auf dem legendären nächtlichen Festbankett hatte Stalin auf die Gesundheit Hitlers angestoßen, den «das deutsche Volk [...] so sehr liebt». Noch trunken von diesem Erfolg, kehrte ein beseelter Ribbentrop nach Deutschland zurück, wo er sich für einen Sieg feiern ließ, der ein Sieg Stalins und Molotows war.

Der Pakt

Europas Machtspiel um Verträge, Achsen und Koalitionen, an dem im Laufe der 1930er Jahre nahezu alle Staaten von den alten Großmächten über die jungen Nationen bis hin zu den totalitären Regimen des Kontinents beteiligt waren, endete am 23. August 1939. Die politischen Ränkespiele, Vorurteile, der Argwohn und die nationalen Egoismen, vor allem aber die aggressive Expansionspolitik der totalitären Ideologien, die einem an territorialen Besitzständen ausgerichteten klassischen Machtverständnis folgte, führten zum Bündnis zwischen dem nationalsozialistischen Deutschland und der stalinistischen Sowjetunion. «Der gesamte Status Europas ist in der Schwebe», schrieb der amerikanische Botschafter Joseph E. Davis aus Moskau an das State Department. «Das Britische Empire, Großbritannien und Frankreich sind am Rande des Prestigeverlustes ihrer Geschichte. Der Frieden in Europa, sofern er aufrechterhalten wird, ist in immenser Gefahr, ein von den Diktatoren aufgebürdeter Frieden zu sein. [...] Die Gefahr der faschistischen Vorherrschaft in der Welt droht mehr denn je», warnte Davis, der als Apologet Stalins zweifelhaften Ruhm besaß.[67] Im August 1939 traf Botschafter Davis den Kern der Sache. Der deutsch-sowjetische Nichtangriffsvertrag ermöglichte Hitler den Überfall auf Polen, mit dem der Zweite Weltkrieg in Europa begann. Der Pakt «schützte» die Wehrmacht vor dem gefürchteten Zweifrontenkrieg und erlaubte im Frühjahr 1940 die Expansion nach Westeuropa und die ideologische Neuordnung des Kontinents unter nationalsozialistischer Vorherrschaft. Er ermöglichte den Export der nationalsozialistischen Ordnungsentwürfe, den anzustreben Hitler anfänglich zwar abgestritten, aber stets betrieben hatte, denn dieser Export folgte den rassisch-volkstumspolitischen, wirtschaftlichen und gesellschaftlichen Großraum- und Europakonzepten, die das «Dritte Reich» entwarf.

Für Stalin bedeutete der Nichtangriffspakt eine unglaubliche Machtsteigerung. Er beendete die gefährliche außenpolitische Isolation und reduzierte die Kriegsgefahr. Mit dem Pakt war Stalin an jenen Tisch der europäischen Großmächte zurückgekehrt, von dem er in München ausgeschlossen worden war. Hitlers Zeitdruck und die überhebliche Wankelmütigkeit Großbritanniens ausnutzend, verhinderte er mit taktischem Kalkül und politischer Kaltblütigkeit den gefürchteten Viermächtepakt. Hatte er im September 1938 noch mit dem Rücken zur Wand gestanden, ging er im August 1939 als Gewinner vom Platz. Das geheime Zusatzprotokoll verschaffte ihm Territorien, die der Westen nicht offerieren konnte. Die «Schmach» der Gebietsverluste aus dem Ersten Weltkrieg war getilgt und jene Sicherheitszone in Aussicht, die den Krieg von Moskau fernhielt. Den Export der kommunistischen Ideologie betrieb Stalin in Osteuropa brutal und kompromisslos. Unter die sowjetische Herrschaft zu gelangen bedeutete für Polen und nach dem Sommer 1940 auch für das Baltikum, Bessarabien und die Nordbukowina, in der Diktatur der Gewalt zu leben.

Der Nichtangriffsvertrag wurde für die Dauer von zehn Jahren geschlossen, mit einer Option zur automatischen Verlängerung um weitere fünf Jahre, falls keine Seite ein Jahr vor Fristablauf kündigte. Er umfasste sieben Artikel, in denen sich die Vertragsparteien zum gegenseitigen Verzicht auf Gewalt, auf aggressive Handlungen und einen Angriff verpflichteten, unabhängig davon, ob dieser allein oder im Bund mit einer dritten Macht erfolgen sollte. Ausgeschlossen wurde ebenfalls, einem Bündnis beizutreten oder es zu unterstützen, wenn es gegen einen Vertragspartner gerichtet war. In Artikel 3 einigten sich Deutschland und die Sowjetunion auf Konsultationen, um «in Fühlung miteinander zu bleiben» und sich «gegenseitig über Fragen zu informieren, die ihre gemeinsamen Interessen berühren». Es war Stalin persönlich, der auf der Aufnahme dieses Artikels bestand und damit offenbarte, wie wenig er von den Freundschafts- und

Vertrauensbekundungen hielt, zu denen sich die Propaganda in den folgenden Wochen emporschwingen sollte. Stalin bevorzugte vertraglich vereinbarte Konsultationen, auch wenn beide Seiten wussten, dass die Karten niemals offen auf dem Tisch lagen. Aber gerade dieses Wissen konnte er für den Einbau einer wertvollen und notwendigen Exitoption nutzen. Sollten die Konsultationen nicht stattfinden – wovon beide Seiten ausgingen – und der in Artikel 5 im Falle von Konflikten vereinbarte «Weg des freundschaftlichen Meinungsaustausches» bis hin zum Einsatz von Schlichtungskommissionen nicht beschritten werden, konnte man sich gegenseitig des Vertragsbruchs und des Verrats beschuldigen. Für Stalin war nur wichtig, dass dieser Vorwurf niemals der Sowjetunion gemacht werden konnte. Nach Artikel 7 war der Nichtangriffspakt in «möglichst kurzer Frist» zu ratifizieren, trat jedoch «sofort mit seiner Unterzeichnung in Kraft».[68]

Oberflächlich betrachtet, waren die Vereinbarungen eines der wichtigsten Verträge des 20. Jahrhunderts wenig spektakulär und schon gar nicht sensationell. Wie in der Präambel festgehalten war, knüpfte er an den Berliner Vertrag von 1926 an und entsprach inhaltlich den meisten Nichtangriffspakten jener Zeit. Seine einzigartige historische Bedeutung und Wirkungsmacht bestand darin, dass die beiden großen und in unversöhnlicher Feindschaft verbundenen Diktaturen mit diesem Vertrag den Zweiten Weltkrieg in Europa entfesselten. Er stand am Beginn eines zerstörerischen Weltgemetzels, das in den Holocaust führte und eine Massenvernichtungsmaschinerie in Gang setzte, von deren Folgen sich Europa bis heute nicht erholt hat. Hitler und Stalin teilten Europa und die Welt für Jahrzehnte. Dabei spielte es keine Rolle, dass der Antibolschewismus die Raison d'être des Nationalsozialismus war, so wie der Antifaschismus Moskauer Prägung in den 1930er Jahren die ideologische Doktrin des Kommunismus bildete.

Während die ideologische Gegnerschaft in den Hintergrund trat, waren es die totalitären Ähnlichkeiten, der imperiale Machtwille und die historischen Wechselbeziehungen, die das politische Bündnis ermöglichten. Im Mittelpunkt des Arrangements stand das geheime Zusatzprotokoll, dessen Inhalte Ribbentrop, Molotow und Stalin im August in Moskau verhandelten und dessen Existenz die Sowjetunion bis zum Ende des Kalten Krieges vehement bestritt. Erst unter Druck gab Michail Gorbatschow im Dezember 1991 das russische Original aus dem Kremlarchiv frei, das eine Übereinkunft belegte, die – wie Gorbatschow wusste – die Mythen des kommunistischen Antifaschismus grundstürzend erschütterte. Das geheime Zusatzprotokoll bewies, dass Stalin, anders als die sowjetische Geschichtsschreibung stets behauptet hatte, den Pakt nicht bloß einging, um Hitlers Angriff und den Krieg für die Sowjetunion hinauszuzögern. Stattdessen teilten beide Diktatoren den Willen zur politisch-ideologischen Expansion. Das geheime Zusatzprotokoll definierte die beiderseitigen «Interessensphären» beziehungsweise deren Grenzen in Osteuropa. Im Baltikum war dies die «nördliche Grenze Litauens», wobei – vorübergehend – «das ‹berechtigte› Interesse Litauens am Wilnaer Gebiet beiderseits anerkannt» wurde. Lettland, Estland und Finnland gehörten somit zur sowjetischen Interessensphäre, Litauen – bis auf Wilna – zur deutschen. Im Fall einer «territorial-politischen Umgestaltung Polens», so die schlechte Umschreibung der Teilung, sollte die «Linie der Flüsse Narew, Weichsel und San» die Grenze zwischen beiden Interessensphären werden. «Hinsichtlich des Südostens Europas» betonte die Sowjetunion ihr Interesse an Bessarabien, während Deutschland «das völlige politische Desinteresse» an diesem Gebiet erklärte und damit ein übereiltes Zugeständnis machte, das sich als eine Bruchlinie des Pakts erweisen sollte. Beide Seiten vereinbarten, das Zusatzprotokoll streng geheim zu halten, doch schon in den letzten Augusttagen kursierten in der Presse zahlreiche Gerüchte, und Diplomaten diskutierten dessen Bedeutung.[69]

Schock, Enttäuschung und Lobpreis

Als sich die Nachricht von der Unterzeichnung des Vertrages am Morgen des 24. August verbreitete, löste dies einen Schock in Europa aus. Dabei kam das Bündnis nicht unerwartet, und die deutsch-sowjetische Annäherung ließ sich über Wochen beobachten. Am härtesten traf der Schreck die internationale kommunistische Bewegung, die sich erst vier Jahre zuvor, auf dem VII. Weltkongress der Komintern, einer gänzlich anderen Doktrin verschrieben hatte. Die damals verkündete Volksfrontpolitik, die zum Bündnis mit den verhassten Sozialdemokraten und bürgerlichen Parteien aufrief, war insbesondere für deutsche Kommunisten schwer zu ertragen gewesen. Sie akzeptierten die «Volksfront», weil ihnen eine breite politische Allianz auch mit den als «Sozialfaschisten» verunglimpften linken Konkurrenten als das einzig wirkungsvolle Mittel im Kampf gegen Hitler erschien. Dass diese Doktrin nun zugunsten eines Bündnisses mit Hitler nichts mehr galt, Freund und Feind quasi über Nacht ausgetauscht waren, löste ein Erdbeben aus. Für Kommunisten, die vor der faschistischen Verfolgung geflohen, in die «Menschenfalle Moskau» (Reinhard Müller) geraten waren und dort gerade die Säuberungen und Schauprozesse durchlitten, war die Nachricht nicht nur besonders demütigend. Viele von ihnen wurden im Zuge des Pakts ausgeliefert und fanden sich nach den Gefängnissen in Moskau in den Konzentrationslagern der Nazis wieder.[70]

«Für uns», schrieb die im berüchtigten Hotel Lux überlebende Österreicherin Ruth von Mayenburg, blieb «die Kreml-Uhr stehen», und Wolfgang Leonhard, einer der bekanntesten Chronisten des Stalinismus, erinnerte sich an den August 1939, den er in einer Kaderschmiede der Komintern verbrachte:

> In der Bibliothek für ausländische Literatur lagen nun statt der Emigrantenzeitungen häufig Nazi-Zeitungen aus, und manche antifaschistischen Romane deutscher Emigranten waren aus der Bibliothek entfernt worden. Das Wort ‹Faschismus› kam in der Sowjetpresse überhaupt nicht mehr vor. Es war, als hätte es nie einen Faschismus gegeben.[71]

Für einige Kommunisten, darunter Prominente wie der Schriftsteller Arthur Koestler, war diese Kehrtwende die eine zu viel. Koestler haderte seit den Säuberungen mit seiner Überzeugung. «Dieser Schwebezustand», erklärte er später,

> dauerte für mich bis zu dem Tag, an dem zu Ehren Ribbentrops die Hakenkreuzfahne auf dem Moskauer Flughafen gehisst wurde und die Kapelle der Roten Armee das ‹Horst-Wessel-Lied› anstimmte. Damit war es Schluss: von nun an war mir wirklich egal, ob mich die neuen Verbündeten Hitlers einen Konterrevolutionär schimpften.[72]

Im folgenden Jahr erschien in Großbritannien Koestlers Weltbestseller *Darkness at noon (Sonnenfinsternis)*; ein Buch, das zu den eindringlichsten Darstellungen menschlicher Not und Abgründe in der stalinistischen Diktatur gehört und Koestlers Bruch mit dem Moskauer Kommunismus markierte.

Zweifelnde wie Arthur Koestler und «Ehemalige» wie Willy Münzenberg, den die Partei bereits verstoßen hatte, geißelten Stalin als «Verräter». Die Mehrheit der Parteimitglieder aber versuchte, sich irgendwie zu arrangieren, und sei es auch nur mit der resignativen Beruhigungsformel, dass Stalin schon wisse, was er tue, und die Partei ohnehin immer Recht habe. Sie glaubten und wollten den Merksätzen glauben, die Stalin Georgi Dimitroff, dem Generalsekretär der Komintern, diktierte, um die nationalen Parteien «auf Linie» zu bringen. Dies gelang mehr schlecht als recht. Auch wenn die Komintern offiziell Geschlossenheit und Zustimmung erklärte, spaltete der Pakt die kommunistische Bewegung dauerhaft, und der Riss verlief durch die nationalen Parteien ebenso wie durch die Moskauer Zentrale, wo Kritik nur leise und hinter vorgehaltener Hand formuliert wurde. Und doch gab es auch Beifall, aus Angst, blinder Ergebenheit, Überzeugung und Stalintreue. Der deutsche Kommunist, Dichter und spätere erste Kulturminister der DDR, Johannes R. Becher, huldigte dem Pakt mit kolportierten Zeilen, die er später vergessen wissen wollte. «August 1939. Lobpreis des Vertragsabschlusses zwischen dem Großdeutschen Reich und der Union Sozialistischer Sowjetrepubliken», so der Titel seiner Ode:

> An Stalin. Du schützt mit deiner starken Hand den Garten der Sowjetunion. Und jedes Unkraut reißt Du aus. Du, Mutter Rußlands größter Sohn, nimm diesen Strauß. Nimm diesen Strauß mit Akelei zum Zeichen für das Friedensband, das fest sich spannt zur Reichskanzlei.[73]

Stalin zwang der zu seiner Marionette degradierten Kommunistischen Internationale einen Pakt auf, der für die kommunistischen Parteien harte politische Konsequenzen hatte und zu absurden Rechtfertigungen beispielsweise der nationalsozialistischen Besatzung in Westeuropa führen sollte. Bei aller Rücksichtslosigkeit war ihm jedoch bewusst, dass der Pakt umsichtig kommuniziert werden musste und nicht «leicht zu verkaufen» war: weder an die Komintern, die schockierten Parteimitglieder noch an die «einfache» Sowjetbevölkerung. «Schließlich», erinnerte sich der damals 34-jährige Viktor Krawtschenko aus der sibirischen Industriestadt Kemerowo:

> galt für uns all die Jahre als ausgemacht, dass der einzige Feind der Nazis die Sowjetunion sei […] Wir hatten doch führende Armeegeneräle, darunter auch Tuchatschewski, erschossen, weil sie angeblich Verbündete von Hitlers Reichswehr waren. […] Unsere Sowjetkinder spielten Faschisten-gegen-

> Kommunisten-Spiele, wobei die Faschisten immer deutsche Namen trugen und jedes Mal grausam geschlagen wurden.

Ein Pakt zwischen Hitler und Stalin erschien ungeheuerlich, galt doch, wie Krawtschenko beschrieb, «die Schurkerei Hitlers [...] in unserem Land fast ebenso als geheiligter Glaubensartikel wie die Unfehlbarkeit Stalins».[74] Stalin achtete darauf, den Pakt mit politischen Argumenten und der drohenden Kriegsgefahr zu erklären. Gleichzeitig verzichtete er – im Wissen um die Halbwertszeit politischer Allianzen – auf übertriebene Freundschaftsbekundungen, die Ribbentrop so gern von sich gab. «Glauben Sie nicht», lehnte er dessen Entwurf für das öffentliche Kommuniqué zum Vertragsabschluss ab,

> dass wir auf die öffentliche Meinung in unseren beiden Ländern etwas mehr Rücksicht nehmen müssten? Wir haben einander jahrelang kübelweise Unrat über die Köpfe gegossen [...] Und nun soll plötzlich alles vergeben und vergessen sein? Solche Dinge gehen nicht so schnell. Wir [...] müssen unsere Völker mit mehr Umsicht über die Änderung unterrichten, die sich in den Beziehungen zwischen unseren beiden Ländern vollzogen hat.[75]

Vor diesem Hintergrund bezeichnete die *Prawda* den Nichtangriffsvertrag als ein «Friedenswerkzeug», das eben «nicht allein berufen» war,

> die gutnachbarlichen und friedlichen Beziehungen zwischen der Sowjetunion und Deutschland zu festigen, sondern auch der Sache der allgemeinen Festigung des Friedens zu dienen. [...] Die Bedeutung des abgeschlossenen Vertrages geht über den Rahmen einer Regulierung der Beziehungen zwischen beiden vertragschließenden Ländern hinaus.[76]

Die offizielle Lesart wurde nicht nur von Zentralorganen wie der *Prawda* verbreitet. Im ganzen Land organisierte die Partei außerordentliche Versammlungen und Propagandaveranstaltungen, unter anderem im beliebten Gorki-Park für «Kultur und Erholung», wo so genannte Konsultanten, meist Politoffiziere, bereitstanden, um den Hauptstädtern in eigens hergerichteten Pavillons einer «Allee für Konsultationen» den Pakt mit Deutschland zu erklären, aber auch die Zustimmung vieler Moskauer zu erleben.[77] «Die große Masse der sowjetischen Bevölkerung», beobachtete Gustav Hilger, «nahm die Nachricht vom Abschluss des Nichtangriffspaktes mit Erleichterung und Befriedigung entgegen.»[78] Mit Erleichterung, da der Nichtangriffsvertrag für sie, die im Alltag andere Sorgen als ideologische Kehrtwenden plagten, tatsächlich Sicherheit fernab der Kriege Europas bedeutete. Befriedigung wiederum empfanden jene, denen die Existenz Polens ein Dorn im Auge war, und selbst antibritische und antifranzösische Ressentiments waren, wie Hilger und von der Schulenburg berichteten, auf den Straßen Moskaus zu hören.[79]

«Wir sind in Not und fressen da wie der Teufel Fliegen»

Auch in Deutschland reagierte die Bevölkerung zwiespältig auf die Nachricht vom Pakt mit den Bolschewisten. In München warfen Parteigenossen vor der Zentrale der NSDAP, dem «Braunen Haus», aus Protest massenhaft Hakenkreuzbinden zu Boden. Für Ulrich von Hassell, den ehemaligen Botschafter in Rom, der später aktiv zum Widerstandskreis um Graf von Stauffenberg gehörte, war Deutschland zum «Mitglied einer großen Gangsterbande» geworden, wobei er freilich vergaß, dass es längst von einer regiert wurde.[80] Andere beruhigte die Hoffnung, dass der Pakt die drohende Einkreisung durch ein britisch-sowjetisches Bündnis abgewehrt hatte und dass, wenn der Krieg schon unvermeidbar war, er «nur» um die Aufteilung Polens geführt werden würde. Aus diesen Gründen und wegen der Aussicht auf die Wiederbelebung des altbewährten Militärbündnisses, das endlich zur Zerschlagung des verhassten «polnischen Saisonstaates» zusammengefunden hatte, begrüßte die Wehrmachtführung den Pakt mit einer gewissen Erleichterung, ebenso wie Adolf Hitler.[81] Der «Führer», dem das Bündnis mit Moskau ideologisch zuwider war, erwartete den Anruf Ribbentrops auf dem Berghof und zeigte sich über den Coup seines Außenministers, wie Goebbels eingestehen musste, durchaus «glücklich».[82] Für den Einmarsch in Polen hatte er die Grundsätze der nationalsozialistischen Ideologie hintangestellt und, wie er Mussolini zwei Tage später schrieb, eine «vollkommen neue weltpolitische Situation» geschaffen, die «als stärkster Gewinn für die Achse ausgelegt werden muss».[83] Goebbels betrachtete den Pakt nüchterner. «Wir sind in Not und fressen da wie der Teufel Fliegen»,[84] schrieb er am 24. August in sein Tagebuch, während Hitler den ideologischen Verrat rechtfertigte. «Deutschland hat nicht die Absicht», beteuerte er in der Reichstagsrede zum Einmarsch am 1. September 1939,

> seine Doktrin zu exportieren, und in dem Augenblick, in dem Sowjetrussland seine Doktrin nicht nach Deutschland zu exportieren gedenkt, sehe ich keine Veranlassung mehr, dass wir auch nur einmal gegeneinander Stellung nehmen sollten!

Hitlers Entscheidung, den unmittelbaren Kriegszielen den Vorrang vor der reinen Lehre zu geben, bewegte nicht nur die einfachen Parteigenossen in München. Auch unter der nationalsozialistischen Elite stieß sie auf heftige Kritik, allen voran bei Alfred Rosenberg, dessen fester Antibolschewismus auf persönlichen Erfahrungen gründete. Für den aus einer deutschbaltischen Familie stammenden Rosenberg, der als Student die bolschewistische Revolution in Moskau erlebt hatte, war die «Umärmelung» des «jüdischen Bolschewismus» schier unerträglich, «als ob unser Kampf gegen Moskau ein Missverständnis gewesen sei und die Bolschewiken die wahrhaften Russen».[85] Zwar erkannte auch Rosenberg die politischen Vorteile, die er im Tagebuch aufzählte. «Gestern kurz vor zwölf», schrieb er,

> kam die Nachricht vom d[eutsch]-sowjetrussischen Nichtangriffspakt. Trotz aller Abneigung zu Tagebüchern, möchte ich meinen ersten Eindruck festhalten. Zunächst: Erkenntnis der erleichterten aussenpol[itischen] Lage: Fortfall der Bedrohung durch die russ[ische] Luftflotte im d[eutsch]-poln[ischen] Konflikt, Entlastung der Ostsee, Rohstoffzufuhr usw.

Gleichzeitig aber bedeute Ribbentrops Moskaureise eine

> moralische Achtungsminderung angesichts unseres jetzt 20-jährigen Kampfes, angesichts unserer Parteitage, angesichts Spaniens. […] Der Führer sagte vor etwa 4 Jahren […]: Er könne nicht mit Moskau zusammengehen, weil es nicht möglich sei, dem d[eutschen] Volk das Stehlen zu verbieten und zugleich mit Dieben Freundschaft zu halten. Ribbentrop wird bei allem nichts fühlen, da er außer Hass auf England keine politische Gesinnung besitzt.

Dass die Kriegsziele den ideologischen Verrat rechtfertigten, bezweifelte Rosenberg, der seinen Tagebucheintrag mit der Ahnung schloss:

> Ich habe das Gefühl als ob sich dieser Moskau-Pakt irgendwann am Nationalsozialismus rächen wird. Das war nicht ein Schritt aus freiem Entschluss, sondern die Handlung einer Zwangslage, ein Bittgesuch seitens der einen Revolution gegenüber dem Haupt einer anderen, die niederzukämpfen das vorgehaltene Ideal eines 20-jährigen Kampfes gewesen ist. Wie können wir noch

Abb. 6 «Wie lange wird der Honeymoon dauern», zeitgenössische Karikatur von Clifford Berryman

> von der Rettung und Gestaltung Europas sprechen, wenn wir den Zerstörer Europas um Hilfe bitten müssen? [...] Und wieder entsteht die Frage: musste diese Situation kommen? Musste die polnische Frage jetzt gelöst werden und in dieser Form?[86]

Wirklich begrüßt wurde der «Coup von Moskau» nur von Ribbentrop und bezeichnenderweise von nationalsozialistischen Gewaltorganisationen wie der Sicherheitspolizei und der SS Heinrich Himmlers. Der vor Stolz und Eitelkeit überbordende Außenminister, den die Parteiideologen Goebbels und Rosenberg verachteten, beschwor noch in Moskau den «schicksalhaften Tag» und «bedeutsamsten Wendepunkt in der Geschichte zweier Völker». «Deutschland und Russland», deklarierte er auf Stalins Festbankett im Kreml, «ist es früher immer schlecht gegangen, wenn sie Feinde waren, aber gut, wenn sie Freunde waren. [...] Der Führer und Stalin haben sich für die Freundschaft entschieden.»[87] Ihn übertraf das *Schwarze Korps,* das Kampfblatt der Schutzstaffeln der NSDAP und Organ der Reichsführung SS. Während der *Völkische Beobachter* die «Wiederherstellung eines natürlichen Zustandes»[88] lobte oder hauptsächlich Ribbentrops Ton aufnahm, erging sich das *Schwarze Korps* in seinen Augustausgaben in absurden Huldigungen einer völkischen Blutsverwandtschaft. Wirre Geschichtskonstruktionen wie die eines «germanischen Charakters» des russischen Zarenreiches – womit die Besiedlung durch skandinavische Waräger im 8. Jahrhundert gemeint war – riefen Goebbels auf den Plan.[89] Bei allem Sinn für die Elastizität wirkungsvoller Propaganda unterband der Propagandaminister jede «allzu plumpe Anbiederung an Moskau».[90]

Kapitel 3

«Wie unter Parteigenossen»

Nach der deutsch-sowjetischen Heirat fragte sich nicht nur der amerikanische Karikaturist Clifford Berryman, wie lange der Honeymoon wohl dauern würde. Den erschrockenen Europäern war klar, dass der Kontinent vor einem Krieg stand. Und doch kam der Pakt, anders als Chamberlain am 24. August im britischen Unterhaus behauptete, weder für die britische noch die französische Regierung unerwartet.[1] Die Nachrichtendienste hatten gearbeitet, und unter dem geheimen Zusatzprotokoll war die Tinte noch nicht trocken, da kannte der französische Botschafter in Berlin, Robert Coulondre, bereits den Inhalt, den er seinem polnischen Kollegen Lipski, der ihn ebenfalls gekannt haben dürfte, vorenthielt.[2] Die Rundfunkrede des französischen Ministerpräsidenten Daladier vom 25. August diente, ebenso wie Chamberlains Erklärung, mehr der eigenen Opfernarration, als dass sie die Geschehnisse der vergangenen Monate erhellt hätte. «Wir haben alles unternommen», fabulierte Daladier,

> um [die politischen und militärischen Besprechungen mit Russland] erfolgreich zu beenden […] als Russland plötzlich [sic], seine Politik und seine Grundsätze umstoßend, ein Abkommen mit Deutschland abschloss und sich dadurch den Verpflichtungen entzog, die ihm durch seine öffentlich bekundete Politik auferlegt wurden.[3]

Dass Daladier Stalin die Schuld am Scheitern der trilateralen Verhandlungen zuschob, war angesichts des sowjetischen Doppelspiels nicht ganz unberechtigt. Dass der Pakt aber gleichzeitig jene Scheinheiligkeit entblößte, mit der die westeuropäischen Großmächte an die Verhandlungen in Moskau gegangen waren, ließ Daladier freilich unerwähnt.

In den letzten Wochen vor dem Kriegsausbruch hatten alle ein Doppelspiel gespielt. Jeder hatte mit jedem – offiziell oder hinter den Kulissen – «im Interesse des europäischen Friedens» verhandelt, und jeder hoffte, den anderen dabei im eigenen Interesse über den Tisch zu ziehen. «Natürlich», erklärte Stalin im kleinen Kreis, «ist das alles nur ein Spiel, um festzustellen, wer wen besser betrügen kann. Ich weiß, was Hitler im Sinn hat. Er denkt, er hat mich ausgeschmiert. Dabei bin ich es, der ihn ausgeschmiert hat.»[4] Das «Pokerspiel» der Diktatoren (Lew Besymenski) – sie saßen nicht allein am Tisch – führte Europa in den Zweiten Weltkrieg. Am 1. September 1939 marschierte die Wehrmacht unter dem Vorwand, auf Grenzverletzungen zu reagieren und die deutsche Volksgruppe zu schützen, in Polen ein, und im Reichstag fielen die berüchtigten Worte Hitlers: «Seit 5:45 Uhr wird jetzt zurückgeschossen! Und von jetzt ab wird Bombe mit Bombe vergolten!»[5]

Der Krieg und Stalins Kalkül

Während die deutsche Armee in Richtung Warschau marschierte, wartete Stalin ab. Die Sowjetunion verhielt sich neutral. Mussolini, Hitlers nächster Verbündeter in Europa, weigerte sich, in den Krieg der Deutschen einzutreten. Früh hatte er kundgetan, dass Italien, dessen Truppen erst Abessinien und dann Albanien besetzt hatten, zum Krieg noch nicht bereit sei, und so erklärte er nach dem 1. September zwar keine Neutralität, sein Land aber als «nicht-kriegführend» («non belligeranza»). Der «Rückzieher» Italiens ärgerte Hitler. Das Zögern Stalins aber machte ihn nervös. Drei Tage nach dem deutschen Überfall forderte Ribbentrop Moskau zum ersten Mal auf, den Absprachen endlich nachzukommen und sich jene «Beute» zu holen, die im geheimen Zusatzprotokoll vereinbart war.[6] Wiederholt bekräftigte von der Schulenburg gegenüber Molotow den Appell der deutschen Regierung, der jedoch blieb eisern und betonte lediglich, dass die sowjetische Regierung darin übereinstimme, «dass wir in einem geeigneten Zeitpunkt unbedingt genötigt sein werden, konkrete Handlungen zu beginnen. Wir sind aber der Ansicht», schränkte er gleichzeitig ein, «dass dieser Zeitpunkt noch nicht herangereift ist. Es ist möglich, dass wir uns irren, es scheint uns aber, dass durch Übereilung der Sache geschadet und der Zusammenschluss der Gegner gefördert werden könnte.»[7] Was meinte Molotow damit? Worauf zielten die Worte vom übereilten Handeln und dem «Zusammenschluss der Gegner»? Und warum überschritt die Rote Armee erst zwei Woche später, am 17. September 1939, die polnisch-sowjetische Grenze?

Der «verspätete» Einmarsch hatte klare politische Motive und immense erinnerungskulturelle Folgen, deren sich Stalin durchaus bewusst war. Beide zu steuern war ein Ziel der sowjetischen Politik. Für die historische Erinnerung bedeuteten jene zwei Wochen, die Stalin Hitler «den Vortritt» ließ, dass der Beginn des Zweiten Weltkriegs zuerst im Kontext der ideologischen Imperative der nationalsozialistischen Aggressionspolitik erinnert worden ist. Dass dies so war, ist ohne Zweifel, zumal Stalin Hitler auch «den Vortritt» ließ, weil Deutschland und nicht die Sowjetunion zum Krieg gedrängt hatte.

Gleichzeitig sind angesichts der Dominanz der Erinnerung an das nationalsozialistische Expansionsstreben der politische Kontext jener Wochen und der Einfluss des Hitler-Stalin-Pakts aus dem Blick geraten. Hitler strebte nach dem Krieg, den die politischen «Sandkastenspiele» und der Pakt mit Moskau ermöglichten. Durch den «späten» Einmarsch der Roten Armee gelang es der sowjetischen Geschichtspropaganda, diesen Zusammenhang äußerst erfolgreich zu schwächen und die Sowjetunion als Friedensmacht und Gegenentwurf zu den aggressiven imperialistischen Kräften zu präsentieren. So gesehen, durfte die Rote Armee am 17. September nicht als Aggressor, sondern musste als Verteidiger und Retter der ukrainischen und weißrussischen «Brüder» auftreten. Moskau rechtfertigte die Intervention mit dem zerfallenden polnischen Staat und der «Schutzlosigkeit» der dort lebenden «blutsmäßig verwandten Ukrainer und Weißrussen», zu deren «Schicksal» sich die Sowjetregierung «nicht gleichgültig» verhalten könne.[8] «Die Ereignisse», so Molotow in einer Rundfunkrede anlässlich des Einmarsches,

> die durch den polnisch-deutschen Krieg [sic!] hervorgerufen wurden, haben die innere Haltlosigkeit und offensichtliche Handlungsunfähigkeit des polnischen Staates bewiesen. Die herrschenden Kreise haben Bankrott gemacht [...] In Anbetracht all dessen hat die Sowjetregierung [...] dem Oberkommando der Roten Armee die Verfügung erteilt [...] die Grenze zu überschreiten und das Leben und das Eigentum der Bevölkerung der Westukraine und Westbelorusslands unter ihren Schutz zu nehmen.[9]

In Molotows Erzählung überschritt die Rote Armee die Grenze außerdem um das «polnische Volk aus diesem unglücklichen Krieg zu befreien, in welchen es durch unvernünftige Führer gestürzt wurde, und ihm die Möglichkeit zu geben, wieder friedlich zu leben»; friedlich im Reich der stalinistischen Sowjetisierung.

So wie Molotows Rede den sowjetischen Einmarsch begründete, bedeutete sie eine Distanzierung vom deutschen Verbündeten schon im heiklen Septembermonat. Bevor Stalin dem Appell der Deutschen folgte, wartete er zudem auf die Reaktionen der Westmächte Frankreich und Großbritannien, zumal diese Polen nach dem 23. August zusätzliche Sicherheits- und Beistandsgarantien zugestanden hatten.[10] Am 25. August war ein britisch-polnischer Beistandspakt unterzeichnet worden, der die Garantieerklärung vom März bekräftigte. Frankreich hatte seine Militärkonvention schon im Mai erneuert und sicherte zu, im Falle einer deutschen Aggression die Luftwaffe sofort einzusetzen, am dritten Tag erste Angriffsoperationen zu führen und am 15. Tag eine Generaloffensive einzuleiten. Polen vertraute auf die Vereinbarungen und fühlte sich auch nach der Unterzeichnung des deutsch-sowjetischen Nichtangriffspakts so sicher, dass Außenminister Józef Beck noch am 28. August zu der Überzeugung gelangen konnte, dass die allgemeine internationale Lage Polens «nicht allzu schlecht» sei.[11] Viel zu lange hielt die polnische Regierung das Bündnis zwischen Hitler und Stalin für einen «Bluff großen Stils»[12] – immerhin handelte es sich doch um ideologische Erzfeinde. Noch wenige Tage vor der Unterzeichnung bezweifelte Beck, «dass Deutschland und Russland ein dauerhaftes Übereinkommen erzielen werden», und trotz der Vereinbarungen des geheimen Zusatzprotokolls glaubte er, Stalin würde im Kriegsfall neutral bleiben, während die Westmächte zu ihren Garantien stehen und Hitler auf polnischem Boden besiegen würden.[13]

Letztendlich war es Hitler, der mit seiner Einschätzung der westlichen Politik im September 1939 Recht behielt. Zwar erklärten London und Paris dem Deutschen Reich am 3. September 1939 den Krieg – freilich nicht Moskau, als es am 17. September Ostpolen angriff –, doch griffen sie weder in die deutsch-polnischen Kämpfe ein, noch leisteten sie den vereinbarten Militärbeistand. Großbritannien und Frankreich führten stattdessen den so genannten Sitzkrieg, der in Frankreich als «komischer Krieg» («drôle de guerre») und in Großbritannien als «phoney war» in die Geschichte eingegangen ist. Um die Militärkonvention vom Mai nicht gänzlich ad absurdum zu führen, befahl der französische Generalstab beispielsweise die «Opération Sarre», in deren Zuge französische Truppen am 9. September im Saarland die deutsche Grenze überschritten. Die Wehrmacht, die kein Interesse an einem Zweifrontenkrieg hatte, leistete befehlsgemäß keinen Widerstand, und so blieben kleinere Grenzgefechte und Gefangennahmen die Ausnahme, bevor sich die französischen Truppen am 21. September wieder auf ihre Ausgangsstellungen an der Maginot-Linie zurückzogen. «Ein seltsamer Krieg», mokierte sich Iwan Maiski in London über die Meldungen des französischen Generalstabs:

> In den Bulletins des französischen Generalstabs kommen Sätze vor wie ‹Die Nacht verging ereignislos›, ‹Der Tag stand im Zeichen von Patrouillengängen›, ‹Deutsche Truppen in ca. der Stärke einer einzelnen Kompanie trugen eine Offensive vor› etc. Die Bulletins des deutschen Generalstabs sind von ähnlichem Zuschnitt.[14]

Für Polen war die «drôle de guerre» alles andere als komisch, sondern der «Verrat» an allen Vereinbarungen. Einen Tag nach dem sowjetischen Einmarsch floh die polnische Regierung unter Präsident Ignacy Mościcki in das neutrale Rumänien, wo ihre Mitglieder als Flüchtlinge die Kapitulation der polnischen Armee am 6. Oktober verfolgten.

Für Stalin bewies die Passivität des Westens, dass weder er noch Hitler eine militärische Intervention fürchten mussten. Darauf und auf die Gewissheit, dass die Rote Armee in Polen nicht in einen Krieg der imperialistischen Mächte hineingezogen werden würde, hatte er in den ersten zwei Septemberwochen gewartet und in Kauf genommen, dass die Wehrmacht in der Zwischenzeit die vereinbarte Grenze überschritt. «Wir verstehen», ließ Molotow Berlin am 5. September wissen,

> dass im Verlaufe der Operationen einer der Teile oder beide Teile gezwungen sein können, die Linie, an der die Interessensphären der beiden Teile sich berühren, zeitweilig zu überschreiten; solche Fälle können aber die genaue Durchführung des angenommenen Planes nicht hindern.[15]

Und Stalin wartete, um den Erfolg des deutschen Vormarsches einschätzen zu können und sich von der militärischen Schlagkraft der Wehrmacht zu überzeugen. Auch hierfür war die Einnahme Warschaus entscheidend, wobei Moskau nicht müde wurde, Hitler ein wenig unter Druck zu setzen. Dass Molotow am 9. September bewusst verfrüht zur Einnahme Warschaus gratulierte, war ein feiner Nadelstich. Den Deutschen gelang

Abb. 7 Deutsche und sowjetische Truppen während des Polenfeldzuges im Jahr 1939 an der gemeinsamen Demarkationslinie

sie nach erbitterten Kämpfen erst Wochen später.[16] Immer wieder erklärte er Botschafter von der Schulenburg, dass es

> für die politische Untermauerung sowjetischen Vorgehens (Zerfall Polens und Schutz ‹russischer Minderheiten›) […] von größtem Werte [sei], erst dann zur Aktion zu schreiten, wenn das Regierungszentrum Polens, die Stadt Warschau gefallen sei.

Molotow, telegrafierte der Botschafter nach Berlin, «bat daher, ihm so annähernd wie möglich mitzuteilen, wann mit Einnahme Warschaus zu rechnen ist».[17] Auf das Drängen und die Hinhaltetaktik antwortete Ribbentrop zusehends genervt, man rechne «in den allernächsten Tagen mit der Besetzung», und

> da die militärischen Operationen schon wegen der vorgerückten Jahreszeit in kürzester Zeit ihren Abschluss finden müssen, wären wir dankbar, wenn die Sowjetregierung uns nunmehr Tag und Stunde bestimmen würde, an dem ihre Armee mit dem Einmarsch beginnt.[18]

Die Rote Armee in Polen

Am 17. September setzte die Sowjetunion rund 600 000 Soldaten, 4000 Panzer, 2000 Flugzeuge und mehr als 5500 Geschütze gegen eine Armee in Bewegung, die, auch wenn Warschau noch nicht gefallen war, vor der Auflösung stand.[19] Die deutschen Truppen waren weit ins Land eingedrungen. Sie standen bei Białystok und Lemberg (Lwów) bereits auf Territorium, das laut Vertrag zur sowjetischen Interessensphäre gehörte. Nördlich der San-Mündung marschierten die Deutschen in Richtung Lublin.[20] Erst als Polen den Krieg nicht mehr gewinnen konnte, beschloss Stalin einzugreifen, auch weil die deutsche Regierung verärgert Gerüchte über einen separaten Waffenstillstand verbreitete, die von der Schulenburg bei Molotow selbstredend dementierte. Wenn Moskau nicht leer ausgehen wollte, war es an der Zeit, die Vorbereitungen für den Einmarsch zu beschleunigen. Am 16. September unterzeichnete die Sowjetunion einen Waffenstillstand mit Japan, der die permanente Konfliktlage an der Grenze zur Mandschurei beruhigte, wo Stalins fähigster General Schukow der japanischen Armee am Chalchin Gol eine empfindliche Niederlage zugefügt hatte. Der sowjetische Sieg im August 1939 – während Molotow und Ribbentrop in Moskau den Nichtangriffsvertrag aushandelten – schob Japans Expansionsdrang in den Norden einen Riegel vor und zwang die kaiserliche Armee nach Süden in den Pazifikraum. Für Stalin war das Ende der japanisch-sowjetischen Grenzkonflikte eine wichtige Voraussetzung für das militärische Vorgehen in Europa.

In der Nacht zum 17. September lud Molotow Botschafter von der Schulenburg in den Kreml, wo er ihn gemeinsam mit Verteidigungskommissar Woroschilow und Stalin erwartete, um die diplomatische Note der Sowjetregierung zum Einmarsch in Polen zu verlesen. Erst danach übergab Molotows Stellvertreter Potemkin die Note dem polnischen Botschafter Wacław Grzybowski, der ebenfalls in den Kreml gerufen worden war und in einem Nebenzimmer wartete. Grzybowski lehnte die Annahme des Dokuments, das Molotow ihm nicht einmal persönlich überreichte, ab. Dass Moskau darin erklärte, Warschau bestehe als «Residenzstadt Polens» nicht mehr, die polnische Regierung sei zerfallen, und der polnische Staat und seine Regierung hätten «tatsächlich aufgehört zu existieren»,[21] war für den Botschafter nicht akzeptabel, und nichts davon entsprach ganz den Tatsachen. Warschau war noch nicht gefallen, eine neue polnische Regierung konstituierte sich als Exilregierung zuerst in Paris und dann in London, und die Existenz eines Untergrundstaates zeugte bis zum Ende des Krieges vom erfolgreich organisierten Widerstandskampf gegen die Besatzer. Dennoch war die erneute Teilung Polens, die das Ende der Zweiten Republik bedeutete, nicht mehr aufzuhalten. Von der Schulenburgs Besuch im Kreml diente demnach nicht nur der formalen Mitteilung des sowjetischen Einmarsches, sondern gleichzeitig der Vorbereitung einer gemeinsamen Erklärung über die ersten bündnispolitischen Maßnahmen. In diesem Sinne erschien am 18. September die Erklärung zu den «Aufgaben der deutschen und sowjetischen Truppen», mit deren Hilfe in Polen wieder «Ordnung und Ruhe» herzustellen und die «Bedingungen des staatlichen Daseins neu [zu] regeln» waren.[22]

Stunden nachdem von der Schulenburg den Kreml wieder verlassen hatte, traf eine sowjetische Militärkommission in Białystok ein, um gemeinsam mit der Wehrmacht die Beschlüsse der Erklärung umzusetzen und die neue Demarkationslinie festzulegen. Außerdem war es in den vergangenen Tagen immer wieder zu unliebsamen Zwischenfällen zwischen der Roten Armee und der Wehrmacht gekommen, die aufzuklären und in der Zukunft zu vermeiden waren. Die Bildung einer bilateralen Militärkommission, der Molotow, Woroschilow und Stalin mit der Entsendung der sowjetischen Delegation zustimmten, ging auf einen Vorschlag der Deutschen zurück. In Białystok führte die Kommission dann bis zum 21. September Verhandlungen, über deren Einzelheiten bis heute nur sehr wenig bekannt ist. Im Prinzip war die Militärkommission die erste einer ganzen Reihe bilateraler Verhandlungs- und Arbeitsgruppen, die im Laufe der folgenden Monate die Vereinbarungen des Hitler-Stalin-Pakts von der Grenzziehung über Bevölkerungsumsiedlungen, Deportationen bis hin zum Umgang mit Flüchtlingen und illegaler Migration in die Tat umsetzten. Die deutsch-sowjetischen Kommissionen waren Brenngläser, unter denen sich das ganze Ausmaß und die Entwicklung der Zusammenarbeit und Wechselbeziehungen zwischen den deutschen und den sowjetischen Besatzungstruppen zeigen lassen.[23] Vielleicht aus diesem Grund und aufgrund der Tatsache, dass die Besatzungspolitiken meist getrennt voneinander gedacht und untersucht worden sind, war ihre Geschichte bis in die Gegenwart weitgehend vergessen. Im Hinblick auf die deutsch-sowjetische Militärkommission ist bekannt, dass die Verhandlungen in Białystok zu einem gemeinsamen Militärabkommen führten, das der deutsche Militärattaché Ernst-August Köstring und Kliment Woroschilow am 22. September 1939 in Moskau unterzeichneten. Das Abkommen legte die Linie der Flüsse Pissa, Narew, Weichsel und San als militärische Demarkationslinie fest und terminierte den deutschen Rückzug aus den sowjetisch beanspruchten Gebieten bis zum 3. Oktober. Am Tag der Unterzeichnung organisierten die Wehrmacht und die Rote Armee jene berüchtigte Siegesparade in Brest-Litowsk, auf der «Panzergeneral» Heinz Guderian und Brigadekommandeur Semjon Kriwoschein die deutsch-sowjetische Waffenbrüderschaft für alle sichtbar besiegelten. Im Einzelnen gingen die Vereinbarungen über die Grenzfrage und den militärischen Rückzug der Wehrmacht hinaus. Und in gewisser Weise nahm das Militärabkommen bereits die vertraulichen Übereinkünfte des politischen Grenz- und Freundschaftsvertrages vorweg, die Molotow und Ribbentrop Ende September in Moskau verhandelten. Dies galt insbesondere für die gemeinsame Abwehr und Bekämpfung des polnischen Widerstandes und die gegenseitige Unterstützung bei Terrormaßnahmen. So verpflichtete sich die Wehrmacht, «zur Vermeidung etwaiger Provokationen und Sabotageakte durch polnische Banden» in den Orten «notwendige Maßnahmen zu treffen», die laut Abkommen an die Rote Armee übergingen. Diese versprach im Gegenzug die «Vernichtung polnischer Truppenteile oder Banden, die sich auf dem Marschwege kleiner deutscher Truppenteile befinden».[24] Vor diesem Hintergrund wies Woroschilow Kommandeure der Roten Armee in Polen an, «deutschen Vertretern», die «Hilfeleistung […] zwecks Vernichtung polnischer Truppenteile oder Banden [erbitten], […] erforderlichenfalls die Kräfte zur Verfügung stellen, die zur Vernichtung der auf dem Marschwege befindlichen Widerstände nötig sind». Die Deutschen nahmen die Hilfe der Roten Armee, wie der Historiker Sergei Slutsch herausfand, tatsächlich gern an. In einem von Slutsch recherchierten Fall informierten deutsche Einheiten den sowjetischen Militärkommandanten der Stadt Iwanow über starke polnische Kräfte westlich der Stadt Hrubieszów und baten um die «gemeinsame Vernichtung der betreffenden Gruppierung». Da der Befehlshaber der Ukrainischen Front, Semjon Timoschenko, eine derartige Anfrage nicht entscheiden wollte, wartete er auf die Zustimmung aus Moskau, bevor der Stab der Ukrainischen Front befahl, «bei Sichtung größerer gegnerischer Kräfte […] diese anzugreifen und gefangenzunehmen» sowie Ver-

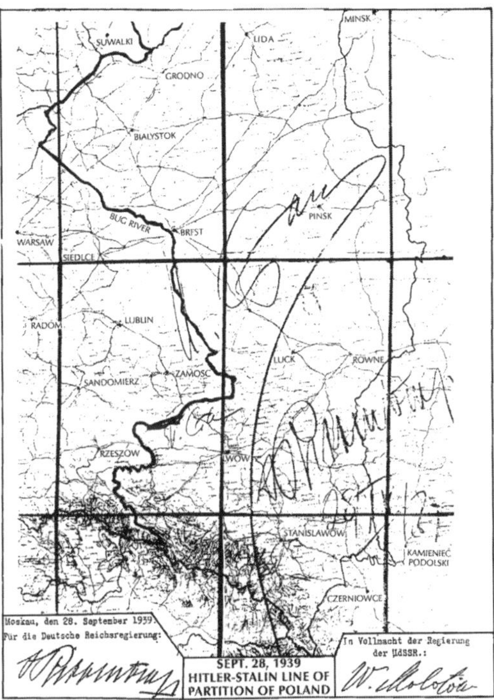

Abb. 8 Karte aus dem deutsch-sowjetischen Grenz- und Freundschaftsvertrag, die die neue Grenze zeigt. Die Karte ist unterschrieben von Stalin und Reichsaußenminister Joachim von Ribbentrop. Das Foto entstand während des Nürnberger Prozesses gegen die Hauptkriegsverbrecher im Jahr 1946.

suche des Gegners, nach Lemberg (Lwów) vorzustoßen, zu unterbinden.[25] Von Beginn an erfolgte die Niederschlagung des polnischen Widerstandes durch koordinierte Militär- und Gewaltaktionen der deutschen und sowjetischen Besatzer.

Der deutsch-sowjetische Grenz- und Freundschaftsvertrag

Obwohl der deutsch-sowjetische Nichtangriffsvertrag den Grundstein für gemeinsame Aktionen vor allem auf dem Territorium der vernichteten Zweiten polnischen Republik gelegt hatte, beseitigte er nicht das Misstrauen und den Argwohn, den Deutsche und Sowjets gegeneinander hegten. Politisch fürchtete Moskau nicht zu Unrecht, dass Deutschland einen separaten Waffenstillstand mit den Westmächten anstrebte, was Hitler, ebenfalls zu Recht, auch Stalin unterstellte.[26] Ende September war mit der Zerschlagung Polens ein erstes Ziel erreicht, und im Raum standen weitere Fragen; nach der Umsetzung der im geheimen Zusatzprotokoll vereinbarten Gebietsaufteilungen, nach der Grenze zwischen den Interessensphären und nach der konkreten Ausgestaltung von Vereinbarungen, beispielsweise der, sich im Kampf gegen den polnischen Widerstand zu unterstützen. Um den Hitler-Stalin-Pakt in die Tat umzusetzen oder um – so die Sprache der Regime – «nach dem Auseinanderfallen des bisherigen polnischen Staates [...] in diesen Gebieten die Ruhe und Ordnung wiederherzustellen und den dort lebenden Völkerschaften ein ihrer völkischen Eigenart entsprechendes friedliches Dasein zu sichern», reiste Joachim von Ribbentrop am 27. September zum zweiten Mal nach Moskau.[27] Für die Praxis des Hitler-Stalin-Pakts, die deutsch-sowjetische Zusammenarbeit und die gemeinsamen Aktionen der kommenden Monate war der Grenz- und Freundschaftsvertrag, den Ribbentrop, Stalin und Molotow dort nächtelang aushandelten, von größerer Bedeutung als das Vertragswerk vom August.

Hitlers Reichsminister hatte einige Aufgaben, darunter das Anschieben «deutsch-russischer Wirtschaftsverhandlungen größeren Stils», im Gepäck.[28] Die erste und wichtigste Aufgabe bestand, wie ein Papier des Auswärtigen Amtes vorgab, darin, für Deutschland «das Kriegstheater so klein wie möglich» zu halten, wobei «das Friedensbedürfnis beim Gegner und bei den Neutralen zu beleben» war. Nach der erfolgreichen Zerschlagung Polens war Hitler an einer Ruhepause interessiert und benötigte dazu einen Friedensschluss mit den Westmächten; ein Thema, das Ribbentrop bei Stalin sondieren sollte. Zweitens musste Ribbentrop erreichen, dass Moskau nicht die nationalsozialistischen Südosteuropapläne durchkreuzte, d. h. «den Balkanfrieden nicht stören und in Bessarabien nicht eingreifen» werde; worum sich Stalin im Frühjahr 1940 freilich nicht scherte. Drittens war «die Frage Rumpfpolens [...] zu klären» und somit die nach dem Umgang mit dem polnischen Staatsterritorium, das, so der letzte deutsche Botschafter in Warschau Hans Adolf von Moltke, «übrig» bleiben würde, nachdem die beiderseitigen Interessen bedient waren. Noch bevor Ribbentrop Moskau erreichte, hatte Stalin etwaige

Pläne zu von Moltkes «Restpolen», das er als latenten Hort des Widerstandes betrachtete, schon abgelehnt.[29] Von Polen sollte nichts übrig bleiben, und darüber, wie in «diesen Gebieten Ruhe und Ordnung wiederherzustellen» und den «Völkerschaften ein ihrer völkischen Eigenart entsprechendes friedliches Dasein zu sichern» war, hatten die Bündnispartner ganz ähnliche Vorstellungen. Ribbentrops Besuch zielte außerdem darauf ab, die Grundzüge eines beiderseitigen Bevölkerungsaustausches festzulegen, wobei das Auswärtige Amt besonders an der «Überführung von Volksdeutschen aus dem russischen in das deutsche Gebiet» und an der «Sicherung des Schicksals der Volksdeutschen in den von Russland etwa sonst noch zu besetzenden Gebieten» interessiert war. Damit einher ging die zentrale Frage nach dem Grenzverlauf und der Grenzbefestigung zwischen den Interessensphären, die beispielsweise so konkrete Aufgaben wie die Freigabe von Bahnlinien beinhaltete, um einerseits die Öltransporte aus Rumänien abzusichern und andererseits jenen grenzüberschreitenden Bevölkerungsaustausch durchzuführen, der die Menschen den jeweiligen Besatzungszonen zuordnete.[30]

Am späten Nachmittag des 27. September hielt Ribbentrop, der vergeblich versucht hatte, Molotow nach Berlin zu locken, mit großer Entourage in Moskau im Gebäude der ehemaligen österreichischen Botschaft Einzug. Unter seinen Gefolgsleuten befand sich der Legationsrat Andor Hencke, ein erfahrener Diplomat der Weimarer Republik, der als persönlicher Sekretär von Botschafter Brockdorff-Rantzau einige Zeit in Moskau gedient hatte. Nach der nationalsozialistischen Machtübernahme leitete Hencke das deutsche Konsulat in Kiew und war dann bis zur Zerschlagung der Tschechoslowakei Geschäftsträger der deutschen Botschaft in Prag.

Als Parteigenosse und «Ostexperte» im Auswärtigen Amt wurde Hencke im September 1939 mit der wichtigen Frage der Grenzziehung zwischen der deutschen und der sowjetischen Interessensphäre betraut. In dieser Position und als zukünftiger deutscher Leiter einer bilateralen Kommission, die den in Moskau zu vereinbarenden Grenzverlauf umsetzen sollte, begleitete Hencke den deutschen Außenminister und verfasste noch in Moskau einen der seltenen und aufschlussreichen Berichte über die Verhandlungsatmosphäre im Kreml. «Im Arbeitszimmer», so Hencke, «hielten sich nur Stalin, Molotow, Ribbentrop, von der Schulenburg und Gustav Hilger als Dolmetscher auf.» Hencke, der Stab und alle Adjutanten warteten im Vorzimmer, wo kein Gespräch zustande kam und man sich die «Zeit mit der Lektüre der neuesten russischen Zeitungen» vertrieb, «Narasan, ein ausgezeichnetes kaukasisches Mineralwasser», trank und «viele und starke russische Zigaretten» rauchte.[31] So vergingen Stunden, während Stalin, Molotow und Ribbentrop den Grenzverlauf verhandelten, bis Hencke weit nach Mitternacht erfuhr, dass die Grenzfrage vertagt worden war, vordergründig weil der neue sowjetische Botschafter in Berlin, Alexander Schkwarzew, kein brauchbares Kartenmaterial vorgelegt hatte. «Sie haben nichts vorbereitet», herrschte Stalin, wie Hencke berichtete, Schkwarzew vor aller Augen an: «nicht einmal Karten haben Sie mitgebracht.»[32] Ob dies wirklich der Grund für die Verschiebung war, ist ungewiss und wohl auch unwichtig. Stalin kontrollierte und lenkte den Verlauf der Verhandlungen und rückte nun unerwartet die Aufteilung der «Kriegsbeute» – der polnischen und baltischen Territorien – in den Vordergrund. Seinen Botschafter entließ er nach einigen Monaten und ersetzte ihn durch Wladimir Dekanosow, einen verlässlichen Gefolgsmann von NKWD-Chef Beria. Während die Diskussionen um den Verlauf der beiderseitigen Grenze also pausierten, äußerte Stalin den Wunsch, über Gebietsveränderungen zu sprechen. Anders als im August vereinbart worden war, schlug Stalin den sowjetischen Verzicht auf Warschau und die mittelpolnischen Gebiete bis zum Bug vor. Stattdessen beanspruchte er die Kontrolle über Litauen, das nach dem geheimen Zusatzprotokoll eigentlich zur deutschen Zone gehörte. Die Hintergründe für diesen Umschwung waren selbst für Ribbentrop klar erkennbar. Stalin hatte wenig Interesse, mit der polnischen Hauptstadt und den mittelpolnischen Territorien Zentren des Widerstandes zu «erobern», und zeigte, wie Ribbentrop an Hitler telegrafierte, eine «große Sturheit». «Für seinen […] Vorschlag», so Ribbentrop, machte er geltend,

> dass eine Teilung des Gebiets mit rein polnischer Bevölkerung ihm bedenklich erscheine. Die Geschichte habe bewiesen, dass die polnische Bevölkerung immer wieder nach Vereinigung strebe. Eine Teilung der polnischen Bevölkerung werde daher leicht zu Unruheherden führen, woraus vielleicht eine Zwietracht zwischen Deutschland und der Sowjetunion gesät werden könnte.[33]

Obwohl Ribbentrop warnte, dass «Russland sozusagen international vom polnischen Problem entlastet wird»,[34] stimmte Hitler, der zwar nicht mehr unter Zeitdruck stand, aber das Bündnis brauchte und einen Friedensschluss wollte, zu. Er erbte das «polnische Problem», auch weil er nach dem raschen Sieg davon ausging, «stark genug zu sein, es zu lösen, umso mehr als Stalin ihm – wie es schien – freie Hand ließ».[35]

Bis auf die Gegend um Mariampol fiel Litauen an Stalin, der aufmerksam darauf bedacht war, die deutsch-sowjetische Grenze mit der so genannten Curzon-Linie in Übereinstimmung zu bringen, jenem Grenzverlauf also, den die Westmächte nach dem Ersten Weltkrieg und dem polnisch-sowjetischen Krieg selbst vorgeschlagen hatten, der aber nicht realisiert worden war. Aus dieser Perspektive betrachtet, sicherte Stalin der Sowjetunion nun jene Territorien, auf die sie einen international von den Großmächten legitimierten Anspruch besaß. In einem geheimen Zusatzprotokoll wurde die neue Vereinbarung fixiert, der zufolge auch die ölreichen Gebiete um den Bezirk Borislaw-Drohobycz unter sowjetischer Kontrolle verblieben, wofür Stalin, der aus der ersten Verhandlungsrunde als klarer Gewinner hervorging, großmütig Ersatzlieferungen anbot. Auf das zweite geheime Zusatzprotokoll zum Grenz- und Freundschaftsvertrag verständigten sich beide Seiten schnell und ohne große Unstimmigkeiten. Es regelte das auf militärischer Ebene bereits erprobte gemeinsame Vorgehen gegen den polnischen Widerstand und legte den Grundstein für die Gewaltpraxis der folgenden Monate. «Beide Teile», so der Wortlaut des berüchtigten Dokuments,

> werden auf ihren Gebieten keine polnische Agitation dulden, die auf die Gebiete des anderen Teiles hinüberwirkt. Sie werden alle Ansätze zu einer solchen Agitation auf ihren Gebieten unterbinden und sich gegenseitig über die hierfür zweckmäßigen Maßnahmen unterrichten.[36]

Am Vormittag des 28. September begann die zweite Gesprächsrunde. Zu seinem großen Bedauern war Ribbentrop in der Zwischenzeit nicht genug Zeit geblieben, die Moskauer Sehenswürdigkeiten zu besichtigen, «so gern er es getan hätte».[37] Nachdem Stalin seine Gebietswünsche ausnahmslos durchgesetzt hatte, bestimmten er, Molotow und Ribbentrop den genauen Grenzverlauf, der im Nebenraum von den Mitarbeiterstäben eingetragen wurde. «Ich persönlich», berichtete Andor Hencke,

> hatte die Eintragung der neuen Grenzlinie in die Karten zu überwachen und musste mir häufig vom Reichsaußenminister oder Unterstaatssekretär [Fried-

Abb. 9 Andor Hencke zeigt den deutschen Kartenzeichnern den neuen Grenzverlauf zwischen der Sowjetunion und dem deutschen Besatzungsgebiet nach dem Abschluss der Beratungen im Kreml; ganz links: der Gesandte Dr. Karl Julius Schnurre, Leiter des Referats Osteuropäische Wirtschaft in der Wirtschaftspolitischen Abteilung des Auswärtigen Amtes

> rich] Gauß neue Weisungen holen. [...] Die Zeichner hatten keinen leichten Stand, um mit ihren Eintragungen immer auf dem Laufenden zu sein. Dabei musste größte Sorgfalt angewandt werden, da später bei der praktischen Grenzmarkierung im Gelände der geringste Fehler, ja selbst ein zu starker Strich eine Rolle spielen konnte. Als schließlich volle Übereinstimmung erzielt war, legte ich dem Reichsaußenminister und Stalin den Kartenentwurf zur Paraphierung vor. Stalin schrieb mit großen Buchstaben seinen Namen und fragte scherzend: ‹Ist Ihnen meine Unterschrift auch deutlich genug?›[38]

Zur Umsetzung der auf dem Papier festgelegten neuen Grenze wurde eine deutscherseits von Andor Hencke geleitete gemeinsame Grenzkommission gebildet, die in Warschau ihren Hauptsitz hatte. Als eine seiner ersten Amtshandlungen empfing der künftige Generalgouverneur Hans Frank die Kommission alsbald in Krakau. Auf einem Festempfang würdigten beide Seiten die gemeinsame Arbeit, und während der sowjetische Delegationschef Alexandrow eher staatsmännisch spröde betonte, dass schon «der Geist, in dem die Verhandlungen geführt worden» seien, den «Geist der Zusammenarbeit zum Wohle der deutschen und sowjetrussischen Nationen, der beiden größten Völker Europas», widerspiegle, ließ sich Frank zu der Bemerkung herab: «Sie und ich rauchen polnische Zigaretten als Zeichen dafür, dass wir Polen in den Wind geschlagen haben.»[39]

Nach der Aufteilung der Territorien und dem genauen Grenzverlauf war die Bevölkerungsumsiedlung der dritte Punkt, auf den sich Ribbentrop, Molotow und Stalin in einem vertraulichen Protokoll einigten. Die Initiative hierfür war eindeutig von den Deutschen mit ihrer nationalsozialistischen «Heim ins Reich»-Politik ausgegangen, nach der die Volksdeutschen aus dem sowjetischen Interessengebiet umzusiedeln waren. An der in die Gegenrichtung vereinbarten Umsiedlung von Weißrussen und Ukrainern in das sowjetische Besatzungsgebiet hatte Stalin nur ein geringfügiges Interesse, das sich hauptsächlich auf die Arbeitskräftegewinnung sowie auf die Sicherstellung, Verhaftung und spätere Deportation ukrainischer Nationalisten bezog. Im vertraulichen Protokoll, auf das sich beide Seiten schließlich einigten, war festgelegt, dass Personen «deutscher Abstammung» in das «Dritte Reich» oder in die deutschen Interessengebiete umsiedeln konnten. Personen «ukrainischer oder weißrussischer Abstammung» war es im Gegenzug gestattet, auf Wunsch in das sowjetische Interessengebiet zu wechseln.[40] Die Bevölkerungsaktion sollte freiwillig ablaufen und innerhalb weniger Monate abgewickelt sein.

Zum Abschluss der Verhandlungen des Grenz- und Freundschaftsvertrages fand im Tatarensaal des Kreml ein Festbankett statt, auf dem sich Reichsaußenminister Ribbentrop angeblich «wie unter Parteigenossen»[41] fühlte, während Molotow den Zeremonienmeister gab und Stalin die Szenerie zufrieden beobachtete. Unterbrochen wurde das Trinkgelage nur, um den Deutschen für einen Akt des Balletts «Schwanensee» einen Abstecher ins Bolschoi-Theater zu gestatten. Unterdessen verhandelte Stalin, wie Hencke wusste, mit einer lettischen Abordnung im Kreml. Von seiner großartigen Leistung erfüllt, trat Ribbentrop die Heimreise an, nicht ohne noch auf dem Flughafen vollmundig zu erklären, dass «die deutsch-sowjetische Freundschaft […] nunmehr endgültig etabliert» sei und die «beiden Nationen» sich in die osteuropäischen Fragen «niemals mehr hereinreden lassen» würden.[42] Für seinen Optimismus gab es tat-

Abb. 10 Errichtung von Pfählen an der deutsch-sowjetischen Grenze

sächlich nur einen guten Grund, und damit war nicht die Aufteilung Osteuropas gemeint. Hitler und Stalin hatten Polen vernichtet. Allerdings hatte Hitler dabei Zugeständnisse gemacht, während Stalin seine Interessen gnadenlos durchdrückte. Außerdem war die beiderseitige Interessenlage in Südosteuropa ungeklärt und somit zukünftige Konflikte und die Bruchlinien des Pakts vorgezeichnet. Für Ribbentrops Optimismus sprach allein, dass er bei Hitler in der «Friedensfrage», der wichtigsten Aufgabe seiner Reise, Fortschritte vorweisen konnte. Am 28. September 1939 veröffentlichten die deutsche Reichsregierung und die Regierung der UdSSR eine gemeinsame Erklärung, die davon sprach, dass nunmehr «ein sicheres Fundament für einen dauerhaften Frieden in Osteuropa geschaffen» sei, und in der sie «übereinstimmend» ihrer «Auffassung Ausdruck» gaben, «dass es dem wahren Interesse aller Völker entsprechen würde, dem gegenwärtig zwischen Deutschland einerseits und England und Frankreich andererseits bestehenden Kriegszustand ein Ende zu machen». Die Erklärung endete mit dem bezeichnenden Satz: «Sollten jedoch die Bemühungen der beiden Regierungen erfolglos bleiben, so würde damit die Tatsache festgestellt sein, dass England und Frankreich für die Fortsetzung des Krieges verantwortlich sind.»[43]

Der Frieden der Diktatoren

Das «Friedensangebot» der deutsch-sowjetischen Erklärung war der Versuch, mit den westlichen Großmächten entweder ein «zweites München» zu erreichen, von dem sowohl Hitler als auch Stalin profitiert hätten, oder aber – sollte dies nicht gelingen – ihnen die Schuld an der Weiterführung des Krieges zuzuschieben. In seiner Rede vor dem Reichstag am 6. Oktober bezeichnete Adolf Hitler die Vernichtung Polens durch die «glücklich dauernde» deutsch-sowjetische Zusammenarbeit als «Beitrag zum europäischen Frieden».[44] Sowohl in Deutschland als auch in der Sowjetunion folgten auf die Erklärung große Propagandakampagnen, in denen sich beide Diktatoren als Friedensstifter Europas präsentierten, während Großbritanniens ablehnende Haltung als aggressiver Akt der Kriegstreiberei dargestellt wurde. Tatsächlich hatte Neville Chamberlain mit großer Zurückhaltung reagiert, die er mit der Mehrzahl seiner Landsleute teilte, auch wenn es besonders unter Konservativen durchaus Befürworter eines neuerlichen Friedensabkommens gab, die für die Versicherung, dass, «wenn wir heute Frieden schließen, dieser Friede nicht in sechs Monaten gebrochen wird», zu Verhandlungen mit den Deutschen bereit waren.[45] Nachdem Chamberlain ein «zweites München» schließlich abgelehnt hatte, geißelte Ribbentrop in seiner Danziger Rede vom 24. Oktober offen die «alleinige Kriegsschuld Englands». Auf Stalins «Kastanienrede» bezugnehmend, erklärte Molotow am 31. Oktober vor dem Obersten Sowjet, dass die Rollen nun vertauscht seien und England beziehungsweise Frankreich sich als aggressive imperialistische Mächte offenbarten, die «für die Weiterführung des Krieges und gegen den Abschluss des Friedens» einträten, während Deutschland «möglichst rasch das Ende des Krieges und den Frieden»[46] anstrebe. Pflichtschuldig und eilfertig verurteilte auch die Komintern in den folgenden Wochen die Ablehnung des Friedensangebots durch die «eigentlichen Kriegstreiber» im Westen Europas.

Obwohl das «Friedensangebot» darauf abzielte, die Westmächte als die Kriegsschuldigen erscheinen zu lassen, war es mehr als nur ein taktisches Propagandamanöver. Hitler und Stalin waren an einem Abkommen nicht nur interessiert – sie hielten eine Übereinkunft mit dem Westen für durchaus realistisch. Schließlich hatten Großbritannien und Frankreich dem Polenfeldzug untätig zugeschaut und ihre Garantieerklärungen so konterkariert, dass die Weiterführung der Appeasement-Politik nicht ausgeschlossen schien. Für Hitler hätte dies – nachdem mit Polen eine, wie er am 6. Oktober bemerkte, «der unsinnigsten Taten von Versailles beseitigt» war – eine willkommene Kriegspause bedeutet. In Moskau herrschte, so Iwan Maiski, eine ganz ähnliche Stimmung: «Man rechnet dort nicht mit Krieg, sondern zählt auf ein neues München»,[47] mit dem Stalin hochzufrieden gewesen wäre. Die sowjetischen Gebietsgewinne «korrigierten» die Weltkriegsverluste und entsprachen der von den Westmächten nach dem Ersten Weltkrieg vorgeschlagenen sowjetischen Westgrenze, der so genannten Curzon-Linie. Die These, dass Stalin den Pakt mit Hitler auch und gerade aufgrund der Aussicht auf einen raschen Friedensschluss im Zuge einer Fortsetzung der Appeasement-Politik eingegangen war, gewinnt aus dieser Perspektive betrachtet an Plausibilität.[48] Darüber hinaus verhinderte der Pakt die Ausdehnung des Krieges oder würde ihn, wie Stalin in der «Kastanienrede» vorausgesagt hatte, zumindest in den Westen verlagern. Stalin, der sich mit den Westmächten nicht im Kriegszustand befand, hatte wenig zu befürchten, bereits viel gewonnen und mehr in Aussicht.

Neben den ostpolnischen Gebieten beanspruchte er das Baltikum, dessen Annexion nur eine Frage der Zeit war und aus sicherheitsstrategischen Gründen sogar wichtiger als die bloße Ausdehnung nach Westen. Noch bevor Ribbentrop im September in Moskau eintraf, hatte Molotow gegenüber dem estnischen Außenminister Karl Selter bereits zu verstehen gegeben, dass «der Status quo, der vor 20 Jahren geschaffen wurde, […] nicht mehr als adäquat betrachtet werden kann».[49] Neben der Tatsache, dass Moskau das Baltikum historisch seinem imperialen Machtbereich zurechnete, befürchtete Stalin nicht völlig unberechtigt, dass die baltischen Häfen im Kriegsfall zu feindlichen Einfallsschneisen werden könnten; für die Westmächte ebenso wie für das «Dritte Reich». Um dies zu verhindern, sollte das Baltikum in eine große militärische Sicherheitszone unter anderem zur Verteidigung von Leningrad verwandelt werden, wobei die Sowjetisierung der drei Staaten inkludiert war. Nach der Unterzeichnung des Grenz- und Freundschaftsvertrages zwang Stalin die Regierungen der baltischen Staaten zum Abschluss von Beistandsabkommen, die diesen Namen nicht verdienten. Estland unterschrieb am 28. September, Lettland am 5. Oktober und Litauen am 10. Oktober des Jahres 1939.[50] Die Abkommen räumten der Sowjetunion das Recht ein, in den Ländern Stützpunkte der Flotte, der Luft- und Landstreitkräfte zu errichten, deren Truppenstärken sukzessive erhöht wurden. Falls, hatte Molotow dem estnischen Außenminister Selter unverhohlen gedroht, Estland die «geeigneten Gebiete für die Stützpunkte» nicht überlassen werde, sei die Sowjetunion gezwungen, «anders zu handeln, mit radikaleren Mitteln», die «zweifellos weniger angenehm»[51] wären. Mit einer derart lädierten Souveränität widerstand das Baltikum der sowjetischen Besatzung noch ein gutes halbes Jahr.

Finnland, das Moskau ebenfalls zu den baltischen Ländern und mithin zum in den Augustverhandlungen zugesprochenen Machtbereich zählte, lehnte das Zwangsangebot eines Beistandsabkommens ab. Als Stalin daraufhin die Rote Armee am 30. November in Finnland einmarschieren ließ, war die erste Belastungsprobe für das junge Bündnis mit Deutschland da, dessen Bevölkerung den sowjetischen Einmarsch überwiegend missbilligte, auch wenn Goebbels über die Unruhe, die der Konflikt mit sich brachte, erfreut war.[52] International wurde der Angriff geächtet und die Sowjetunion am 14. Dezember 1939 als Aggressor aus dem Völkerbund ausgeschlossen. Deutschland brachte Stalins (Winter-) Krieg mit Finnland in eine politisch heikle Situation. Obwohl es traditionell eine finnlandfreundliche Politik verfolgt und die Finnen sich hilfesuchend an Berlin gewandt hatten, musste die Position Moskaus unterstützt und sogar direkte materielle Unterstützung für die sowjetische U-Boot-Flotte zugesichert werden.[53] Offiziell erklärte das «Dritte Reich», das diese Lage auch aufgrund der eigenen Rohstofflieferungen aus Skandinavien rasch beendet wissen wollte, die Neutralität. In Moskau gaben sich Stalin und Molotow siegessicher. «Unsere Truppen», versicherte der Außenkommissar, «werden in drei Tagen in Helsinki sein, und dann werden die eigensinnigen Finnen gezwungen sein, den Vertrag zu unterzeichnen, den sie in Moskau abgelehnt haben.»[54] Zunächst sah es so aus. Am 2. Dezember unterzeichnete die Sowjetunion mit einer in der eroberten Grenzstadt Terijoki (Selenogorsk) gebildeten «Volksregierung» unter dem

Vorsitz des Kommunisten Otto Kuusinen den gewünschten Beistandsvertrag. Bei der so genannten Volksregierung, als deren Premier- und Außenminister Kuusinen fungierte, handelte es sich um eine kurzlebige Marionettenregierung, die ihr erstes Sitzungsprotokoll auf Russisch verfasste. Von der Bevölkerung wurde die Kuusinen-Regierung, die nach vier Wochen entmachtet war, ebenso wenig anerkannt wie von der Armee, die weiterkämpfend erbitterten Widerstand leistete. In den harten Wintermonaten verloren Tausende sowjetische Soldaten ihr Leben. Obwohl langfristig ein sowjetischer Sieg wahrscheinlich war – die Rote Armee hatte im Februar 1940 bereits die ersten Befestigungen der Mannerheim-Linie durchbrochen –, lenkte Stalin ein.

Die in der sowjetischen Botschaft in Stockholm geführten Verhandlungen brachten am 12. März 1940 einen Friedensvertrag, der den überraschend verlustreichen und ruhmlosen Winterkrieg beendete. Im Unterschied zu den baltischen Staaten verhinderte Finnland die Errichtung sowjetischer Militärstützpunkte. Dafür musste die Regierung der langfristigen Verpachtung der südwestlichen Stadt Hanko als Flottenstützpunkt der Roten Armee zustimmen und empfindliche Gebietsverluste akzeptieren. Das Land verlor große Teile Kareliens nördlich des Ladogasees sowie strategisch wichtige Inseln im Finnischen Meerbusen. Von einem deutsch-sowjetischen Friedensangebot an Europa war zu diesem Zeitpunkt keine Rede mehr.

Besatzungsgewalt

Während Finnland die Sowjetisierung abwenden konnte und Westeuropa für noch kurze Zeit von der nationalsozialistischen Besatzung verschont blieb, verwandelte der Hitler-Stalin-Pakt Osteuropa in jene *Bloodlands*, deren furchtbare Gewalterfahrung der amerikanische Historiker Timothy Snyder vor Jahren eindrucksvoll geschildert hat.[55] In den *Bloodlands* gingen das nationalsozialistische und das stalinistische Regime eine Verbindung ein, deren Gewalt allen ideologischen Gegensätzen und politischen Unterschieden zum Trotz auf einem gemeinsamen radikalen Ordnungs- und Vernichtungswillen basierte, der bis zum Juni 1941 nicht nur das durch Snyder bekannte Nebeneinander, sondern ein erstaunlich unbekanntes, erschreckendes Miteinander hervorbrachte.

Abb. 11 Da die Zivilbevölkerung oftmals nicht wissen konnte, welche Besatzungsmacht in die Orte einmarschieren würde, wurden Empfangsbögen vorsorglich gleich mit Hakenkreuz und Hammer und Sichel versehen.

Nach dem siegreichen Feldzug definierte Adolf Hitler am 22. Oktober vor den Oberbefehlshabern der Wehrmacht die Prinzipien der Kriegs- und Besatzungspolitik im Osten:

> Vernichtung Polens – Beseitigung seiner lebendigen Kraft. Es handelt sich nicht um Erreichen einer bestimmten Linie oder einer neuen Grenze, sondern um Vernichtung des Feindes, die auf immer neuen Wegen angestrebt werden muss. […] Durchführung: Hart und rücksichtslos. Gegen alle Erwägungen des Mitleids hart machen![56]

Der diesem Imperativ folgende Terror traf Angehörige aller ethnischen, religiösen und sozialen Gruppen; anfangs vor allem die Elite Polens: Staatsdiener, Militärs, Gutsbesitzer, Polizisten, Intellektuelle und die jüdische Bevölkerung. Juden waren von Beginn an umfassenden Repressionen, antisemitischer Diskriminierung und der Deportation in spezielle

Arbeitslager und ab 1940 in Ghettos wie Litzmannstadt (Łódź) ausgesetzt.

Zwangsdeportationen und groß angelegte Umsiedlungs- und Bevölkerungsaustauschaktionen waren zentrale Instrumente dieser nationalsozialistischen und stalinistischen Besatzungspraxis. Im Falle Deutschlands folgten sie aus den ideologischen Imperativen einer rassisch-ethnischen Volkstumspolitik zur Neuordnung Europas, deren historische Ursprünge am Ende des Ersten Weltkriegs und in den bevölkerungspolitischen Umwälzungen der Nachkriegszeit lagen. Der Nationalsozialismus betrieb letztendlich eine extremistische Bevölkerungspolitik, deren Rassenwahn auf die totale Homogenisierung der europäischen Bevölkerungslandschaft abzielte. Die in das Deutsche Reich eingegliederten polnischen Gebiete – das Reichsgau Danzig, Westpreußen, das Reichsgau Wartheland und die Ostpreußen eingegliederten «südostpreußischen» Gebiete sowie das Schlesien eingegliederte «Ostoberschlesien» – waren diesen Volkstumsplänen nach als «Heimstätte» für so genannte Reichsdeutsche vorgesehen, während die polnische und jüdische Bevölkerung auszusiedeln war. Vor diesem Hintergrund befahl Reinhard Heydrich, der Chef des Reichssicherheitshauptamtes (RSHA), bereits am 21. September als «völkische Flurbereinigung» die erste Deportation von Juden und Polen nach Osten in das zukünftige Generalgouvernement. Das am 12. Oktober durch Erlass Hitlers offiziell eingesetzte Generalgouvernement umfasste jene zentralpolnischen Gebiete, die Stalin in den Septemberverhandlungen Deutschland überlassen hatte. Hans Frank, den Hitler als Generalgouverneur einsetzte, regierte von Krakau aus über die Distriktverwaltungen Warschau, Lublin, Radom, Krakau und ab 1941 auch Lemberg (Lwów). Ohne klaren Rechtsstatus diente das Generalgouvernement als bevölkerungspolitisches Auffangbecken, als Arbeitskräftereservoir und Abschiebeort für all jene Gruppen, die als rassisch minderwertig zur Vernichtung freigegeben waren. Anfang Dezember wurden weitere Polen und Juden aus dem Wartheland dorthin ausgesiedelt, um deutschen Umsiedlern, den so genannten Volksdeutschen, aus der sowjetischen Besatzungszone Platz zu machen. Bis Mitte März 1941, als es Hans Frank und der Wehrmacht angesichts eines unbeherrschbaren Chaos, fehlender Unterbringungs- und Transportmöglichkeiten gelang, die Transporte vorläufig zu stoppen, waren wenigstens 365 000 Personen aus den «reichsdeutschen» Gebieten an den Rand der deutschen Interessensphäre zwangsdeportiert worden.

Auch Stalins Besatzungspolitik griff in großem Umfang auf Deportationen zur klassenideologischen und ethnischen Neuordnung und Sowjetisierung der eroberten Gebiete zurück, wobei diese anfangs noch als ein Teil des Befreiungskampfes der ukrainischen, weißrussischen und polnischen Arbeiter und Bauern inszeniert wurde. «Die mächtige Sowjetunion», hieß es auf über Ostpolen abgeworfenen Flugblättern,

> reicht [Euch, A. d. V.] die Hände brüderlicher Hilfe. Stellt Euch der Roten Arbeiter- und Bauernarmee nicht entgegen. [...] Wir kommen nicht als Eroberer zu Euch, sondern als Eure Klassenbrüder, als Eure Befreier von der Unterdrückung der Großgrundbesitzer und Kapitalisten. Die große und unbesiegte Rote Armee bringt auf ihren Fahnen den Arbeitenden Brüderlichkeit und glückliches Leben.[57]

Ende Oktober veranstaltete Moskau Wahlen für Delegierte der Nationalversammlungen der Westukraine und Westweißrusslands, an denen sich, teilweise unter erheblichem Zwang und Gewalt, über 90 Prozent der wahlberechtigten Bevölkerung beteiligten. Die einzige Aufgabe der so gewählten Volksvertreter bestand darin, Moskau um die Aufnahme in die ukrainische beziehungsweise die weißrussische Sowjetrepublik zu bitten, die Anfang November durch den Obersten Sowjet der UdSSR erfolgte. Mit dem Dekret «Über den Erwerb der Staatsbürgerschaft der UdSSR durch die Bewohner der westlichen Bezirke der Ukrainischen und Weißrussischen Sowjetrepubliken» begann die Sowjetisierung der ostpolnischen Gebiete nach den Gepflogenheiten des Stalinismus.[58] Unter den Ukrainern, Weißrussen und Juden, die Stalins Inszenierung geglaubt und die Rote Armee tatsächlich begrüßt hatten, herrschte schnell große Ernüchterung. Hatten sie anfangs noch gehofft, nun anstelle der vertriebenen Polen in zentrale Machtpositionen zu gelangen – was in lokalen Verwaltungen und Milizen auch geschah –, wurde rasch klar, dass sie nicht auf ihre soziale Befreiung und schon gar nicht auf die Realisierung nationaler Ambitionen zählen konnten. In mehreren Schüben verhafteten die von Beria eingesetzten Sonderkommandos des NKWD Zehntausende vermeintliche «Feinde der Sowjetisierung» und organisierten Deportationen, die insgesamt bis zu 325 000 ehemalige polnische Staatsbürger unterschiedlicher ethnischer Zugehörigkeit betrafen. Zuerst, im Dezember 1939, beschlossen Stalin und das Politbüro die Deportation von Teilen der polnischen Zivilbevölkerung; der Kriegsveteranen, von Kirchenvertretern, Staatsdienern und Landbesitzern, die als Klassenfeinde gebrandmarkt und als potentielle Widerständler verdächtigt wurden. Da Moskau in den westukrainischen und westweißrussischen Gebieten kein ausgedehntes Lagersystem errichtete, wurden sie in Viehwaggons nach Kasachstan und Sibirien in die vom NKWD überwachten Sonderansiedlungsgebiete und in Gulag-Lager abtransportiert. Dieses Schicksal wiederfuhr weiteren 140 000 Personen, darunter zahlreiche Ukrainer, die zuvor nach den Bestimmungen des Grenz- und Freundschaftsvertrages freiwillig in das sowjetische Besatzungsgebiet umgesiedelt waren, wo sie von NKWD-Truppen in nächtlichen Massenaktionen verhaftet wurden. Am 2. März 1940, unmittelbar bevor Stalin die Massenerschießung der polnischen Offiziere befahl, ordnete das Politbüro eine dritte Deportationswelle vor allem der Angehörigen der Offiziere – ungefähr 61 000 Personen – an. Im Juni 1940 und im Mai 1941 folgten weitere Deportationen, die abermals ukrainische Umsiedler und Flüchtlinge aus dem deutschen Besatzungsgebiet sowie Personen aus dem nun besetzten Baltikum und Moldawien betrafen.[59]

Neben den Massendeportationen, Umsiedlungen und Bevölkerungsverschiebungen zeigen vor allem zwei Vernichtungsaktionen die Verflechtungen und Wechselbeziehungen der deutschen und sowjetischen Besatzung zur Zeit des Hitler-Stalin-Pakts: die gegen die polnische Elite gerichtete nationalsozialistische AB-Aktion («Allgemeine Befriedungsaktion») und das stalinistische Katyń-Verbrechen. Seit dem Einmarsch der Wehrmacht richtete sich die Gewalt der SS und der berüchtigten Einsatzgruppen des Sicherheitsdienstes (SD) der SS und der Sicherheitspolizei (Sipo) gegen den polnischen Widerstand und politische Gegner. Bis zum Frühjahr 1940 starben im Rahmen der Operation «politische Flurbereinigung» über 30 000 Menschen. Mit den Vorbereitungen für die berüchtigte AB-Aktion erreichte der Terror seinen vorläufigen Höhepunkt. Die AB-Aktion war eine Kampagne der Sipo und des SD im Generalgouvernement, bei der Tausende vermeintliche und tatsächliche Mitglieder der polnischen Widerstandsbewegung ermordet und ca. 3000 Kriminelle inhaftiert wurden. Aus Furcht vor einem koordinierten Aufstand der Polen, der zu diesem Zeitpunkt unwahrscheinlich war und über den es allenfalls vage Gerüchte gab, hatte Hitlers Reichsverteidigungsrat im Februar und März 1940 beschlossen, Verdächtige und potentielle Anführer zu isolieren und auszuschalten. Kurz danach verhafteten der SD und die Sipo in einer Blitzaktion rund 1000 Personen, von denen die Mehrzahl nach Sammelurteilen liquidiert wurde. Von Mai bis Juni 1940 wurden zwischen 4000 und 6000 Personen ermordet und etwa 20 000 in Konzentrationslager, darunter Auschwitz, verbracht, dessen Errichtung Heinrich Himmler eigens zu diesem Zweck am 27. März 1940 verfügt hatte.[60]

Etwa zur gleichen Zeit, im Frühjahr 1940, erschossen lokale NKWD-Einheiten und «Liquidatoren» der Moskauer Zentrale rund 22 000 polnische Soldaten, Offiziere und Reservisten, darunter viele Juden. Die unter dem Namen der Massenerschießungen von Katyń bekannte Tötungsaktion erfolgte auf der Grundlage eines Politbürobeschlusses vom 5. März 1940, den Beria mit der Zustimmung Stalins wenige Tage zuvor vorbereitet hatte.[61] Von April bis Juni 1940 fanden die nächtlichen Massenexekutionen an mindestens drei Orten – Katyń bei Smolensk, Charkow und Kalinin (heute wieder Twer) – statt, wohin die Gefangenen zuvor aus Kriegsgefangenenlagern des NKWD überführt worden waren. Die «Massenerschießungen von Katyń» sind bis heute eines der bekanntesten und aufgrund der jahrzehntelangen Kontroverse um die NKWD-Täterschaft eines der berüchtigtsten Kriegsverbrechen des Stalinismus, das mittlerweile zum zentralen nationalpolnischen Geschichtsmythos geronnen ist. Katyń ist die Chiffre für den systematischen Terror, dem Polen im Zweiten Weltkrieg ausgesetzt war; ein Terror, der angesichts seiner jahrzehntelangen Tabuisierung in der kollektiven Erinnerung besonders schwer wiegt.[62] Dabei ist durch den Fokus auf die sowjetische Täterschaft aus dem Blick geraten, dass Katyń eine Terroraktion während des Hitler-Stalin-Pakts war und das deutsch-sowjetische Bündnis auf ihren Verlauf großen Einfluss hatte. Denn Beria schlug Stalin die Erschießung der polnischen Offiziere erst vor, nachdem der Versuch, sie auf der Grundlage des deutsch-sowjetischen Umsiedlungsabkommens in das Generalgouvernement abzuschieben, von den Deutschen abgelehnt worden war. In einer Zeit, in der die AB-Aktion geplant wurde, die, so Generalgouverneur Hans Frank, «mit der Masse der in unseren Händen befindlichen aufrührerischen Widerstandspolitiker und sonst verdächtiger Individuen in beschleunigtem Tempo Schluss»[63] machte, waren die Deutschen an der Übernahme polnischer Offiziere und damit neuer potentieller Widerständler nicht im geringsten Maße interessiert. Der von Beria angestrebte Austausch wurde abgelehnt, wohl auch um den deutschen Tätern zusätzliche «belastende Liquidationen» nicht «zuzumuten». Nicht länger, hatte Hans Frank die AB-Aktion erklärt,

> brauchen [wir, A. d. V.] diese Elemente [...] in die Konzentrationslager des Reiches abzuschleppen, denn dann hätten wir nur Scherereien und einen unnötigen Briefwechsel mit den Familienangehörigen, sondern wir liquidieren die Dinge im Lande. Wir werden es auch in der Form tun, die die einfachste ist. Meine Herren, wir sind keine Mörder. Für den Polizisten und SS-Mann, der auf Grund dieser Maßnahmen amtlich oder dienstlich verpflichtet ist, die Exekutionen durchzuführen, ist das eine furchtbare Aufgabe. Wir können leicht Hunderte von Todesurteilen hier unterzeichnen; aber die Durchführung deutschen Männern, anständigen deutschen Soldaten und Kameraden zu übertragen, das bedeutet eine furchtbare Belastung.[64]

Diese Belastung sollte nicht – so zynisch das Argument auch war – noch durch die Aufnahme und anschließende Tötung von inhaftierten Polen aus dem sowjetischen Besatzungsgebiet vergrößert werden. Die Deutschen, erinnerte sich der damals in London lebende polnische Exilpolitiker Stanisław Mikołajczyk, «wollten nicht noch mehr polnische Offiziere und schlugen den Russen vor, sie doch selbst zu liquidieren» («did not want any more Polish officers and suggested to the Russians that they should ‹liquidate› them themselves»).[65] Im Terror von Vernichtungsaktionen wie den Massenerschießungen von Katyń offenbarte sich die Verflechtung der nationalsozialistischen und stalinistischen Besatzung und damit ein wenig beachtetes Kapitel in der Geschichte des Hitler-Stalin-Pakts.

Kapitel 4

«Die Deutschen nach Deutschland, die Russen nach Russland, die Juden in den Bug!»

Am Nachmittag des 27. Januar 1940 versammelten sich hochrangige Regierungsvertreter des Distrikts Krakau, des Auswärtigen Amtes, des Oberkommandos der Wehrmacht, der Sicherheitspolizei und der Volksdeutschen Mittelstelle in den Krakauer Diensträumen von Friedrich-Wilhelm Krüger, dem Höheren SS- und Polizeiführer im Generalgouvernement.[1] Auf der Tagesordnung der knapp dreistündigen Sitzung stand der Abschluss jener «modernen Völkerwanderung», die die nationalsozialistische Propaganda in den zurückliegenden Wochen mit großer Lautstärke begleitet hatte. Nach einer im Herbst 1939 eher unvorbereitet vollzogenen «Heimholung» von ca. 60 000 Deutschbalten war die Umsiedlung der so genannten Volksdeutschen aus Wolhynien, Galizien und dem Narewgebiet wochenlang geplant und vergleichsweise organisiert durchgeführt worden. Insgesamt verließen von Dezember 1939 bis zum Februar 1940 ungefähr 130 000 Personen das sowjetische Besatzungsgebiet in Richtung Westen.[2] Einige der letzten Trecks, die die deutsch-sowjetische Grenze überquerten, hatte Heinrich Himmler, der Reichsführer SS und Reichskommissar für die Festigung deutschen Volkstums, persönlich am Vortag bei eisigen Temperaturen in Przemyśl auf der Brücke über den San willkommen geheißen. Nun, nachdem Himmler und die Pressefotografen des *Schwarzen Korps* wieder abgereist waren, zogen die Verantwortlichen in Krakau Bilanz. Im Mittelpunkt des Treffens vom 27. Januar stand die «in hohem Maße verständnisvolle» Zusammenarbeit mit den sowjetischen Partnern, mit Berias NKWD und Molotows Außenkommissariat.[3] Von ihnen, so der Tenor, war noch viel zu lernen.

Die deutsch-sowjetischen Vertragsumsiedlungen

Die Umsiedlung der so genannten Volksdeutschen – umgekehrt verließen nur etwa 12 000 Ukrainer und Weißrussen das Generalgouvernement gen Osten – war eine der weitreichendsten Aktionen, die Deutsche und Sowjets zur Zeit des Hitler-Stalin-Pakts durchführten.[4] Als Beleg für die folgenreiche Zusammenarbeit beider Regime ist sie jedoch selten wahrgenommen worden. In der Tradition der getrennten oder allenfalls vergleichenden Geschichtsperspektiven verharrend, konzentrierte sich die Forschung der vergangenen Jahrzehnte entweder auf die nationalsozialistische Volkstums- und Umsiedlungspolitik, wobei der Historiker Stephan Döring noch vor einigen Jahren zu Recht festgestellt hat, dass ungeachtet des großen Interesses eine detaillierte Darstellung selbst dieser Vertragsumsiedlungen fehlt.[5] Oder sie lieferte, wie die Osteuropaforschung nach dem Kalten Krieg, zwar bahnbrechende Studien zur stalinistischen Bevölkerungs- und Deportationspolitik, die jedoch die grenzüberschreitenden Verflechtungen und Wechselbeziehungen ebenfalls aussparten. In welchem Ausmaß die gemeinsame Umsiedlungsaktion auf die jeweilige Gewaltpolitik zurückwirkte, diese beeinflusste und Folgen zeitigte, die weit über die konkrete Operation hinausgingen, blendeten beide Fachwelten aus.

Der deutsch-sowjetische Grenz- und Freundschaftsvertrag, den Joachim von Ribbentrop und Wjatscheslaw Molotow am 28. September 1939 in Moskau unterzeichneten, schuf die vertragliche Grundlage. In ihm legte ein vertrauliches Zusatzprotokoll fest, dass

> die Regierung der UdSSR […] den in ihren Interessengebieten ansässigen Reichsangehörigen und anderen Persönlichkeiten deutscher Abstammung, sofern sie den Wunsch haben, nach Deutschland oder in die deutschen Interessengebiete überzusiedeln, hierbei keine Schwierigkeiten in den Weg legen [wird]. Sie ist damit einverstanden, dass diese Umsiedlung von Beauftragten der Reichsregierung im Einvernehmen mit den zuständigen örtlichen Behörden durchgeführt wird und dass dabei die Vermögensrechte der Auswanderer gewahrt bleiben.

Gleichermaßen versicherte die deutsche Regierung ihrerseits, «hinsichtlich der in ihren Interessengebieten ansässigen Personen ukrainischer oder weißrussischer Abstammung […] eine entsprechende Verpflichtung» einzugehen.[6] Das Protokoll vereinbarte somit die Umsiedlung von Bevölkerungsgruppen, die nach der Teilung Polens und nach der Logik der jeweiligen Bevölkerungsideologie auf der «falschen Seite» gelandet waren. Dem völkisch-rassischen Ordnungskonzept des Nationalsozialismus folgend, waren die Volksdeutschen in das deutsche Besatzungsgebiet umzusiedeln, während Ukrainer und Weißrussen in die sowjetisch besetzten Gebiete der Westukraine und Westweißrusslands übergingen, die Stalin sowjetisierte. Als gemeinsam durchzuführende Operation unterschied sich die Umsiedlung deutlich von dem in einem geheimen Zusatzprotokoll festgelegten Umgang mit dem polnischen Widerstand. Während dort vereinbart war, dass man sich «gegenseitig über die» gegen die «polnische Agitation» gerichteten «zweckmäßigen Maßnahmen unterrichten»[7] werde, war für die Bevölkerungsumsiedlung mehr als nur die wechselseitige Unterrichtung vorgesehen. Diese Maßnahme wurde gemeinsam geplant und durchgeführt. Hier arbeitete man tagtäglich zusammen. Die Umsiedlung erforderte Reisen in das jeweils andere Besatzungsgebiet, die weder Deutsche noch Sowjets ohne Argwohn betrachteten. Zunächst aber verlangte sie die gemeinsame Planung, die am 17. Oktober 1939 in Moskau begann.

Aufgrund der Zuständigkeitsbereiche und Verantwortlichkeiten ist davon auszugehen, dass sich unter einer deutschen Delegation, die Mitte Oktober nach Moskau reiste, neben Diplomaten des Auswärtigen Amtes auch SS-Mitglieder und Mitarbeiter von Heinrich Himmler befanden, der als Reichskommissar für die Festigung deutschen Volkstums von Hitler mit der Organisation der Umsiedlungen beauftragt worden war. Himmler hatte am 11. Oktober die Volksdeutsche Mittelstelle (VoMi) mit dem operativen Geschäft betraut, so dass deren Leiter Werner Lorenz – SS-Mann seit 1931 – vermutlich ebenso zu den Moskaureisenden gehörte wie der Himmler-Vertraute Horst Hoffmeyer, der bereits zum Chef des VoMi-Amtes für die «Sicherung deutschen Volkstums in den neuen Ostgebieten» ernannt worden war. Nach der erfolgreichen Umsiedlung der Deutschbalten hatte sich der SS-Obersturmbannführer und Generalmajor der Polizei Hoffmeyer als Umsiedlungsexperte der NS-Volkstumspolitik empfohlen und sollte diesem Ruf insbesondere im Umgang mit dem sowjetischen Bündnispartner auch zukünftig gerecht werden. Der Vorsitzende der deutschen Delegation in Moskau aber war der Jurist Kurt von Kamphoevener, ein erfahrener Diplomat, der seit 1911 in den Diensten des Auswärtigen Amtes stand und 1940 der NSDAP beitrat. Kamphoevener entstammte einer preußischen Offiziersfamilie – sein Vater war Militärberater am Hof des osmanischen Sultans Abdülhamid II. in Istanbul, wo er 1887 geboren wurde – und gehörte somit zur Traditionselite deutscher Diplomaten. Dennoch war er im Jahr 1930 der Sozialdemokratischen Partei beigetreten und hatte sich von 1931 bis 1936 als Leiter des Referats Völkerbund im Auswärtigen Amt um das multilaterale System der Friedenssicherung in der Zwischenkriegszeit verdient gemacht. Nach Moskau reiste Kurt von Kamphoevener als Leiter des Referats Friedensfragen; eine Funktion, die er bis 1941 innehatte.[8]

Wer die Deutschen in Moskau empfing, wo und worüber mit wem gesprochen wurde, ist bis heute weitgehend unbekannt. Nach außen lag die Verantwortung für die Verhandlungen und die Durchführung der Umsiedlungen in der Obhut des Außenkommissariats. Tatsächlich hielt Berias NKWD hinter den Kulissen alle Fäden in der Hand, und doch ist nicht geklärt, ob die Regierungskommission von einem Vertreter des NKWD oder einem Außenpolitiker oder gar vom ehemaligen Außenkommissar Maxim Litwinow angeführt wurde. Schon die sowjetische Unterschrift unter das ausgehandelte Regierungsabkommen gibt Rätsel auf. Während Kurt von Kamphoevener als Vorsitzender der deutschen Regierungsdelegation unterzeichnete, stand auf der sowjetischen Seite – ohne Vorname – «Litwinow» für den Vorsitz der sowjetischen Regierungsdelegation. Ob es sich dabei aber um den von Stalin geschassten Außenkommissar oder um einen gleichnamigen NKWD-Offizier handelte, ist bis heute unklar, auch wenn einige Indizien darauf hindeuten, dass Moskaus unglücklicher Chefdiplomat, der lange für eine Annäherung an die westeuropäischen Demokratien eingetreten war, nun mit den Deutschen verhandelte. Dagegen spricht, dass die Person, die auf Photographien der sowjetischen Regierungskommission vom Dezember 1939 als Vorsitzender Litwinow bezeichnet wird, deutlich jünger aussieht als der damals bereits 63-jährige Maxim Litwinow. Dafür spricht wiederum, dass Litwinow nach seiner Ablösung im Mai 1939 keinesfalls dem politischen Leben den Rücken zugekehrt hatte. Er leitete das Internationale Informationsbüro im Zentralkomitee der Partei und blieb so auf einer zentralen Verbindungsstelle zwischen dem Außenkommissariat und der Machtzentrale im Kreml. Litwinow war weiterhin mit europäischen Fragen befasst. Die außenpolitischen Erfahrungen gerade im Westen und insbesondere die langen Jahre im Völkerbund sprachen dafür, Litwinow im November 1939 an die Seite Kurt von Kamphoeveners zu stellen, der ebenso zu den Völkerbund-Diplomaten der Zwischenkriegszeit gehört hatte und Litwinow womöglich persönlich kannte, auch wenn beide Länder dem Völkerbund zu unterschiedlichen Zeiten angehörten.[9] Die deutsch-sowjetische Regierungskommission für die Umsiedlungen konnte mit Litwinow und Kamphoevener als Aushängeschild zudem in der Tradition der Bevölkerungstransfers agieren, die dem Ersten Weltkrieg gefolgt waren. Diese waren vom Völkerbund vielfach initiiert sowie völkerrechtlich sanktioniert worden und zogen gleichwohl hochproblematische Migrationsbewegungen in Europa nach sich. Kamphoevener und Litwinow waren erfahrene Diplomaten und loyale Staatsdiener, deren Vorteil eben gerade darin bestand, nicht zu den ersten Repräsentanten des hochumstrittenen Bündnisses zwischen Hitler und Stalin zu gehören. Dass sie dabei lediglich der Fassade dienten, liegt nahe und wird durch eine Aussage unterstrichen, die Kamphoevener nach Kriegsende, am 14. August 1945, gegenüber einem Offizier des amerikanischen militärischen Nachrichtendienstes G-2 machte. Im Protokoll hieß es dazu:

> Source was sent as head of the German Commission to negotiate with the Russians for the transfer of populations from the areas adjacent to the new boundary. The German minorities in the part of Poland occupied by Russia were the principal consideration. On his commission were various representatives of government agencies including Himmler's Volksdeutsche Mittelstellen. The Russian Commission was headed by ‹Mali› Litwinow [sic] although the real power was held by the GPU representative, and later Lt. Gen. Moslenikov [sic]. The negotiation required about one week, but it took three weeks for the Russians to secure Moscow approval. Once made, the Russians executed the agreement loyally.[10]

Tatsächlich waren die Verhandlungen in Moskau zügig beendet, und nur die Einwilligung Stalins, ohne die kein Vertrag zustande kam, ließ auf sich warten. Am 3. November 1939 wurde das Regierungsabkommen paraphiert, und das Auswärtige Amt informierte folgendermaßen über den Abschluss:

> Zwischen der Regierung des Deutschen Reiches und der Regierung der Union der Sozialistischen Sowjet-Republiken ist am 3. November 1939 eine Vereinbarung abgeschlossen worden. Dieser Vereinbarung zufolge haben alle Deutschen aus den westlichen Gebieten der Ukraine und Weißrusslands so-

> wie alle Ukrainer, Weißrussen, Russen und Ruthenen aus den jetzt zum Interessenbereich des Deutschen Reiches gehörenden früheren polnischen Gebieten das Recht, auf das Gebiet des anderen Staates umzusiedeln. Maßgebend ist dabei ihre Willensbekundung.[11]

Nach der Bekanntgabe dauerte es weitere zwei Wochen, bis das Regierungsabkommen über die «Umsiedlung der deutschstämmigen Bevölkerung aus dem zur Interessenzone der UdSSR und der Ukrainischen und Weißrussischen Bevölkerung aus dem zur Interessensphäre des Deutschen Reiches gehörenden Gebieten des früheren polnischen Staates» am 16. November 1939 in Kraft trat. Seine einzelnen Abschnitte und Artikel regelten die Zuständigkeiten, den gesamten Ablauf, insbesondere den Transport der Umsiedler, den Umfang des Transportguts, ihre Registrierung; kurz, die Organisation der Operation, die zum 1. März 1940 abgeschlossen sein sollte.[12] Innerhalb von drei Monaten waren Weißrussen und Ukrainer in das sowjetische Interessengebiet und Volksdeutsche in das Generalgouvernement, in die neuen Ostgebiete oder ins «Altreich» zu transportieren. Das Abkommen legte fest, welches Hab und Gut sie dabei mitführen durften: Kleinvieh und zwei Pferde je Haushalt, wenn die Überführung im Treck erfolgte, aber, bis auf eine kleinere Summe in polnischen Złoty, kein Geld, keine Edelmetalle und keine Waffen.[13] Über das zurückgelassene Vermögen waren Listen anzulegen, einerseits um später von deutscher Seite Entschädigungsleistungen zu ermöglichen und andererseits um zwischenstaatliche Ausgleichszahlungen zu vereinbaren, die im Abkommen in Aussicht gestellt wurden und die sowjetische Seite belastet hätten. Dies kam für Stalin, der nur die umstandslose Enteignung der Ausreisewilligen akzeptierte, nicht infrage, und vermutlich aus diesem Grund verzögerte sich die Unterzeichnung des Vertrages nach den Verhandlungen. Artikel 9, in dem es hieß, dass «das nach der Aussiedlung zurückbleibende Vermögen […] unter staatlichen Schutz und Verfügungsgewalt der Seite [fällt], auf deren Gebiet es zurückgelassen ist», legitimierte die Enteignung, und Artikel 10, in dem «die vertragschließenden Seiten […] die Möglichkeit eines endgültigen Ausgleichs der gegenseitigen Vermögensansprüche auf Grund einer gegenseitigen Aufrechnung der Werte des zurückgelassenen Gutes in globalen Summen nicht [ausschlossen]», war – vor allem für Stalin – lediglich Kosmetik. Moskau boykottierte die Versuche, nach dem Ende der Umsiedlungen zu einer Verständigung über die Ausgleichszahlungen zu gelangen, und hatte schon von vornherein festgelegt, dass der Landbesitz der Aussiedler nicht in die Vermögenslisten aufgenommen werden konnte. So hieß es in Artikel 10 weiter, dass

> Vermögensansprüche sowohl auf der einen wie auf der anderen Seite nur bezüglich solcher Vermögen und Unternehmen einbezogen werden, *die nach den Gesetzen des Landes, in dem sie sich befinden, im Eigentum privater Personen stehen können* [Hervorhebung der Autorin].[14]

In der Sowjetunion gehörte der Besitz von Grund und Boden nicht dazu. Der «Ausgleich der gegenseitigen Vermögensansprüche» kam nicht zustande, und Entschädigungszahlungen blieben außerhalb des Vorstellungsvermögens der sowjetischen Kommission. In der Praxis führten die unterschiedlichen Auffassungen über den Umgang mit dem Besitz der Aussiedler zu Konflikten, Missverständnissen und Meinungsverschiedenheiten, die häufig erst ausgeräumt werden konnten, nachdem die Werte aus deutscher Sicht zu niedrig angesetzt wurden.[15] «Die Sowjets», hieß es etwa im Tagebuch von SS-Untersturmführer Brückner, einem Mitglied im Hauptstab der deutschen Umsiedlungskommission,

> verweigerten verschiedentlich die Ausstellung von Vermögenslisten von [...] enteigneten Fabrikanten. In der Verhandlung mit dem Hauptregierungsvertreter wird darauf hingewiesen, dass die Vermögenslisten von uns deshalb benötigt werden, weil die Fabrikanten im Reich entschädigt werden sollen. Völlige Verständnislosigkeit und ungläubiges Lächeln mit dem Bemerken: ‹Lasst sie doch arbeiten!›[16]

Abschnitt II (Artikel 6–10) des Abkommens regelte außerdem personelle Fragen sowie die Standorte für die einzelnen Kommissionen und für die Grenzübergänge. Die gemischte deutsch-sowjetische Umsiedlungskommission bestand aus zwei von den jeweiligen Regierungen ernannten Delegationen; der sowjetischen unter der Leitung von Litwinow und der deutschen Regierungsdelegation unter der Leitung von Kurt von Kamphoevener. Die praktische Umsetzung oblag nach Artikel 7 den Hauptbevollmächtigten, wobei jede Seite in das Territorium der anderen Hauptbevollmächtigte entsandte, während im eigenen Interessengebiet Hauptregierungsvertreter tätig waren. Auf dem sowjetischen Territorium arbeitete demnach der deutsche Hauptbevollmächtigte Horst Hoffmeyer mit dem sowjetischen Hauptregierungsvertreter J. N. Sinicyn zusammen, der im Dienst des ukrainischen NKWD stand. Beide waren in der wolhynischen Stadt Luzk (Łuck) stationiert, und zumindest Hoffmeyer verfügte dort über einen umfangreichen Hauptstab mit sieben Abteilungen.[17] Für die tägliche Zusammenarbeit, das Regeln von Konflikten, die Kontrolle des gesamten Ablaufs der Umsiedlungsaktion sowie die Vermögenslisten waren innerhalb des Hauptstabs die sechste und die siebte Abteilung zuständig, die beide von Lothar Heller, dem Wirtschaftsbeauftragen der Volksdeutschen Mittelstelle, geleitet wurden.

In das deutsche Besatzungsgebiet entsandte die Sowjetunion als Hauptbevollmächtigte die NKWD-Offiziere S. N. Troizki, der in Cholm (Chełm) seinen Sitz hatte, sowie W. S. Jegnarow, der in Jaroslau (Jarosław) stationiert war. Ihr Ansprechpartner und somit der deutsche Hauptregierungsvertreter im Generalgouvernement war kein Geringerer als SS-Brigadeführer Bruno Streckenbach, der als Befehlshaber der Sicherheitspolizei und des Sicherheitsdienstes in Krakau zu dieser Zeit unter anderem für die Deportation der polnischen Juden in das Generalgouvernement verantwortlich war. Dem Abkommen gemäß waren allen Hauptbevollmächtigten und Hauptregierungsvertretern jeweils zwei Stellvertreter an die Seite gestellt sowie Gebietsbevollmächtigte (ebenfalls mit eigenem Stab) beziehungsweise Gebietsregierungsvertreter und Ortsbevollmächtigte beziehungsweise Ortsregierungsvertreter mit deren Stellvertretern. Artikel 13 in Abschnitt III «Organisation der Umsiedlung» nannte folgende Standorte der Hauptbevollmächtigten beziehungsweise der Hauptregierungsvertreter: «auf dem Gebiet des Reiches die Städte Cholm und Jaroslau» und «auf dem Gebiet der UdSSR die Stadt Luck». Die Standorte der deutschen Gebietsbevollmächtigten auf dem sowjetischen Gebiet waren Bielsk (Bielsk Podlaski), Luzk (Łuck), Stanislau (Stanislaw), Kostopol, Wladimir-Wolhynsk, Lemberg (Lwów), Styri; die der sowjetischen Gebietsbevollmächtigten auf deutschem Gebiet Biala (Biała Podlaska), Cholm (Chełm), Grubeschow (Hrubieszów), Jaroslau (Jarosław), Belgoraj (Biłgoraj), Sanok, Lisko, Neu-Sandez (Nowy Sącz), Warschau und Łódź (später Litzmannstadt).[18] In einem Zusatzprotokoll wurde festgelegt, dass der deutsche Gebietsbevollmächtigte in Lemberg (Lwów) gleichzeitig Stellvertreter des deutschen Hauptbevollmächtigten im sowjetischen Besatzungsgebiet war. Dementsprechend konnte die sowjetische Seite dort einen Stellvertreter ihres Hauptregierungsvertreters ernennen. Gleichzeitig war sie befugt, an einem der Standorte im Generalgouverne-

Abb. 12 Himmler und «heimgekehrte» Volksdeutsche

ment (außer in Cholm und Jaroslau) ebenfalls einen Stellvertreter des Hauptbevollmächtigten einzusetzen. Artikel 17 des Umsiedlungsabkommens legte schließlich folgende Grenzübergangsstellen fest: Nowogród, Śniadowo, Tschizow, Simjatice, Brest-Litowsk, Jagodin (Jagodzin), Uszilug (Uściług), Ljubyscha (Lubyesa), Przemyśl, Olchowzew.[19]

Akteure und Motive

Im Grunde genommen entsprachen alle Vertragsumsiedlungen, die im Laufe des Hitler-Stalin-Pakts durchgeführt wurden, den Logiken der NS-Volkstumsideologie und den Besatzungspolitiken in den eroberten Gebieten. Ideologisch-politische Motive und praktische Notwendigkeiten bedingten einander und beeinflussten sich wechselseitig. Für die Germanisierungspläne in den besetzten Ostgebieten war der radikale Bevölkerungsaustausch ein «Glücksfall», waren doch dort vor dem Krieg nur rund elf Prozent der Bevölkerung Deutsche und achtzig Prozent Polen oder polnische Juden.[20] Unmittelbar nach dem Ende der Kampfhandlungen begann unter der Leitung des neuen Reichskommissars für die Festigung deutschen Volkstums, Heinrich Himmler, die «völkische Neuordnung» der neuen Gebiete, die in der Praxis auf einen immensen Bevölkerungsaustausch hinauslief. Bis zum Jahresbeginn 1941 deportierte Himmlers Apparat über 300 000 Polen und Juden aus den neuen Ostgebieten in das Generalgouvernement und ersetzte sie auf der Grundlage einer umfassenden «Eindeutschungspolitik» durch die Volksdeutschen aus Wolhynien, Galizien und dem Narewgebiet.[21] Die, wie es aus dem Rassepolitischen Amt der NSDAP hieß, «Schaffung einer rassisch und damit geistig – seelisch wie völkisch – politisch einheitlichen deutschen Bevölkerung» bei gleichzeitiger «rücksichtsloser» Beseitigung «aller nicht deutschen Elemente»[22] war, neben allen ideologischen Imperativen, eine politische Machtfrage. Denn in der Theorie versprach nur die Neuansiedlung einer dankbaren und daher loyalen Bevölkerung, die außerdem der stalinistischen Sowjetisierung entgangen war, die dauerhafte Festigung und Anbindung des neuen Herrschaftsbereichs an den NS-Staat. «Der neugewonnene Boden», so der enge Vertraute Himmlers Ulrich Greifelt, «müsse mit deutschen Menschen besiedelt werden, nur dann wird er unantastbarer Besitz.»[23] Dass die praktischen Probleme bei der Umsiedlung häufig gegenteilige Effekte hervorriefen und die zahlreichen Enttäuschungen, chaotischen Zustände und Feindseligkeiten zwischen «neuen» und «alten» Deutschen Loyalitäten nicht eben stärkten, war in den hochtrabenden Plänen Himmlers nicht vorgesehen. Diese hatte Adolf Hitler in einer seiner ersten Reden nach dem Polenfeldzug am 6. Oktober 1939 persönlich bekräftigt und autorisiert. Hitlers so genannte Oktoberrede vor dem Reichstag legitimierte die Zusammenarbeit mit Sowjetrussland vor dem Hintergrund der nationalsozialistischen Volkstums- und Germanisierungspolitik, die dadurch erst in die Tat umgesetzt werden könne. Vor allem der Grenz- und Freundschaftsvertrag sei, so Hitler, Ausdruck der Entschlossenheit beider Staaten, «nicht zuzulassen, dass zwischen ihnen problematische Zustände entstehen». In diesem Sinne hätten

> Deutschland und Sowjetrussland eine klare Grenze der beiderseitigen Interessengebiete gezogen, mit dem Entschluss, jeder auf seinem Teil für die Ruhe und Ordnung zu sorgen und alles zu verhindern, was dem anderen Partner einen Schaden zufügen könnte.[24]

Die Aufgabe, die sich dem Deutschen Reich dadurch zuvörderst stellte, sah Hitler in der «Herstellung einer Reichsgrenze, die den historischen, ethnographischen und wirtschaftlichen Gegebenheiten gerecht wird», in der «Herstellung einer neuen Ordnung der ethnographischen Verhältnisse», die über die «Umsiedlung der Nationalitäten» erreicht werden würde, so dass sich am Abschluss der Entwicklung «bessere Trennlinien ergeben, als es heute der Fall ist».[25]

Einen Tag nach der Reichstagsrede, am 7. Oktober 1939, beauftragte Hitler seinen Reichsführer SS und Polizeichef Heinrich Himmler per Erlass «Zur Festigung deutschen Volkstums» mit der Umsiedlung der so genannten «deutschen Bevölkerungssplitter». Himmler, der zielstrebig und in scharfer Konkurrenz zum Landwirtschaftsministerium daran arbeitete, die deutsche Siedlungspolitik an sich zu ziehen, hatte sich durchgesetzt. Seine neue Position als «Reichskommissar für die Festigung deutschen Volkstums» (RKF) eröffnete ihm die Möglichkeit, die gesamte NS-Germanisierungs- und Bevölkerungspolitik nach den eigenen Vorstellungen in einem eigenen Apparat zusammenzuführen.[26] Himmler griff zu und war von nun an befugt, sich aller vorhandenen «Behörden und Einrichtungen des Reichs, der Länder und der Gemeinden sowie der sonstigen öffentlichen Körperschaften und der bestehenden Siedlungsgesellschaften» zu bedienen, die bereits Umsiedlungen, wie die der Deutschbalten oder der Deutschen aus Südtirol, durchgeführt hatten oder an Germanisierungsplänen arbeiteten.[27] Konsequent nutzte er die neue Machtfülle für den Aufbau seines «RKF-Archipels» und führte alle im Verlauf der Umsiedlungen auftretenden Probleme auf das vermeintliche Zuständigkeitswirrwarr zurück, um so die weitere Konzentration und Monopolisierung der Kompetenzen bei ihm selbst durchzusetzen. Mit der zentralen Planung für die Vertragsumsiedlungen und die Herausgabe der wesentlichen Richtlinien beauftragte er SS-Obergruppenführer Ulrich Greifelt, der bereits die Umsiedlungen aus Südtirol im Juni 1939 organisiert hatte, seinem Führungsstab angehörte und zum Leiter der einflussreichen Dienststelle des Reichskommissars ernannt worden war. Die praktische Durchführung und Betreuung der Volksdeutschen, vor allem aber ihre Rückführung aus den sowjetischen Gebieten übertrug Himmler Ende Oktober der Volksdeutschen Mittelstelle (VoMi) unter der Leitung von SS-Obergruppenführer Werner Lorenz. Das ursprünglich für die Betreuung, Kontaktpflege und zur finanziellen Unterstützung der Volksdeutschen im Ausland 1936/37 geschaffene Hauptamt Volksdeutsche Mittelstelle war eine Adolf Hitler persönlich unterstellte Behörde, in der zwar viele SS-Mitglieder tätig waren, die aber noch über eine gewisse Autonomie gegenüber Himmler verfügte. Erst im Juni 1941 wurde die Volksdeutsche Mittelstelle zu einem SS-Hauptamt und somit in Himmlers Archipel eingegliedert. Als Behörde für die außerhalb des Deutschen Reiches lebenden Volksdeutschen sorgte die VoMi sowohl für den Transport über die deutsch-sowjetische Grenze als auch für die Unterbringung der Umsiedler in den Aufnahmelagern. Sie war eine Zentrale für die Zusammenarbeit mit den Sowjets. Neben der Volksdeutschen Mittelstelle beteiligten sich verschiedene Ministerien, darunter das Reichsfinanzministerium, das Gelder für den Transport und die Unterbringung zur Verfügung stellte, und das Reichsgesundheitsministerium unter Leonardo Conti, das für die finanzielle Absicherung der medizinischen Betreuung zuständig war, sowie das Deutsche Rote Kreuz (DRK) an den Umsiedlungen aus der Sowjetunion. Dabei stellte das DRK mit seinen Krankenschwestern und den Helferinnen die zahlenmäßig größte Gruppe, die die VoMi beim Transport, in den Auffanglagern und den Gesundheitsstellen der Einwandererzentralstellen (EWZ) unterstützte.[28]

Die Umsiedlungen der Deutschbalten und Volksdeutschen aus der sowjetischen Interessenzone waren für Himmler die Chance, «in den eroberten Gebieten einen Apparat nach dem Vorbild im Reich aufzubauen»[29] und die Bevölkerungspolitik unter seine Kontrolle zu bringen. Dazu war es nötig, die Eigenständigkeit von Umsiedlungsbehörden wie der VoMi Schritt für Schritt abzubauen und im Gegenzug die Zuständigkeit eigener Machtorgane wie die der Höheren SS- und Polizeiführer sowie des Sicherheitsdienstes im Generalgouvernement gegenüber der Zivilverwaltung zu stärken. Dass dies gelang, lag auch an der Vehemenz, mit der Himmler-Vertraute wie Horst Hoffmeyer, der «Hauptbevollmächtigte der Reichsregierung für die Aussiedlung der Deutschen aus Wolhynien und Galizien», Kompetenzüberschneidungen und Ämterchaos für die großen Probleme verantwortlich machten, die nach der Ankunft der Umsiedler in den Auffanglagern des VoMi-Einsatzstabes Litzmannstadt (Łódź) auftraten.[30] Rückstaus beim Transport, eisige Witterungsbedingungen und nicht zuletzt die geringe Vorbereitungszeit führten tatsächlich zu überfüllten Lagern, in denen die Registrierung der

Umsiedler nicht nach den «Eindeutschungsplänen» erfolgen konnte, Umsiedler verschwanden und sich auf eigene Faust auf den Weg ins Altreich machten. Hoffmeyer nutzte das Chaos und verwies, unter anderem auf der Sitzung am 27. Januar, auf die vorbildliche Organisation der sowjetischen Seite, um für eine Monopolstellung Himmlers zu werben. Dass Berias NKWD dort alle Vorgänge allein durchführte, entschied und kontrollierte, stellte Hoffmeyer als beispielgebend und vorbildlich heraus. Laut Protokoll lobte er die straffe Organisation im Vergleich zu den «zusammengewürfelten» Umsiedlungsbehörden und dem Zuständigkeitswirrwarr der Deutschen:

> «Die sowjetischen Regierungsvertreter seien durchweg NKWD-Offiziere, die eigens für diese Aufgabe instruiert und abgestellt worden seien, während demgegenüber die deutschen Regierungsvertreter als höchste und hohe Beamte ja zugleich auch andere wichtige Aufgaben als die Umsiedlung durchzuführen» hatten.[31]

Mehrmals betonte Hoffmeyer – der 1941 direkt dem Höheren SS- und Polizeiführer im Distrikt Krakau unterstellt wurde –, «dass die sowjetischen Regierungsvertreter auf der Gegenseite ganz anders arbeiten». «Dort», äußerte er sich gemäß dem Sitzungsprotokoll,

> sei ein sowjetischer Apparat vorhanden, der nur für die Umsiedlung da sei. Haupt-, Gebiets- und Ortregierungsvertreter hätten nur die eine Aufgabe, sich der deutschen Aussiedlung zu widmen, die deutschen Maßnahmen zu ermöglichen […] aber auch die Interessen der Sowjetunion wahrzunehmen. Sie seien genau über jeden Einzelvorgang unterrichtet und hätten fortlaufend genaueste Übersicht über das gesamte deutsche Personal, über die Entwicklung der Personen- und Vermögensregistrierungen, über Aufenthalt und Tätigkeit der Mitglieder des deutschen Kommandos, aber auch aller von diesen zur Mitarbeit herangezogenen volksdeutschen Helfer.[32]

Hoffmeyer schätzte die Effizienz, die aus der Machtfülle und Entscheidungsautonomie des NKWD hervorging, die, wie er betonte, «sicher viel mehr in der Praxis spürbar werden als dies deutscherseits in Rechnung gestellt würde».[33]

Dass die Vertragsumsiedlungen auf der sowjetischen Seite gänzlich unter der Kontrolle des NKWD standen, ist aufgrund seiner exorbitanten Machtfülle im Gewaltsystem des Stalinismus nicht überraschend, dass sich Himmlers Umsiedlungsakteure aber an dieser Konstellation orientierten, auf den ersten Blick schon. Dabei handelte es sich um eine für beide Seiten hochsensible Angelegenheit, die allerdings die Feind- und Sicherheitsparanoia des Stalinismus auf besondere Art und Weise ansprach. Denn anders als im deutschen Fall, wo das Generalgouvernement als quasi exterritorialer «Abschieberaum» für «unerwünschte» Bevölkerungsgruppen galt, stellte die deutsch-sowjetische Grenze für Moskau, erstens, eine Staatsgrenze dar. Die auf der sowjetischen Seite dieser Grenze liegenden westweißrussischen und westukrainischen Gebiete waren vollständig in das sowjetische Imperium zu integrieren. Beide Aufgaben – die Grenzsicherung und die Sowjetisierung – oblagen von jeher den Spezialkommandos und den Grenztruppen des Innenkommissariats.[34] Zweitens wurden die umgesiedelten Ukrainer und Weißrussen als potentielle Feinde betrachtet, die der NKWD ebenso zu registrieren und zu kontrollieren hatte wie die neu hinzugekommene Bevölkerung. Und drittens stand die Leitung des NKWD außer Frage, da im Zuge der Umsiedlungen SS-Angehörige, DRK-Mitglieder und andere Funktionsträger des NS-Staats in den neuen Gebieten tätig wurden, die selbstredend unter besonderer Beobachtung standen.

Angesichts der Unwägbarkeiten und potentiellen Gefahren, die mit den Vertragsumsiedlungen einhergingen, stellt sich die Frage, aus welchen Gründen Stalin der Aufnahme der Ukrainer und Weißrussen überhaupt zugestimmt hatte. Schließlich war der Wunsch eindeutig von der deutschen Seite ausgegangen, und Ribbentrop war mit dem Auftrag, die Umsiedlung der Volksdeutschen zu erreichen, im September nach Moskau gereist. Warum sollte die Sowjetunion an zusätzlichen Ukrainern und Weißrussen interessiert sein, wo doch gerade Erstere als potentielle Volksfeinde und nationalistische Widerständler bekannt waren? Darüber hinaus absorbierte die Sowjetisierung der neuen Bevölkerung genug Aufmerksamkeit, Energien und Ressourcen der Geheimdienste und des Innenministeriums, so dass Tausende Umsiedler nur eine Mehrbelastung bedeuteten. Tatsächlich wurde im Verlauf der Operation klar, wie gering das Interesse Moskaus an den ukrainischen und weißrussischen «Blutsbrüdern» aus dem Generalgouvernement war. «Man kann nicht sagen», konstatierte etwa der deutsche Stadtkommissar der Grenzstadt Sanok,

> dass sich die Russen große Mühe gegeben haben, viele Menschen von hier fortzubringen. Ihr Arbeitstempo war überaus langweilig. Oftmals gingen sie tagelang überhaupt nicht ins Büro und ließen die Menschen dort warten. Ich hatte den Eindruck, dass die russische Delegation Anweisungen erhalten hatte, so wenig wie möglich Menschen aus diesem Gebiet hinauszuziehen. [...] Einmal soll der Gebietsbevollmächtigte habe durchblicken lassen, dass er auf Ukrainer keinen Wert lege, da sie sowohl den Russen als auch den Deutschen Schwierigkeiten machten.[35]

Stalin nutzte den bevölkerungspolitischen Ehrgeiz der Nationalsozialisten, um mit den Volksdeutschen eine unliebsame Bevölkerungsgruppe «loszuwerden».[36] Der Germanisierungswahn Himmlers war ihm egal, und so unterstützte der NKWD zwar die Aussiedlung der 130 000 Volksdeutschen, nahm aber im Gegenzug – sehr zum Ärger der Deutschen – nur vergleichsweise wenig Ukrainer und Weißrussen auf.

Der Beginn der deutsch-sowjetischen Umsiedlungen

Die deutsch-sowjetische Kriegsgegnerschaft und die ungeheuren Verbrechen, die Deutsche nach dem Einmarsch im Juni 1941 an der sowjetischen Bevölkerung verübten, haben den Blick darauf verstellt, dass Himmlers SS-Täter und Berias NKWD-Schergen lange Zeit einvernehmlich zusammengearbeitet haben. Es war und ist schwer zu ertragen, dass Kriegsverbrecher wie Bruno Streckenbach oder Odilo Globocnik, der, von Himmler protegiert, als SS- und Polizeiführer des Distrikts Lublin ebenfalls in die Vertragsumsiedlungen involviert war, vor ihrem Vernichtungsfeldzug gegen die Sowjetunion offenbar gut mit stalinistischen Gewaltakteuren kooperierten. Und doch gehört diese Kooperation zur Geschichte des Zweiten Weltkriegs, gerade wenn nach dem Zusammenhang von Gewalt- und Vernichtungsdynamiken und der Bevölkerungspolitik beider Regime gefragt wird. Was heute unglaublich erscheint, war für die beteiligten SS- und NKWD-Mitarbeiter im Kern ein pragmatisches Arbeitsverhältnis, das der Hitler-Stalin-Pakt erforderte und das, neben allen Differenzen und Problemen, geschmeidig funktionierte. Auch die gegenseitigen Arbeitstreffen, beispielsweise der Besuch einer hochrangigen sowjetischen Regierungskommission im Generalgouvernement im Dezember 1939 oder die Reise der deutschen Flüchtlingskommission in das sowjetisch besetzte Lemberg (Lwów) im Frühjahr 1940 – sie sind, vielfach verrätselt, als geheimnisumwitterte «NKWD-Gestapo-Konferenzen» bekannt –, waren zur gegenseitigen Information, Nachverhandlung und zur Durchführung der vereinbarten Vertragsumsiedlungen schlichtweg erforderlich. Kleinere Treffen fanden in regelmäßigen Abständen statt, so zum Beispiel zwischen den deutschen Regierungsvertretern und den sowjetischen Hauptbevollmächtigten im Generalgouvernement am 25. November und am 14. Dezember 1939.[37] Sie wurden auch nicht verheimlicht, sondern im Falle hochrangiger Delegationen von der Presse begleitet und vereinzelt sogar propagandistisch als Beleg für eine deutsch-sowjetische Bündnisfreundschaft herausgestellt, von der jenseits der Propaganda im Alltag keine Rede war.

Denn der nüchterne Pragmatismus, mit dem Deutsche und Sowjets an die Umsetzung der Vereinbarungen des Hitler-Stalin-Pakts gingen, sollte nicht darüber hinwegtäuschen, dass allen der spezielle Charakter dieser Zusammenarbeit bewusst war. Die tiefe ideologische Gegnerschaft der Zwischenkriegszeit, kulturelle Vorurteile, rassistische und klassenideologische Fremd- und Feindstereotype ließen sich ebenso wenig ausschalten wie das gegenseitige Misstrauen, das nicht verschwand. SS-Funktionäre wie Horst Hoffmeyer und NKWD-Generäle wie Iwan Maslennikow vergaßen die ideologischen Unterschiede, die ihre politische Sozialisation ausmachten, keineswegs. Sie blieben, wie selbst der einflussreiche Staatssekretär im AA, Ernst von Weizsäcker, versichert hatte, von der politischen Kooperation auch unangetastet. Gegenüber Angehörigen der deutschen Botschaften hatte Weizsäcker im Zuge des deutsch-sowjetischen Grenz- und Freundschaftsvertrages erklärt, dass es sich

> bei den deutsch-russischen Abmachungen um eine säkulare Regelung der Beziehungen zwischen den beiden Ländern im Sinne endgültiger Wiederaufnahme historischer Freundschaft [handelt]. Ideologien der beiden Länder bleiben gewahrt und von Vereinbarungen völlig unberührt.[38]

Auf dieser Ebene begegneten sich die Täter des Nationalsozialismus und Stalinismus. Sie teilten eine Bereitschaft zur Gewalt und zum Terror, die während der Vertragsumsiedlungen und der folgenden Flüchtlingskrise zutage trat und ideologische Feindschaften in den Hintergrund rückte.

Die Tätigkeiten der Umsiedlungskommandos wurden auf beiden Seiten gut vorbereitet, wobei über die Schulungen des deutschen Personals weitaus mehr Informationen vorliegen als über die der NKWD-Angehörigen. Der deutsche Gebietsbevollmächtigte von Luzk (Łuck), Alfred Karasek, ein bekannter Volkskundler und überzeugter Nationalsozialist, der dem «Umsiedlungskommando Wolhynien» der Volksdeutschen Mittelstelle angehörte, berichtete über seine erste Begegnung mit seinen «Gegenspielern» (sic!):

> Was uns zuerst in Sowjetrussland begegnete, war restloses Misstrauen. Keiner unserer Schritte blieb unbewacht. Unsere Bewegungsfreiheit war auf das Mindeste eingeschränkt. […] Für den Verkehr mit uns waren ihnen genaue Weisungen erteilt worden. Dies ergab sich vor allem aus den oft wortkargen Antworten auf bestimmte Beschwerden oder Fragen […] Dass die Regierungsvertreter vor ihrem Zusammentreffen mit uns eingehend geschult waren, haben übrigens einzelne von ihnen unumwunden zugegeben.[39]

Das Personal der deutschen Kommandos kam noch vor dem Inkrafttreten des Umsiedlungsabkommens am 8. November 1939 in Berlin, im so genannten Friesenhaus am Reichssportfeld, dem heutigen Olympiapark, zusammen.[40] Überwiegend waren es SS-Mitglieder, einige gehörten dem Sicherheitsdienst (SD) der SS an. Andere waren Mitglieder der großen Volkstumsverbände, wie des Volksbunds für das Deutschtum im Ausland (VDA) oder des Bundes deutscher Osten. Das Nationalsozialistische Kraftfahrkorps (NSKK), das die Fahrzeuge bereitstellte, entsandte Fahrer, die Wehrmacht und das Deutsche Rote Kreuz stellten die Sanitätsmannschaften, Ärzte und die technischen Einrichtungen für die medizinische Betreuung zur Verfügung.[41] Insgesamt unterzogen sich im Sammellager am Berliner Reichssportfeld mehrere Hundert Personen verschiedenen, von der Volksdeutschen Mittelstelle organisierten Lehrgängen, Gesundheits- und Tauglichkeitsüberprüfungen, Instruktionsstunden und der obligatorischen Einkleidung. Eine Gruppe, die hauptsächlich aus den DRK-Helferinnen, Ärzten und zukünftigen Lagerkommandanten bestand, war für den Empfang der Volksdeutschen an den Grenzübergängen und für ihre Versorgung in den bald 47 Auffanglagern vorgesehen.[42] Diese Gruppe verblieb im Generalgouvernement und reiste mitsamt einer vollständigen Lazarettausrüstung nach Litzmannstadt (Łódź), wo mit einer geplanten Aufnahmekapazität von 40 000 Volksdeutschen das Erstaufnahmezentrum der Umsiedlungsaktion entstand. Um den nötigen Platz zu schaffen und so innerhalb weniger Wochen 31 Lager innerhalb der Stadt und weitere 16 in der Umgebung aufzubauen, enteignete der so genannte VoMi-Einsatzstab Litzmannstadt (Łódź) Fabriken, belegte leer stehende Schulen und vertrieb die polnische und jüdische Bevölkerung im Eiltempo aus den Häusern.

Andere Teilnehmer der Berliner Schulung, meist ausgesuchte SS-Mitglieder und, wie im Abkommen vereinbart, höchstens 330 Personen, waren für den Einsatz im sowjetischen Interessengebiet vorgesehen. Ihre Aufgabe bestand nach Artikel 8 des Abkommens in der Registrierung und Auswahl der volksdeutschen Umsiedler sowie in der Organisation der Transporte, die für Frauen und Kinder per Bahn und für Männer im Treck erfolgen sollten. Alles in allem handelte es sich, wie SS-Untersturmführer Brückner notierte, um «eine recht zusammengewürfelte Gesellschaft: SS, VDA, Volksdeutsche aus Galizien und Wolhynien, die auf dem Reichssportfeld – Friesenhaus – untergebracht war».[43] Der überzeugte Nationalsozialist Heinz Brückner, dessen ausführliche Darstellung eine der zentralen Quellen zur Geschichte der Umsiedlungsaktion im Winter 1939/40 ist, reiste als Mitarbeiter im deutschen Hauptstab in die Sowjetunion. Später stieg er zum Leiter des VoMi-Amtes VI «Sicherung Deutschen Volkstums im Reich» auf. Noch in Berlin wurde das Umsiedlungskommando – Brückners «recht zusammengewürfelte Gesellschaft» – intensiv medizinisch untersucht, gegen Typhus geimpft, eingekleidet, in Arbeitsgemeinschaften der Gebiets- und Ortsbevollmächtigten eingeteilt und von SS-Führern wie Horst Hoffmeyer in Nazi-Manier auf den Aufenthalt in der Sowjetunion eingeschworen. «Der ‹Hauptbevollmächtigte für die Umsiedlung›», notierte Brückner am 13. November, «SS-Obersturmbannführer Hoffmeyer, spricht zum ersten Male zum Lehrgang. Motto: ‹Augen auf, Ohren auf, Schnauze zu!› (Die ‹Schnauze› wird von einigen übel genommen.)»[44] Nach einigen Verzögerungen – als erster Abreisetermin war ursprünglich der 12. November angekündigt – verließ das Umsiedlungskommando mit dem Haupttransport am 28. November den Berliner Bahnhof Charlottenburg und reiste über Kattowitz (Katowice), Krakau und Jaroslau (Jarosław) nach Przemyśl-West, dem zur deutschen Interessenzone gehörenden kleineren Teil der Grenzstadt, wo das Kommando nach zweitägiger Zugfahrt vom Hauptbevollmächtigten Horst Hoffmeyer begrüßt wurde.[45] Anstatt aber das Personal nach Ost-Przemyśl, in den sowjetisch besetzten Teil der Stadt über den San zu begleiten, sprach Hoffmeyer von Verhandlungen mit den Sowjets, durch die sich der Grenzübertritt verzögerte. «Man spricht», so Brückner, «von 2–10 Tagen, die wir voraussichtlich noch in Przemyśl sein werden. Erst Kasernenunterbringung erwogen. Da dreckig, bleiben die Teilnehmer im Zug wohnen.» Am nächsten Tag, einem bitterkalten 1. Dezember, notierte Brückner die Ankunft von Sowjetkommissaren: «Um 14 Uhr Eintreffen der Sowjetkommission zur Verhandlung. Verhandeln, verhandeln, verhandeln! Immer neue Schwierigkeiten. Tag der Abreise steht noch nicht fest.»[46]

Verhandlungen, ein Festessen und ein Ausflug in die Hohe Tatra

Welche «neuen Schwierigkeiten» in Przemyśl verhandelt wurden, ist bislang nur aus Aktenbeständen der Volksdeutschen Mittelstelle zu rekonstruieren. Aus ihnen geht hervor, dass Hoffmeyer, der vor dem Kommando aus Berlin gen Osten abgereist war, mit der sowjetischen Regierungsdelegation schon am 26. November in Przemyśl zusammentraf. Wie der Militärhistoriker Stephan Döring zeigen konnte, ging es bei diesem Treffen einerseits um Detailabsprachen bezüglich der medizinischen Versorgung der Umsiedler auf dem sowjetischen Gebiet.[47] Weitere, eher unkompliziert zu verhandelnde Themen waren die Fragen, ob die Umsiedler für die Einreise Visa benötigten und ob während des Transports Fotos gestattet waren. Weitaus problematischer gestalteten sich die Gespräche über die personelle Stärke des deutschen Umsiedlungskommandos, und hier zeigte sich, wie hochgradig nervös Moskau angesichts der Tatsache war, dass NS-Funktionäre und SS-Personal für Wochen ins Land gelassen wurden. Ohne einen Spielraum zuzulassen, lehnte die sowjetische Seite die von den Deutschen angestrebte zahlenmäßige Vergrößerung des Umsiedlungskommandos ab und bestand auf der strikten Einhaltung der im Abkommen vereinbarten Zahl von 330 Personen. Laut *Völkischem Beobachter*, der über die Verhandlungen öffentlich informierte, hatten die Deutschen – mit einem simplen Trick – versucht, die Kommandostärke auf 450 Personen zu erhöhen, indem sie die Kraftfahrer und Sanitätshelfer nicht zum eigentlichen, im Abkommen vereinbarten Umsiedlungspersonal rechneten, sondern als «Sonderkolonne» bezeichneten.[48] Auf dieses Spiel ließen sich die Sowjets nicht ein, sondern wiesen letztendlich

150 Personen zurück, die als Reserve im Generalgouvernement verblieben. An das große und bisweilen skurrile Misstrauen während der Verhandlungen erinnerte Horst Hoffmeyer noch auf der Abschlusssitzung am 27. Januar, auf der er bemerkte, dass

> [d]ie Schwierigkeiten von sowjetischer Seite […] zunächst ungeheuer [erschienen], sie wurzelten in dem entschiedenen Misstrauen gegen jede deutscherseits als notwendig erachtete Forderung der Vorbereitung oder der Planung. Beispiel: Die Sowjets erwähnten noch bei den Verhandlungen in Przemyśl, sie hätten Millionen Menschen in der UdSSR umgesiedelt, dafür aber niemals Rast- und Verpflegungsstätten errichtet, und diese Menschen seien auch ans Ziel gekommen. In den deutscherseits angegebenen Verpflegungsrationen [die von der sowjetischen Seite bereitgestellt werden sollten, A. d. V.] vermuteten sie eine Anforderung der Auslieferung von Vorräten in das deutsche Gebiet.[49]

Nach der ersten schweren Verhandlungsrunde folgte am 27. November eine kürzere Besprechung mit russischen Ärzten zur medizinischen Betreuung während des Transportes, bevor sich die Lage bei einem weiteren Treffen am 29. November wieder zuspitzte. Diesmal schlugen die sowjetischen Verhandlungsführer die Verringerung der ursprünglich vereinbarten Ortsbezirke vor und verstießen damit selbst gegen die von ihnen geforderte strikte Einhaltung des Regierungsabkommens. Sie begründeten den Vorschlag mit dem Hinweis darauf, dass in einigen Ortschaften durch die Flucht vieler Siedler bereits keine Personen mehr vorhanden seien, die für die Umsiedlung infrage kämen.[50] Vermutlich handelte es sich dabei zumindest teilweise um eine Schutzbehauptung, hinter der der Wunsch stand, den Aufenthalt der Deutschen um jeden Preis zu verkürzen. Andererseits könnten die oftmals chaotischen Fluchtbewegungen im Herbst 1939 tatsächlich zu einer Verringerung der Anzahl der umsiedlungswilligen Volksdeutschen geführt haben, zu denen aber auch die sowjetische Seite keine validen Angaben besaß. Die Frage der Ortsbezirke führte zu einem Konflikt, der die Verhandlungen so lange ins Stocken brachte, bis die Deutschen am 2. Dezember schließlich der Reduktion von 54 auf 50 Ortsbereiche zustimmten. Im Gegenzug setzte Hoffmeyer dafür durch, dass das Umsiedlungskommando nicht, wie von den Sowjets, denen vor uniformierten SS-Leuten im eigenen Land graute, gefordert, in Zivil, sondern in einer einheitlichen «Arbeitskleidung» – einfache feldgraue Uniform ohne Abzeichen – auftrat.[51] Nach insgesamt fünf Besprechungen waren die Verhandlungen abgeschlossen, und die sowjetische Seite stellte den Grenzübertritt für den 8. Dezember 1939 in Aussicht. Horst Hoffmeyer schlug der sowjetischen Regierungsdelegation daraufhin einen Besuch in Krakau vor, um sowohl Generalgouverneur Hans Frank als auch den Höheren SS- und Polizeiführer Krüger kennenzulernen.[52]

Am 6. Dezember 1939 erschien in der Berliner Ausgabe des *Völkischen Beobachters* ein Artikel, der für den Abend die Ankunft der sowjetischen Regierungsdelegation in Krakau («Sowjetabordnung kommt nach Krakau») ankündigte.[53] Der Artikel informierte nicht nur über den Anlass des Besuchs, sondern nannte den Lesern auch die wichtigsten Personen der Moskauer Abordnung:

> Die sowjetrussische Delegation wird geführt von dem Präsidenten der Kommission, Litwinow, Leiter der Westabteilung des Außenkommissariats der UdSSR, dem Divisionsgeneral Maslennikow, Mitglied des Obersten Sowjets und stellvertretender Volkskommissar des Innenkommissariats sowie dem Ministerialdirigenten im Außenkommissariat Arkadjew.[54]

Dies waren die Mitglieder des sowjetischen Teils der gemischten deutsch-sowjetischen Regierungskommission unter Kurt von Kamphoevener und dem «unbekannten» Litwinow. Auch hier wurde dessen Vorname nicht genannt, allerdings erwähnte der *Völkische Beobachter*, dass es sich um den Leiter der Westabteilung in Molotows Außenkommissariat handelte. Mit Iwan Maslennikow, einem engen Vertrauten Berias, den Kamphoevener als eigentlichen Chef der Kommission bezeichnete, reiste ein hochrangiger NKWD-Funktionär in die «Hauptstadt» des Generalgouvernements. Maslennikow, zu dessen Spezialgebiet verdeckte militärische und geheimdienstliche Operationen gehörten, war Ende der 1920er Jahre in den Dienst des NKWD getreten. Dort bewährte er sich als Chef der Grenztruppen und wurde nach einer weiteren Ausbildung an der prestigeträchtigen Frunse-Akademie, der Militär-Kaderschmiede in Moskau, von Beria im Februar 1939 zum stellvertretenden Volkskommissar und Leiter der NKWD-Grenztruppen ernannt. In dieser Funktion kommandierte Maslennikow, den Zeitgenossen als «hart und manchmal unbarmherzig, rücksichtslos»[55] beschrieben, den Einsatz der NKWD-Spezialtruppen nach dem Einmarsch in Polen im September 1939. Er verantwortete die Verhaftung und Deportation Tausender polnischer Staatsbürger, einschließlich jener Militäreliten, die im Frühjahr 1940 in den Massenerschießungen von Katyń ums Leben kamen. Während des Hitler-Stalin-Pakts war Iwan Maslennikow Berias verlässlicher Koordinator des NKWD-Terrors in der Westukraine und in Westweißrussland. Als Belohnung für seine skrupellose Loyalität stieg er in den inneren Zirkel des NKWD-Chefs auf, mit dem er nach Stalins Tod auch abstürzte. 1954 beging Maslennikow, der heute als Kriegsheld der Sowjetunion verehrt wird, Selbstmord.

Als der Sonderzug mit Litwinow, Maslennikow und Arkadjew in den Krakauer Bahnhof einfuhr, stand mit Josef Bühler kein Geringerer als Franks Amtschef am Bahnsteig zum Empfang bereit. Bühler galt als «rechte Hand» des Generalgouverneurs, er stillte Franks Hunger auf geraubte Kunstschätze, managte das luxuriöse Kolonialherrenleben auf der Krakauer Burg und kümmerte sich zunehmend auch um das «dreckige Tagesgeschäft»: die Repressionen und den Terror an der polnischen und jüdischen Bevölkerung. Während Maslennikow und Arkadjew die Massenerschießungen von Katyń vorbereiteten, organisierte Josef Bühler, der 1948 in Polen hingerichtet wurde, im Frühjahr 1940 die AB-Aktion. Nach dem Überfall auf die Sowjetunion im Juni 1941 war Bühler einer der Teilnehmer an der berüchtigten Wannsee-Konferenz zur «Endlösung der Judenfrage».

Im Dezember 1939 begleitete Josef Bühler die sowjetischen Gäste auf die Burg, wo im Festsaal der feierliche Empfang stattfand. Nach einem gemeinsamen Abendessen pries Frank dort – erfüllt vom Erfolg der Verhandlungen, die er nicht geführt hatte – die deutsch-sowjetische Freundschaft und das Regierungsabkommen als dem «großen Gedanken unseres Führers [entsprechend], den Deutschen, die bisher verstreut in der Welt lebten, wieder eine gemeinsame Heimat zu geben». Zugleich, erklärte der Generalgouverneur, entspreche das Abkommen «dem erklärten Wunsch des Lenkers der Sowjetunion, den früher von Polen unterjochten slawischen Minderheiten den Weg freizumachen, damit sie sich mit ihren Blutsverwandten vereinigen können».[56] Der Aufenthalt der sowjetischen Regierungsdelegation in Krakau war kurz. Schon am nächsten Morgen verließen Litwinow, Maslennikow und Arkadjew die Stadt für einen, wie der *Völkische Beobachter* ebenfalls informierte, «kurzen Ausflug in die Berge der Hohen Tatra». Danach kehrten sie in die Sowjetunion zurück.

Krakauer Zeitung

Krakau, Donnerstag, 7. Dezember 1939

Die Sowjetdelegation bei Dr. Frank

Feierliche Begrüßung auf der Burg von Krakau - Ansprachen des Generalgouverneurs und des Präsidenten der sowjetrussischen Kommission - Lösung der Umsiedlungsfragen in freundschaftlicher Zusammenarbeit

Die Ankunft auf dem Hauptbahnhof

Fahrt durch die festlich beleuchtete Stadt

Korrektur geschichtlicher Fehler

Einholung in Przemysl

„Gedanken wahrer Friedenspolitik"

Lösung auch der praktischen Fragen

Abb. 13 Titelblatt der *Krakauer Zeitung* vom 7. Dezember 1939

Die Vorstellung, wie Hans Frank, Josef Bühler und die SS-Elite des Generalgouvernements Berias Stellvertreter und dessen Handlangern zuprosteten und sich der gegenseitigen Freundschaft versicherten, hinterlässt ein schales Gefühl (auch wenn die Bilder denen aus jener Augustnacht des Nichtangriffsvertrags ähnelten und niemand die Freundschaftsschwüre ernst nahm). Das Treffen auf der Krakauer Burg markierte den symbolischen Höhepunkt einer Zusammenarbeit von Gewaltakteuren, deren Eckpfeiler nicht auf den Festempfängen Franks, sondern auf den weniger öffentlichen Arbeitstreffen zwischen SS und NKWD verhandelt wurden. Während Hans Frank für «Pomp and Circumstance» zuständig

Abb. 14 Die sowjetische Delegation mit Otto Wächter in Zakopane, Dezember 1939

war, fanden die wirklich wichtigen Gespräche zuvor in Przemyśl und danach in Zakopane statt, wo nicht nur Horst Hoffmeyer, sondern auch der Gouverneur des Distrikts Krakau, SS-Brigadeführer Otto Wächter, anwesend war. Wie der *Völkische Beobachter* meldete, hatte Wächter die sowjetische Regierungsdelegation schon an der Grenze in Przemyśl empfangen. Nach dem Empfang in Krakau begleitete er die Gäste in die Hohe Tatra, wo kein harmloser touristischer Ausflug auf der Tagesordnung stand. Im Unterschied zu den Lesern der Berliner Ausgabe des *Völkischen Beobachters* erfuhren die Leser der Besatzungspresse, insbesondere die der *Warschauer Zeitung* im Generalgouvernement, dass die sowjetische Delegation nach Zakopane reiste, wo der Bahnhof eigens mit Hakenkreuzflaggen und sowjetischen Bannern geschmückt war. Zakopane war zwar ein beliebter Winter- und Skiferienort der Hohen Tatra, der noch im Februar die 16. Nordischen Skiweltmeisterschaften ausgerichtet hatte. Gleichzeitig aber war die Stadt ein alter Militärstützpunkt an der polnisch-slowakischen Grenze, den die Nationalsozialisten für sich nutzten. Seit Kriegsbeginn befand sich in Zakopane eine Kaderschmiede des Sicherheitsdienstes (SD) und der Sicherheitspolizei (Sipo), in der Deutsche, vor allem aber kollaborationswillige Ukrainer in mehrmonatigen militärischen Lehrgängen sowohl nachrichtendienstlich als auch in Folter- und Verhörmethoden ausgebildet wurden.[57] Im Zweiten Weltkrieg war Zakopane mitnichten nur ein Bergkurort, sondern eine zentrale Drehscheibe ge-

Abb. 15 Die Sipo/SD-Schule in Zakopane

heimdienstlicher Aktionen der SS und der Sipo. Es ist höchst unwahrscheinlich, dass sich die sowjetische Regierungsdelegation hier nur aufgrund der Bergidylle aufhielt. Stattdessen handelte es sich bei diesem Treffen um eine jener «Gestapo-NKWD-Konferenzen», deren Existenz nicht zu bestreiten ist, deren systematische Untersuchung aber noch aussteht.[58] So kann über die konkreten Themen der Zakopane-Gespräche nur spekuliert werden, wobei sicher über die Vertragsumsiedlungen, die Situation an der gemeinsamen Grenze, die Flüchtlinge und illegale Grenzübertritte gesprochen wurde. Die relative zeitliche Nähe zu den deutschen Planungen der AB-Aktion und Stalins Entschluss, die polnischen Offiziere zu erschießen, haben den Verdacht genährt, dass diese Aktionen ebenfalls in Zakopane abgesprochen oder sogar gemeinsam koordiniert worden sind.[59] Angesichts der im geheimen Zusatzprotokoll festgelegten gegenseitigen Unterrichtung über antipolnische Maßnahmen ist es möglich, dass Maslennikow von verschiedenen Plänen und Überlegungen erfuhr, ebenso dass die Deutschen über die Deportationen in Kenntnis gesetzt wurden. Dass in Zakopane die AB-Aktion und die Massenerschießungen von Katyń geplant wurden, ist allerdings unwahrscheinlich. Bei den Tötungsaktionen ließ sich keine Seite in die Karten schauen. Das Misstrauen war zu groß.[60]

Die Deutschen in der Sowjetunion

Während sich Litwinow, Maslennikow und Arkadjew in Zakopane aufhielten, warteten Brückner und das rund 300 Mann starke Umsiedlungskommando auf den Grenzübertritt. Am frühen Morgen des 8. Dezember, wenige Stunden nach der Abreise der Regierungsdelegation, war es so weit: «Die Wagen rücken vor – wir sind in der Sowjetunion! Rechts und links der Straße Posten der sowjetischen Armee unter Gewehr. Sehr gutes Menschenmaterial, darunter viele intelligente Gesichter. Haltung vollkommen einwandfrei.»[61] Brückner beschrieb einen freundlich-misstrauischen Empfang durch Berias Grenztruppen, die den Deutschen nicht mehr von der Seite wichen, aber «höflich und ohne alle Schikanen» die Zollkontrolle durchführten:

> Unsere Mannschaft zum Teil zu eifrig: stellen ihre Koffer ohne weiteres in den Straßenschlamm. Gesucht wird wohl lediglich nach Waffen. Gefunden wird: – ein rostiger, nicht in passender Scheide steckender polnischer Kavalleriesäbel. Politischer Kommissar beschlagnahmt ihn begeistert. Durch Dolmetscher wird der leitende Beamte der sowjetischen Staatspolizei verständigt. Erst ernstes Gesicht, dann: ‹Ist wohl Beutestück? Wahrscheinlich Säbel von Marschall Rydz-Śmigły!› Allgemeines Gelächter auf beiden Seiten. Situation ist gerettet. Corpus delicti darf passieren.[62]

Inmitten des in ganz Europa ungewöhnlich strengen Winters mit Tagestemperaturen von minus 25 Grad und peitschenden Schneestürmen begann die Umsiedlungsaktion. Sie folgte dem Herrschaftsinteresse beider Regime, neue Ordnungen mit einer unabdingbaren Brutalität durchzusetzen, die jene von Timothy Snyder beschriebenen *Bloodlands* charakterisierte. Im Winter 1939/1940 zerstörten Deutsche und Sowjets gemeinsam. Die Umsiedlungsaktion an der neuen Grenze riss Familien, Dörfer und Nachbarschaften auseinander, hinterließ verödete Landstriche, entwurzelte Menschen und potenzierte unkontrollierbare Flüchtlingsströme, die den Besatzern seit Kriegsbeginn zu schaffen machten. Auf die von ihnen geschaffene (Un-)Ordnung antworteten sie mit zunehmender Gewalt. Ihre Bevölkerungspolitik setzte eine Todesspirale in Gang, die Hunderttausende Opfer forderte und im deutschen Besatzungsgebiet die Dynamik des Holocaust mit auslöste. Die gefälligen Propagandafotos, die Himmlers Presseleute im Januar 1940 auf der San-Brücke oder von den

Veranstaltungen schossen, auf denen «heimgekehrte» Volksdeutsche in bunten Trachten vor der SS Volkstänze aufführten, spiegelten weder die Realität der Umsiedlungen noch die Erlebnisse der Umsiedler und schon gar nicht den Terror im Generalgouvernement. Es ist bezeichnend, dass die sowjetische Propaganda auf derlei Inszenierungen von vornherein verzichtete. Die Idee, für Umsiedler Volkstanzveranstaltungen durchzuführen, war dem NKWD fremd.

Von Beginn an herrschte vor den Büros der deutschen Umsiedlungsmannschaften großer Andrang. Aus weit verstreut liegenden Dörfern und Siedlungen reisten die wolhynischen und galizischen Volksdeutschen in die Städte, um die Gelegenheit, in das Reich umzusiedeln oder wenigstens den sowjetischen Machtbereich zu verlassen, auch zu nutzen. Erfahren hatten sie von den Umsiedlungen durch Aufrufe und Aushänge, einige sogar durch den Rundfunk. Die Nachricht verbreitete sich blitzschnell, doch hatten die Freude und die hoffnungsvollen Erwartungen, mit denen sich Volksdeutsche an Brückner und seine Kollegen wandten, wenig mit ideologischem Eifer zu tun. Zwar gab es unter den Volksdeutschen glühende Anhänger des Nationalsozialismus, die sich danach sehnten, in das «Dritte Reich» zu gelangen und sich bereitwillig in dessen Dienst beziehungsweise den der Sicherheitspolizei stellten. Andere lehnten den Nationalsozialismus offen und grundsätzlich ab.[63] In den allermeisten Fällen aber stand hinter den überbordenden Sympathiebekundungen für Hitler und den Hochrufen auf das «Dritte Reich» kein ideologisches Bekenntnis, sondern schlichte Erleichterung. Viele Volksdeutsche waren einfach froh, den Wirren des Krieges und der sowjetischen Herrschaft zu entkommen, mit der sie schlechte Erfahrungen verbanden. Die Erinnerungen an den Ersten Weltkrieg, die Deportationen unter der russischen Herrschaft und die repressive Minderheitenpolitik der polnischen Republik waren noch zu frisch, um die als «Fürsorge» empfundene rassische Bevölkerungspolitik der Deutschen nicht zu begrüßen. Darüber hinaus gehörten die große Ungewissheit und Furcht vor dem Stalinismus zu den entscheidenden Motiven für die große Aussiedlungsbereitschaft, selbst wenn dafür das vertraute Leben aufgegeben werden musste.[64]

Die Angst vor den Unbilden der Sowjetisierung trieb nicht nur die Volksdeutschen, sondern, wie es im Januar 1940 aus Lemberg (Lwów) hieß, «allerlei Volk» vor die Türen der Umsiedlungsbüros, wo sich bald jeden Morgen lange Schlangen bildeten. «Polen, Ukrainer, der holländische Konsul, selbst Juden und ein Franzose» wollten «weg, nur weg».[65] Sie alle waren vom Krieg und der Grenzziehung betroffen und hatten Entscheidungen gefällt, die einige bereuten. Unter den Umsiedlungswilligen befanden sich Polen, Ukrainer und tatsächlich sogar Juden, die, wie die Volksdeutschen, in den ostpolnischen Gebieten beheimatet waren und, ungeachtet der Schreckensmeldungen, in das Generalgouvernement umsiedeln wollten. Andere waren aus dem deutschen Besatzungsgebiet vor der Wehrmacht und der SS gen Osten geflüchtet. Die Bekanntschaft mit der kaum minder gefährlichen Lage und dem Chaos dort veranlasste sie zur Rückkehr, die auf legalem Wege über die Umsiedlung möglich schien. «Viele Polen», berichtete der Beauftragte des Auswärtigen Amtes, Wolfgang von Welck, nach Berlin,

> versuchten sich als Deutsche hinzustellen, um in das deutsche Gebiet zu gelangen. Bei der Registrierung spielten sich, insbesondere in Przemyśl [und] Brest-Litowsk, unbeschreibliche Szenen ab. Die Versprengten und Flüchtlinge standen zu Tausenden vor den Registrierungsräumen, oft tagelang von 1 Uhr morgens bis zum späten Abend ohne Essen, bei 25 bis 30 Grad Kälte oder bei Schneesturm. Viele brachen vor Hunger zusammen. In den Registrierungsräumen warfen sich Frauen und Männer vor den deutschen Bevollmächtigten auf die Knie und flehten weinend um Mitnahme. Es erschienen hochschwangere Frauen, die abgewiesen werden mussten, da sie Polinnen waren. Viele kamen mit kleinen Kindern, die kaum bekleidet waren.[66]

Die Strategien, um auf die Umsiedlungslisten zu gelangen, waren vielfältig und klassisch. Volksdeutsche, die nicht über die erforderlichen Urkunden und Papiere verfügten, konstruierten wie alle anderen Familiengeschichten, legten gefälschte Papiere vor oder dramatisierten Notsituationen, die eine schnelle Ausreise rechtfertigen sollten.[67] Den Kriterien der Einwandererzentralstelle zufolge mussten Umsiedlungswillige ihre Abstammung und Sprachkompetenz nachweisen sowie ein volksdeutsches Bekenntnis ablegen, das für viele plakative Heil-Hitler-Rufe gesorgt haben dürfte. Für eine volksdeutsche Abstammung waren drei deutsche Großelternteile nachzuweisen, ein viertes Großelternteil konnte «fremdvölkisch» sein.[68] Da die entsprechenden Geburts- und Heiratsurkunden vorzulegen waren, entstand eine vielfach von evangelischen Pfarrern betreute Urkundenindustrie. Volksdeutsche Geburts- und Heiratsurkunden wurden in Massen produziert. Das Pfarramt in der wolhynischen Stadt Tutschin (Tuczyn) stellte innerhalb kürzester Zeit 8000 Urkunden neu aus, und aus Roschischtsche (Rożyszcze) berichtete der wolhynische Pastor Henke, «wochenlang zehn Schreiber für die Ausstellung von Geburtsurkunden» beschäftigt zu haben.[69] Als ähnlich volatil erwies sich das Kriterium der Sprache, da die aus dem Westen geflüchteten Polen häufig besser Deutsch sprachen als wolhynische und galizische Volksdeutsche. Der Beauftragte des Auswärtigen Amtes informierte dementsprechend über

> besondere Schwierigkeiten [...] bei den Flüchtlingen, die aus den an das Reich zurückgegliederten Gebieten stammten, da hier zahlreiche Polen gut deutsch sprechen, während andererseits junge Deutsche, die auf dem Lande aufgewachsen sind, die deutsche Sprache oft nur schlecht beherrschen. Auch die Namen bilden hier kein Kriterium für die Volkszugehörigkeit.[70]

Mischehen oder Liebesbeziehungen erschwerten, wie VoMi-Mitarbeiter Brückner berichtete, die Arbeit der Umsiedlungsmannschaften zusätzlich: «Deutscher Mann hat von Polin 3 uneheliche Kinder. Kinder sind deutsch erzogen. Um sie mitnehmen zu können, war sofortige Verheiratung nötig.» «Ein russischer (ukrainischer) Kriegsgefangener von 1915», so ein anderer Fall,

> hat am Weltkriegsende in Westpreußen deutsches Mädel geheiratet. [...] Als im Reich große Arbeitslosigkeit, hierher zurückgekehrt. [...] Familie ist deutsch geblieben. Dieser Ukrainer kommt 25 km zu Fuß nach Wladimir-W. zur Meldung für die Umsiedlung. Von 10–19 Uhr im Wartezimmer. Russisch hervorragend, intelligent, stark eingedeutscht. In die Umsiedlungsliste aufgenommen.[71]

Wie Brückner waren alle Mitarbeiter in den Registrierstellen bald mit einer Lebens- und Kriegswirklichkeit konfrontiert, die alle Theorien und Entwürfe der nationalsozialistischen Volkstumspolitik ad absurdum führte. Um sich aus diesem Dilemma zu befreien, wurden fatalerweise neue Kategorien erdacht, die das Problem nur verschärften, anstatt es zu lösen. So entstanden die «versprengten Volksdeutschen». In diese Kategorie fielen Volksdeutsche, die vor den Kriegswirren geflohen waren und sich nun im sowjetischen Besatzungsgebiet aufhielten. «Die Notwendigkeit, die unter den polnischen Flüchtlingen befindlichen Volksdeutschen für die Umsiedlung zu registrieren, ergab sich», wie Welck dem Auswärtigen Amt meldete,

> erst nach Beginn der Arbeit des Umsiedlungskommandos: als die deutschen Ortsbevollmächtigten in Brest-Litowsk, Bielsk, Kowel und Przemyśl-Ost ihre Tätigkeit aufnahmen, erschienen bei ihnen außer den ansässigen Volksdeutschen zahlreiche Versprengte, um sich registrieren zu lassen. Über die Registrierung der Versprengten erließ der Hauptbevollmächtigte am 26. v. M. auf Grund der bis dahin gemachten Erfahrungen einen Sonderbefehl, der u. a. folgendes besagt: die versprengten Volksdeutschen werden in besonderen Umsiedlungslisten registriert. Sie dürfen nicht auf den gleichen Listen geführt werden, wie die übrigen Umsiedler. Über die Versprengten werden zwei Arten von Listen geführt. In die einen Listen werden diejenigen aufgenommen, die unzweifelhaft als Deutsche anzusehen sind, in die zweite Liste diejenigen, deren Deutschtum zwar nicht einwandfrei festgestellt werden kann, deren Registrierung auf Grund der vorhandenen Unterlagen und nach genauer Prüfung jedoch nicht abgelehnt werden kann. Bei der Prüfung der Volkszugehörigkeit ist ein strenger Maßstab anzulegen.[72]

Aber auch der Aufruf zu strengen Kontrollen half nichts, da Flüchtlinge und Ausreisewillige, die keine Chance hatten, als Volksdeutsche anerkannt zu werden, nun versuchten, wenigstens als versprengte Volksdeutsche auf die zweite Liste zu gelangen. Die Aufgabe der Sonderbeauftragten war, wie das Auswärtige Amt bereitwillig anerkannte, zusätzlich erschwert, da «ihre Entscheidung für die Flüchtlinge, die ihre Registrierung beantragten, in vielen Fällen eine Entscheidung über Leben und Tod bedeutete».[73] Die Sicherheitspolizei und VoMi-Mitarbeiter wie Brückner zeigten sich von der Not dieser Menschen wenig beeindruckt. «Beim Hauptstab», berichtete Brückner über einen Fall,

> wird ein Volksdeutscher gemeldet. Mit Frau da – Polin. Gutsbesitzer bei Lublin. Frau hier beim Bruder zu Besuch, erkrankt. Mann kommt mit Auto, sie abzuholen, Grenze wird geschlossen, können nicht zurück. Möchten in Umsiedlungsgebiete aufgenommen werden. Mutter des Mannes stammt aus Holstein, wohnt in Dresden. Vater war Pole. Ehefrau Polin, Kinder keine. Mann bezeichnet sich selbst mal als Pole, mal als Deutscher. Dürfte unter Flüchtlingsregelung, nicht aber unter Umsiedlung fallen.[74]

Zwar sah auch Brückner die «Sorge, dass sie nach Sibirien gebracht werden», und er gestand ein: «Wohl möglich, Ortsbevollmächtigte werden oft sehr hart sein müssen.» Dann aber bestand er auf der Aufgabe: «Deutsche umsiedeln, nicht die Polen. Viel polnischer Adel hier, der zurückmöchte. Hier steht Genickschuss bevor. Daran denken, dass gerade der Adel der Drahtzieher der Deutschfeindlichkeit war.»[75]

Dem sowjetischen Verbündeten waren die riesigen Menschenansammlungen vor den Umsiedlungsbüros unangenehm. Zu sehr widersprachen sie der politischen Propaganda von der Roten Armee als Befreier der «ukrainischen und weißrussischen Klassenbrüder» in Polen. Dass sich die «Befreiten» nun so offenkundig abwandten und sogar für die Ausreise in das nationalsozialistische Besatzungsgebiet entschieden, war für Moskau schwer hinzunehmen und schlichtweg volksfeindliches Verhalten. In Lemberg (Lwów) und in den wichtigsten Grenzstädten wurde jeder Wartende noch vor dem Betreten des Umsiedlungsbüros registriert, so dass der Zugriff auf jene gesichert war, die abgelehnt und wieder zurückgeschickt wurden. Dies rief bei den Deutschen Unmut hervor. «Als wir», hieß es etwa aus Lemberg (Lwów),

> pünktlich um neun Uhr die draußen zum dritten Mal versammelten Besucher hereinlassen wollten, meldeten die Wachen, sie hätten Befehl, die Menschen nicht hereinzulassen. Proteste waren vergeblich, da der zuständige Major H. […] wie in solchen Fällen bisher immer abwesend war. […] Um 10 Uhr kam der Sowjetmajor und es gab ein sehr ernstes, zweistündiges Gespräch. Es erwies sich, dass den Sowjets die hohe Zahl der Besucher doch zu bedenklich wurde und dass sie zunächst alles daran setzten, den Menschen das Warten zu verleiden. Erst nach neuem Protest wurden die Türen geöffnet.[76]

Dass den Abgelehnten Repressionen, Verhaftungen und in vielen Fällen die Deportation drohten, war allen Beteiligten klar.[77] Auf die deutsche Umsiedlungspolitik hatte dies keinen Einfluss, und so berichteten die Mannschaften zwar von der Gewalt des NKWD gegen die Ukrainer. Deren Chancen auf Umsiedlung stiegen dadurch jedoch nicht. Im Vergleich zu anderen Bevölkerungsgruppen erschienen die Ukrainer tatsächlich in großer Zahl vor den deutschen Büros. «Die Ukrainer», berichtete Brückner, «möchten fast alle mit, ganz besonders die Intelligenzschicht.»[78] Viele hatten handfeste politische Gründe und sahen im pro-ukrainischen Kurs des «Dritten Reiches» die Chance, eigene Staatsvorstellungen zu realisieren. Auf alten Kontakten zwischen der deutschen Reichswehr und ukrainischen Militärorganisationen aufbauend, hatte das Oberkommando der Wehrmacht das Amt Ausland/Abwehr II schon im Juni 1939 beauftragt, die Verwendungsfähigkeit von Ukrainern im Kriegsfall zu testen und den «Ausbau zu einer Kampforganisation beschleunigt durchzuführen».[79] In den Jahren des Hitler-Stalin-Pakts war das Generalgouvernement – in Krakau lebten zeitweilig mehr als 30 000 Ukrainer – das Zentrum der nationalistischen ukrainischen Bewegung.[80] Hier wurden radikal antibolschewistische und profaschistische Verbände wie Stepan Banderas «Organisation der Ukrainischen Nationalisten» (OUN-B) nicht nur geduldet, sondern aktiv unterstützt.[81] Ihre Anhänger wurden an der eigens zu diesem Zweck gegründeten Militärakademie «Jevhen Konovalec» ausgebildet, bevor sie mit der Wehrmacht in die Sowjetunion einmarschierten.

Ende Dezember 1939 beobachtete Brückner die Zunahme «allgemeiner Zwangsmaßnahmen» und die «scheinbar schwere Verfolgung der Führerschicht der Ukrainer». Am 28. Dezember berichtete er von der Verhaftung von rund 200 Ukrainern durch den NKWD:

> Ein ukrainischer Lehrer bei Luzk wird in seinem Haus verhaftet und auf Lastauto mit anderen durch Miliz abtransportiert. Macht sich unterwegs einen Behelf. Sagt, ihm sei schlecht. Darf aufstehen. Schlägt einen Milizen nieder und lässt sich selbst rückwärts vom Wagen fallen. Entkommt im Walde, da der Chauffeur auf dem ratternden Wagen die Halterufe nicht hört.[82]

Vier Tage später notierte er:

> Es kommen immer wieder Fälle vor, dass sich Ukrainer in die Gestänge der Wagen der Transportzüge klemmen, um so mit über die Grenze zu kommen. Halb erstarrt werden sie dort meist von den Sowjets unter den Wagen vorgezogen, verhaftet und abtransportiert.[83]

Unmittelbar vor dem deutschen Überfall auf die Sowjetunion 1941 intensivierte der NKWD den Abtransport von Ukrainern aus den westlichen Gebieten. Im Mai 1941 begannen systematische Repressionsmaßnahmen, infolge deren schließlich über 61 000 Ukrainer deportiert wurden.[84]

Um den 20. Dezember starteten die ersten Transporte mit Volksdeutschen und «Versprengten» aus dem sowjetischen Gebiet.[85] Die eisigen Witterungsbedingungen und die nachlässige Haltung der Sowjetbehörden, die bis zur Grenze für die Bereitstellung der Züge verantwortlich waren, machten die Fahrten gefährlich und für Kinder, Alte und Kranke besonders lebensbedrohlich. «Im Übrigen besteht der Zug aus 32 Viehwagen!», klagte Brückner: «Kein Stroh darin! Die zugesagten Öfen fehlen! Dreckig und verwahrlost! Die Luken lassen sich nicht schließen! In jeden dieser Waggons sperrt man 30 Volksdeutsche.»[86] Der NKWD war bemüht, die Volksdeutschen, samt den Umsiedlungskommandos, so schnell wie möglich loszuwerden, und kümmerte sich dementsprechend wenig um Komfort. Die immensen Schwierigkeiten wurden außerdem mit dem «entschiedenen Misstrauen gegen jede deutscherseits als notwendig erachtete Forderung der Vorbereitung oder der Planung» erklärt. Horst Hoffmeyer hatte erfahren, dass seine Ansprechpartner hinter den Forderungen der Deutschen nach Versorgungsstationen und Lebensmitteln Sabotage vermuteten. Die sowjetischen Vertreter gaben ihm, wie Hoffmeyer Ende Januar berichtete, zu verstehen, doch schon «Millionen Menschen in der UdSSR umgesiedelt», «dafür aber niemals Rast- und Verpflegungsstätten errichtet zu haben, und diese Menschen seien auch ans Ziel gekommen».[87]

Auf dem Weg ins Generalgouvernement blieben die Züge im Schnee stecken und verspäteten sich um Tage, so dass die Abholzüge an den Grenzstationen ebenfalls einfroren. Auf der deutschen Seite angekommen, hörten die Strapazen nicht auf. In den Empfangs- und Rückstaulagern des Verbindungsstabes fehlte es häufig am Nötigsten, die Verantwortlichen konnten nur ahnen, wann die nächsten Züge eintreffen würden, und die VoMi-Lager des Einsatzstabes Litzmannstadt (Łódź) waren bald überfüllt.[88] Um die Jahreswende notierte Brückner entnervt:

> Die Verspätung der Züge […] hält immer noch an. Sie treffen erst mit 24 und mehr Stunden Verspätung ein. Für die Umsiedler bedeutet das, dass sie viele Stunden lang im Freien bei strengem Frost warten müssen […] Maßlos erbittert sind wir darüber, dass die Weiterleitung im deutschen Interessengebiet nicht klappt. Die hier schon stunden- und tagelang durchgefrorenen Volksdeutschen müssen auf deutscher Seite wiederum stundenlang auf dem Bahnsteig stehen […] Während hier auf Sowjetseite erreicht worden ist, dass die Züge fast alle gut geheizt sind, ist das in den deutschen Zügen sehr oft leider nicht der Fall. Auf den deutschen Grenzbahnhöfen gibt es keine Säuglingsnahrung, oft kein warmes Essen und Trinken. […] Die verfluchten Zuständigkeiten.

Am 5. Januar schrieb er:

> Endlich die Meldung, dass die Lastwagenkolonne vom deutschen Gebiet aus über die Grenze gefahren ist. 12 Tage lang war dies nicht möglich, weil – kein Benzin da war! Und da regen wir uns hier gegenüber den Sowjetvertretern auf, wenn wir von ihnen mal einen Tag kein Benzin für unsere Wagen bekommen. Es ist – wie Hoffmeyer sagt – um das kalte Kotzen zu kriegen! [...] Man scheint in Berlin keine Ahnung zu haben, was hier los ist.[89]

Der NKWD im Generalgouvernement

Während der NKWD im eigenen Staat an der raschen Abwicklung der Umsiedlungsaktion von Deutschen interessiert war, ließ er sich umgekehrt im deutschen Gebiet auffallend viel Zeit mit der Organisation von Umsiedlungen in das sowjetische Gebiet. Schon kurz nach der Ankunft der Mannschaften im Generalgouvernement häuften sich bei dem Hauptbevollmächtigten Hoffmeyer die Beschwerden über das «geringfügige Interesse» und nahezu provokante Phlegma der Sowjets. Aus dem westgalizischen Jaroslau (Jarosław), wo acht Personen unter der Leitung von NKWD-Offizier Jegnarow arbeiteten, berichtete der Regierungsvertreter, dass

> trotz äußerst entgegenkommender Bereitstellung von Wohn- und Diensträumen [...] und allen erwünschten Hilfsmitteln [...] von einer intensiveren Tätigkeit bisher nichts zu bemerken [war]. [...] In andere Orte und auf das Land hinauszufahren, lehnen sie [die Sowjetvertreter, A. d. V.] im Hinblick auf die Schneeverhältnisse und die Witterung ab. Der Gesamteindruck: ungewandt und mangelndes Interesse. Richtlinien scheinen zu fehlen. Fragen der Umsiedler nach den Lebensverhältnissen in der Sowjetunion haben die Sowjetbevollmächtigten schließlich durch die deutschen Mitarbeiter beantworten lassen.[90]

Und aus Neu-Sandez (Nowy Sącz) informierte Regierungsrat Hübschmann: Die

> Harmonie war nicht immer ganz leicht aufrecht zu erhalten, da die schwache Seite der Russen die Organisation ihrer Arbeit war. [...] Kostbare Zeit wurde vertan, trotzdem von unserer Seite immer wieder gedrückt wurde und Vorschläge für die Organisation der Weiterarbeit gemacht wurden. Es kam soweit, dass die Russen, die oft rauchend und trinkend statt zu arbeiten, beisammen saßen, auseinanderstoben und Arbeit vortäuschten, wenn der deutsche Dolmetscher im Zimmer erschien, um zu mahnen und zu drängen.[91]

Die Gelassenheit, mit der der NKWD die Umsiedlungsaktion behinderte, verschärfte die in deutschen Berichten auftauchende Arroganz und Ressentiments gegenüber «faulen» und «unzivilisierten Russen». Fälle von persönlicher Bereicherung und die Beobachtung, dass die Partner ihren Aufenthalt lieber zur «Neueinkleidung», zum «Hamstern und Pakettransport nach dem sowjetischen Gebiet» nutzten, taten ein Übriges.[92] Was die Deutschen aufgrund ihres Überlegenheitsgehabes aber übersahen, war, dass das Desinteresse klare politische Hintergründe hatte. So hatte Stalin zwar der Umsiedlungsaktion zugestimmt, und die ethnisch-soziale «Neuordnung» der Bevölkerung war im Interesse seiner Politik. Das Verlangen, aus dem deutschen Besatzungsgebiet aber Zehntausende Ukrainer und Weißrussen aufzunehmen, hielt sich, wie schon beschrieben, in überschaubaren Grenzen. Die sowjetischen Umsiedlungskommandos arbeiteten langsam, weil sie langsam arbeiten sollten. Wenn überhaupt, beobachtete beispielsweise der Stadtkommissar der Grenzstadt Sanok, «war die sowjetische Seite an Kindern, die nur über die Brücke bei Sanok zu bringen wären», oder «jungen arbeitsfähigen Männern» interessiert. «Das Bestreben, vorwiegend arbeitsfähige, gesunde männliche Personen zwischen 15 und 50 Jahren zu registrieren, ist aufgefallen.»[93]

Eine weitere Ursache für die schleppende Umsiedlungsaktion in Richtung Sowjetunion war das Desinteresse der potentiellen Umsiedler. Im Unterschied zu den Volksdeutschen, die sich auf die Versprechen der nationalsozialistischen Politik stützten und eine deutliche Lebensverbesserung erwarteten, waren die Aussichten für umsiedlungswillige Ukrainer und Weißrussen weniger attraktiv. Der NKWD hielt sich mit Informationen über die Ansiedlungsgebiete und das Leben in der neuen Heimat zurück und verunsicherte so jene, die der Sowjetunion wohlwollend gegenüberstanden. Viele sprangen ab und ließen sich wieder aus den Listen streichen, nachdem sie keine oder nur vage Auskünfte zu den Lebensverhältnissen, den Entschädigungsleistungen und den Orten der Neuansiedlung erhalten hatten. Die Mitteilung, vielleicht in Orenburg – mehr als tausend Kilometer südöstlich von Moskau an der Grenze zu Kasachstan – angesiedelt zu werden, erhöhte den Wunsch nach Umsiedlung nicht. Dementsprechend konstatierte der Beauftragte des Auswärtigen Amtes für die Betreuung der sowjetischen Umsiedlungsbevollmächtigten, Gebhardt von Walther, nach einer Rundreise an die Standorte der Sowjetkommissionen, dass

> das endgültige Ergebnis der Umsiedlung [...] keinesfalls die früher von der Sowjet-Seite angenommenen hohen Ziffern erreichen [wird]. Die weitaus meisten Interessenten erkundigen sich nur nach den Aussichten und Lebensverhältnissen in der Sowjet-Union und nehmen dann von ihrem Vorhaben Abstand. Die Sowjet-Bevollmächtigten sollen selbst keinerlei Zusagen machen, soweit dies festzustellen war, da im Gegensatz zu dem Verfahren auf dem Sowjet-Gebiet die deutschen und sowjetischen Vertreter nicht gemeinsam das Publikum abfertigen. Aus Einzelfällen geht hervor, dass sie in der Hauptsache auf Arbeiter Wert legen und daher die Mitnahme von ihnen nicht zusagenden Angehörigen, wie etwa arbeitsunfähiger Eltern, ablehnen. Auch über das Ziel der Neuansetzung der Auswandernden war nichts zu erfahren.[94]

Im Niemandsland

Der Wunsch, über die Umsiedlung in die Sowjetunion zu gelangen, war unter polnischen Juden am größten. Sie waren die besonders tragischen Opfer der deutsch-sowjetischen Zusammenarbeit. Juden litten unter der deutschen Besatzungspolitik, deren antisemitischen Repressionen, den Vertreibungen und dem Vernichtungsterror. Massenhaft flüchteten sie vor der heranziehenden Wehrmacht in Richtung Osten. Obwohl eine letztgültige Zahl schwer zu bestimmen ist, kann von ca. 230 000 polnischen Juden ausgegangen werden, die im Laufe des Zweiten Weltkriegs auf unterschiedlichen Wegen – legal und illegal – in die Sowjetunion gelangten.[95] Dabei wurden sie, so zynisch es auch klingen mag, in vielen Fällen von den deutschen Besatzern geradezu aufgefordert oder mit Gewalt über die Grenze getrieben. Einmal in das sowjetische Gebiet gelangt, erwartete sie nicht nur ein unbeschreibliches Flüchtlingselend. Der NKWD beargwöhnte die Flüchtlinge misstrauisch als Volksfeinde, potentielle Widerständler oder Spitzel. Wer sich nach dem Dezember 1939 weigerte, die sowjetische Staatsbürgerschaft anzunehmen, landete im Gefängnis oder wurde in das Landesinnere deportiert. Es gehört zu den großen Zynismen des Zweiten Weltkriegs, dass gerade diese Deportierten die größte Chance hatten, den Holocaust zu überleben. Diejenigen, die enttäuscht von der Realität eines Lebens im Stalinismus wieder in das Generalgouvernement zurückkehren wollten, hatten diese Chance nicht. Einige wurden noch an der Grenze – auf Brücken, in den

Flüssen oder Wäldern – entweder von den Deutschen oder den NKWD-Grenztruppen verhaftet und erschossen. Diejenigen, die zurückkehrten oder sich im Grenzland versteckten, starben in den Vernichtungslagern der Deutschen; in Auschwitz, Bełżec, Majdanek, Sobibór oder Treblinka.[96]

Was das Leben unter der nationalsozialistischen Herrschaft an Grausamkeit bedeutete, erfuhren die Juden Polens vom ersten Kriegstag an. Während durch Himmlers Germanisierungspolitik Tausende in den Osten zwangsdeportiert wurden, entschlossen sich viele Juden auch auf eigene Faust zur Flucht. Der Holocaust-Überlebende Henri Orenstein, dessen Familie sich unmittelbar nach dem deutschen Überfall trennte, erinnerte sich folgendermaßen:

> Männer, so dachten wir, waren in sehr viel größerer Gefahr durch die Nazis als Frauen, die vielleicht Strafen und Erniedrigungen ausgesetzt waren; deren Leben aber nicht bedroht war. Für Mutter und Hanka war es besser, zu Hause zu bleiben. Dort konnten sie unseren Besitz schützen und ein gewisses Einkommen aus dem Geschäft erwirtschaften. Wir wussten, dass wir es als Flüchtlinge unter den Sowjets nicht leicht haben würden, und wir hofften, dass Mutter uns ein wenig Geld würde schicken können. Wir glaubten auch, besonders am Anfang, dass es möglich sein würde, die Grenze zwischen dem deutschen und dem sowjetischen Besatzungsterritorium zu überqueren. Vielleicht würden wir ja bald zurückkehren und wieder mit Mutter und Hanka vereint sein.[97]

Andere, hauptsächliche Jüngere, die in der Nähe der militärischen Demarkationslinie lebten, schlossen sich der einmarschierten Roten Armee an und überquerten so die noch offene Grenze. «Eine Menge junger Männer und Frauen», so die Erinnerung einer Überlebenden,

> waren überzeugt, dass sie bei den Russen eine bessere Zukunft erwartete, als sie sich am 11. Oktober [sic] für immer auf den Weg machten. Sogar mein Großvater Nusen mit seiner Familie, zehn Personen insgesamt, kamen zu uns herüber, jeder mit einem Bündel an Essensvorräten und einem Kopfkissen. Sie kamen, um uns zu überzeugen, mit ihnen zu gehen. Die Soldaten würden sie mitnehmen. Mein Großvater sagte, dass er die dreckigen Russen vorziehen würde, sogar wenn sie Kommunisten seien, denn er traue den blauäugigen, glattrasierten Deutschen nicht. Meine Eltern aber wollten keinem unsicheren Flüchtlingsleben entgegengehen.[98]

Und Meyer Megdal beobachtete als damals 13-jähriger Junge aus Hrubieszów, dass

> eine kleine Gruppe der Juden aus der Stadt dem Rat der Russen [folgte] und [sie] suchten, all ihr Hab und Gut verlassend, Schutz in den Grenzstädten auf der russischen Seite. Für viele der jüdischen Familien war es eine schwere Entscheidung. [...] Auch wenn wir es schaffen würden, die Grenze zu überqueren, zögerten meine Eltern doch, ihr gutes Heim zu verlassen und die Familie all den Härten auszusetzen, die uns als Flüchtlinge in einer nahen russischen Grenzstadt erwarteten. Meine Mutter erinnerte sich fortwährend an die deutschen Frontsoldaten im Ersten Weltkrieg [...] Niemand von uns konnte sich zu dieser Zeit das folgende Leid der Juden vorstellen, das in der ‹Endlösung› mündete.[99]

Die Furcht vieler Juden, ihre vertraute Heimat für ein unsicheres Flüchtlingsdasein aufzugeben, war keinesfalls unbegründet. Seit September spielten sich in den ostpolnischen Grenzstädten unerträgliche Szenen ab. Przemyśl, Brest und auch das etwas entferntere Lemberg (Lwów) waren völlig überfüllt. Schätzungen des Auswärtigen Amtes zufolge hielten sich im Januar 1940 in Brest und Przemyśl jeweils 35 000 Flüchtlinge auf, wodurch sich die Einwohnerzahl der Städte zeitweise mehr als verdoppelte.[100] Es war bekannt, dass die Heimatlosen bei eisigen Temperaturen in Hausfluren, Kriegsruinen oder sogar auf der Straße vegetierten. Um über die Grenze zu kommen, mussten Schlepper bezahlt werden. «Am San ungeschriebenes Gesetz: illegaler Grenzübertritt kostet 1000 Złoty. Dafür Kahnstellung, Bestechung der Posten», beschrieb Brückner die Lage in seinem Tagebuch.[101] Als die Sowjetunion den Złoty am 21. Dezember außer Kurs setzte, verschlimmerte sich die Lage nochmals. «So also», notierte wieder Brückner, «wird in der UdSSR ‹sozialisiert›. Über Nacht ist alles ohne Geld. Der Reiche ist arm; der Handwerker hat kein Betriebskapital mehr [...] die proletarische Gesellschaft ist hergestellt.» Über die Lage in Przemyśl äußerte er sich folgendermaßen: «Bericht Przemyśl-Ost: Vollkommen überfüllt mit Flüchtlingen. Menschen liegen fast übereinander in Hausfluren usw. Durch Złotyentwertung unglaubliche Not. [...] Auf der Straße fünf verreckte Kinder!»[102] Im Januar 1940 berichtete Wolfgang von Welck, Vertretungsmann des Auswärtigen Amtes bei der Umsiedlungskommission, nach Berlin:

> Die Flüchtlinge stammen aus dem Generalgouvernement, aus Westpreußen, Posen und Oberschlesien. [...] Die meisten Flüchtlinge sind in ungeheizten Güterwagen untergebracht, und zwar 30 und mehr Personen in einem Waggon. Außerdem liegen sie in ungeheizten Kinos, Turnhallen usw.; in Przemyśl vegetieren sie vielfach in Hausfluren. Die Kleidung der Flüchtlinge besteht vielfach nur aus Sommerkleidung, da sie sich seit Anfang September v. J. hier aufhalten. Die Kinder sind fast unbekleidet. Da hier ein besonders strenger Winter mit dreißig und mehr Grad Kälte herrscht, befinden sich die Flüchtlinge in einem trostlosen Zustand. Hinzu kam, dass sie infolge der Außerkurssetzung des Złoty völlig mittellos sind. Es wurde beobachtet, dass Frauen ihre Unterwäsche verkaufen, um Geld zur Ernährung ihrer Kinder zu erhalten. Es ereignen sich zahlreiche Todesfälle durch Verhungern und Erfrieren, und zwar besonders unter den sehr zahlreichen Kindern.[103]

Im Winter 1939 begannen die Besatzungsmächte die Grenze zu schließen. Für die Sowjetunion war sie eine gültige Staatsgrenze, die streng bewacht wurde und an der illegale Grenzübertritte strafrechtlich zu ahnden waren. Damit war der ungeregelten Flüchtlingsmigration ein Riegel vorgeschoben. Personen, die dennoch versuchten, die Grenze zu überqueren, wurden vom NKWD aufgegriffen, verhaftet und in einigen Fällen an Ort und Stelle erschossen. Angesichts dieser Entwicklung waren die Umsiedlungen der nahezu einzige legale Weg, um aus einem Land in das andere zu gelangen. Dass es Juden aus dem sowjetischen Grenzgebiet in das Generalgouvernement zurückzog, hatte neben dem Flüchtlingselend viele Gründe. Wollten sie bleiben, waren sie gezwungen, die sowjetische Staatsbürgerschaft anzunehmen, was viele aus Angst, damit jede Verbindung zur alten Heimat und zu zurückgelassenen Familienmitgliedern zu kappen, ablehnten. Die Flüchtlinge ahnten, mit welchen immensen materiellen und menschlichen Verlusten und neuen Problemen die Ansiedlung in der Sowjetunion verbunden war. Andere ließen sich von der verzweifelten Hoffnung treiben, dass sich die Lage westlich der Grenzflüsse beruhigen würde und die Deutschen vielleicht doch nicht so grausam wären, wie die Nachrichten von dort glauben machten. Mit diesen Erfahrungen, Hoffnungen und Ängsten wandten sich jüdische Flüchtlinge an die deutschen Umsiedlungskommandos, die, als Exekutoren der nationalsozialistischen Volkstumspolitik, Juden nicht nur ablehnten, sondern sie in ihren Berichten mit antisemitischen Hetzvokabeln abfertigten.[104]

Sehr zum Unwillen der Deutschen zeigten auch die sowjetischen

Kommandos im Generalgouvernement wenig Interesse, jüdische Flüchtlinge aufzunehmen. Die 1250 Juden, die sich in Warschau bis Ende Januar für die Umsiedlung registrierten, lehnte der sowjetische Gebietsbevollmächtigte ab.[105] Aus Sanok wurden insgesamt 1400 Umsiedlungswillige gemeldet, davon «800 Juden und 600 dörfliche Menschen», wobei der sowjetische Hauptbevollmächtigte die «Judenmeldungen» zurückwies.[106] «Festzustellen ist», berichtete der deutsche Stadtkommissar,

> dass ein großer Teil der Bevölkerung mit den Russen sympathisiert hat; es wollten noch viel mehr umsiedeln. Die Russen haben jedoch längst nicht alle genommen. Insbesondere legten sie nur Wert auf ganze Familien mit möglichst viel Kindern und überhaupt nur jungen Menschen. Juden lehnten sie grundsätzlich ab; und als versucht [sic], ihnen Juden in die Wagen hineinzuschmuggeln, hatten wir das Vergnügen, diese wieder restlos von Russland mitnehmen zu müssen.[107]

Der hier erwähnte Versuch, Juden in die Sowjetunion zu schmuggeln, war beileibe kein Einzelfall oder lediglich die spontane Idee eines Ortsbevollmächtigten. Tatsächlich existierten derartige Überlegungen bereits im September 1939 auf höchster Führungsebene. Im Zuge der Planungen, das künftige Generalgouvernement als «Abschieberaum» für Polen und Juden aus den neuen Reichsgebieten einzurichten, bewilligte Adolf Hitler offenbar persönlich den Vorschlag Himmlers, Abschiebungen über die Demarkationslinie durchzuführen. Auf der Amtschefbesprechung im Reichssicherheitshauptamt am 21. September 1939, also noch vor der Unterzeichnung des deutsch-sowjetischen Grenz- und Freundschaftsvertrages, erklärte Reinhard Heydrich, dass die «Abschiebung über die Demarkationslinie [...] vom Führer genehmigt [ist]».[108] Eine systematische Planung oder zentrale Koordination derartiger Aktionen gab es offenbar nicht, was nicht bedeutete, dass sie nicht vermehrt stattfanden. Abschiebungen in die Sowjetunion konnten, wie im oben erwähnten Beispiel, entweder von lokalen Umsiedlungskommandos nach Gutdünken ausgeführt werden oder erfolgten im Kontext von Massendeportationen wie der so genannten Nisko-Aktion. Unter der Ägide von Adolf Eichmann, der zu diesem Zeitpunkt die «Zentralstelle für jüdische Auswanderung» in Prag leitete, wurden im Oktober 1939 ungefähr 4700 Juden aus Österreich, Kattowitz (Katowice) und Mährisch-Ostrau (Moravská Ostrava) in die Nähe der Kleinstadt Nisko am San, ca. 80 Kilometer südwestlich von

Lublin, deportiert. Während ein Teil der Deportierten dort zunächst das eigene Durchgangslager aufbaute, forderten die Wachmannschaften andere unmittelbar nach der Ankunft auf, «einfach in die herbstliche Landschaft» zu verschwinden.[109] Im Klartext hieß das, der Erschießung durch schnelle Flucht über die Grenze zu entgehen. Der Wiener Jude Leopold Sonnenfeld, der den Krieg in einer sowjetischen Sondersiedlung überstand und zu den wenigen Nisko-Deportierten gehörte, die nach Österreich zurückkehrten und vom Erlebten berichten konnten, erinnerte sich an die Strapazen der eher unfreiwilligen Flucht:

> Dann hat's geheißen: ‹So, jetzt könnts gehen! Wer im Umkreis von fünf Kilometern innerhalb von drei Stunden angetroffen wird, wird sofort erschossen. Jetzt gehts zu euren Freunden!› Uns ist nur der Weg geblieben nach Russland. Andere Wege waren ja nicht offen. Einer hat nicht wollen vom Platz gehen, den haben sie erschossen. […] Was ist uns übergeblieben als marschieren! Jetzt waren natürlich auch gebrechlichere Menschen darunter. Da haben wir Offiziere gehabt, jüdische Offiziere, die den Ersten Weltkrieg mitgemacht haben. Darunter war auch der Jellinek, der war auch Offizier im Ersten Weltkrieg. Der hat im ganzen vier Züge gebildet zu 250 Mann. Der hat den Weg durch Russland, durch Galizien, gekannt, so halbwegs, hat gesagt, dort und dort sollen wir marschieren, und da sind wir marschiert. […] Jetzt waren Leute dabei, die haben halt ihren Koffer nicht tragen können, ältere Menschen. Da sind so polnische Fuhrwerker gewesen, die haben aufgeladen. Sie sind vielleicht einen Kilometer gefahren, dann haben die auf die Pferde eingedroschen als wie und sind davongefahren, weg waren sie, sind mit den Koffern und allem davongefahren. Die Leute haben geweint und geschrien. So sind wir halt sechs Tage marschiert, bis wir an die russische Grenze gekommen sind. Dort haben wir uns versteckt, weil hinter uns ist ja die SS gerannt. Wir sind ja um unser Leben gerannt, ein jeder. So sind wir gangen, bis wir an die russische Grenze gekommen sind, zum Fluss Bug. Dort haben wir uns in irgendwelchen Bauernhäusern, die verlassen waren – es war ja alles verlassen – versteckt. […] Da waren Menschenschmuggler, die haben gegen Bezahlung die Leute über die Grenze rübergeschmuggelt nach Russland. Der Bug hat die Grenze gebildet. Aber wir haben dann nur mehr Zehnerschaften gemacht, nicht mehr große Gruppen, weil die Offiziere haben gesagt, 250 Mann bilden eine Angriffsfläche. Zehnerschaften können leichter durch die Wälder. Jetzt haben wir dann verhandelt mit den Menschenschmugglern. Die haben uns angeboten: in der Nacht um halb zwölf einer, einer um eins. Hab ich gesagt, in der Nacht gehen wir nicht, erst in der Früh, wenn's im Morgengrauen ist. Ich trau denen nicht. Die Menschenschmuggler haben uns an den

> Bug geführt. Da war ein Baum, der hat von einem Ufer zum anderen rübergeragt. Und über den sind wir wie die Affen rübergeklettert, ans andere Ufer rübergekrochen. Da haben die Deutschen wieder einen erwischt. Der ist ins Wasser reingefallen, den haben wir zurücklassen müssen. Was können wir machen? Das war ein junger Mensch, dem haben sie nachgeschossen. Wir sind dann rüber und auf russischen Boden gekommen. Jetzt haben uns die Russen nicht reinlassen wollen. So haben wir dort gelagert eine Weile. Der Russe hat gesagt, er muss erst Erlaubnis holen, telefonieren. So sind wir gesessen vielleicht so zweieinhalb Stunden. Sie haben uns dann den Übertritt erlaubt, wir sind dirigiert worden zum nächsten Kommando. Die haben uns gesagt, wo wir hinmüssen. Sie haben uns einmal einquartiert in einer Schule, dort waren lauter Strohlager. In der Früh haben wir uns gemeldet bei dem Kommando. Inzwischen sind die anderen schon nachgekommen, die Zehnerschaften. Da waren wir schon mehr, vielleicht zwei-, dreihundert werden wir gewesen sein. Bei strömendem Regen sind wir draußen gestanden bis halb drei Uhr Nachmittag. Dann haben sie uns reingerufen, einen nach dem anderen, und haben uns weggenommen, was wir in den Taschen gehabt haben: Bleistift, Uhren, Ringe, alles. Und dann haben sie gesagt: ‹Und jetzt könnts gehen, marschierts!› So sind wir marschiert sechs Tage bis Lemberg. Gelebt haben wir vom Betteln. Da haben russische Militaristen so Lazarette gehabt. Dort sind wir immer um eine Suppe betteln gegangen. Ein Stückl Brot haben wir gekriegt oder so was. So sind wir gegangen und bis Lemberg gekommen. In der Nacht vom 30. zum 31. Oktober sind wir in Lemberg angekommen.[110]

In anderen Fällen wurden Juden mit Ausweisen ausgestattet, die, Ausreisevisa gleich, zum Verlassen des Generalgouvernements aufforderten. Fela Steinbock, eine Jüdin aus Sosnowiec unweit von Krakau, unterzeichnete ein derartiges Dokument, das «besagte, dass wir nie wieder nach Sosnowiec zurückkehren würden. Wir waren die ersten, die die Stadt verließen.»[111]

Der so genannte Todesmarsch der Juden von Hrubieszów war eine besonders grausame deutsche Abschiebeaktion, bei der Juden nicht «bloß» zum Grenzübertritt aufgefordert und ihrem Schicksal überlassen wurden.[112] Im Fall von Hrubieszów wurden polnische Juden organisiert an die Grenze getrieben, wo sie, im Niemandsland des Flusses gefangen, unter den Maschinengewehrsalven der Deutschen und der sowjetischen Grenztruppen elendig starben. Hrubieszów war eine polnische Kleinstadt an der Huczwa, einem Nebenfluss des Bug, in der bei Kriegsbeginn über die

Hälfte der Einwohner jüdisch war. Am 1. Dezember 1939 erfolgte der Aufruf an alle jüdischen Männer im Alter von 16 bis 60 Jahren, am nächsten Tag auf einem zentralen Platz der Stadt zusammenzukommen. Gerüchte, dass die Männer entweder in die Sowjetunion abgeschoben oder zur Zwangsarbeit verschleppt werden sollten, begleiteten den Aufruf. In Marschkolonnen eingeteilt, verließen die Juden am 2. Dezember 1939 die Stadt in Richtung Grenze. Bei eisigen Temperaturen und ohne Versorgung brachen Hunderte schon auf dem Weg vor Hunger und Erschöpfung zusammen. Sie wurden von den deutschen Wachen sofort erschossen. Die Überlebenden marschierten mehr als siebzig Kilometer südlich bis nach Sokal, eine Grenzstadt am Bug. Dort wurden sie in zwei Gruppen eingeteilt. Vor den aufgerichteten Maschinengewehren der Deutschen rannte eine Gruppe, sowjetische Propagandaparolen schreiend, in Richtung Brücke auf das sowjetische Gebiet. Die zweite Gruppe wurde aufgefordert, den Fluss an einer flachen Stelle zu überqueren. Die Gruppen wurden von NKWD-Grenztruppen gestoppt, und die Juden von Hrubieszów steckten im Niemandsland – von beiden Seiten beschossen – in der Falle. Wenige überlebten das Massaker und kehrten heimlich auf verschlungenen Wegen entweder zurück oder schafften es in die Sowjetunion.

Unter den Deutschen sprachen sich Gewaltaktionen wie die in Sokal schnell herum, zumal sie für politischen Konfliktstoff im Generalgouvernement und unter den Bündnispartnern sorgten. Brückner notierte Ende Dezember in seinem Tagebuch:

> Über die Bugbrücke bei Sokol [sic] sollte vor drei Wochen ein Judentransport von Gouvernement in die UdSSR abgeschoben werden. Die Sowjetunion ließ die Juden nicht passieren. Als sie trotzdem die Grenze überschritten, wurde geschossen. Als sie daraufhin auf die deutsche Seite zurückwollten, wurde ebenfalls geschossen. Einige Juden sprangen in den Bug, um an das Sowjetufer zu schwimmen, wobei einer ertrank. Nach zwei Stunden und nach Rückfrage bei höheren Sowjetstellen durften sie passieren. An einer anderen Stelle wurden Juden über den Bug abgeschoben. Der Sowjetoffizier sagte dabei: ‹Die Deutschen nach Deutschland, die Russen nach Russland, die Juden in den Bug!› Ließ den Transport mit Maschinengewehren niederschießen [sic]. Trotzdem sind die Dörfer hier alle mit Juden überfüllt.[113]

Zum Zeitpunkt der Tagebuchnotiz Brückners hatte Moskau in Berlin bereits gegen die Abschiebeaktionen der Deutschen, die als bewusste Grenzverletzungen betrachtet wurden, protestiert. Dass Ernst von Weizsäcker ebenfalls schon am 5. Dezember vom Chef des OKW, Generaloberst Keitel, über derartige Vorgänge informiert wurde, lässt darauf schließen, dass der Todesmarsch von Hrubieszów kein Einzelfall war, sondern eher am Ende einer Praxis stand, die auch im Generalgouvernement Kritik hervorrief. «Keitel», so von Weizsäcker,

> rief mich heute in folgender Sache an: In der letzten Zeit habe es an der Grenze zwischen Russland und dem Generalgouvernement wiederholt Unzuträglichkeiten [sic] gegeben, in die die Wehrmacht auch einbezogen worden sei. Die Abschiebung von Juden in das russische Gebiet vollziehe sich nämlich nicht so anstandslos [sic], wie es anscheinend erwartet wurde. Praktisch gesprochen gehe die Sache so vor sich, dass z. B. an einem stillen Ort im Walde tausend Juden über die russische Grenze abgeschoben würden; 15 km davon kämen sie wieder zurück, wobei der betreffende russische Befehlshaber den deutschen nötigen wolle, den Schub wieder anzunehmen. Da es sich um eine außenpolitische Frage handele, sei das OKW nicht imstande, dem Generalgouvernement in dieser Sache Weisungen zu geben.[114]

Noch bevor das Auswärtige Amt reagierte, wies RSHA-Chef Reinhard Heydrich ebenfalls am 5. Dezember die Höheren Polizeidienststellen im Generalgouvernement an, derartige Aktionen zu stoppen. Gute zwei Wochen später bestätigte ein Gespräch zwischen Generalgouverneur Hans Frank und dem Vertreter des AA beim Oberbefehlshaber Ost, Johann von Wühlisch, das Ende der «Vertreibung von Juden in das Territorium der UdSSR». Sie sollte künftig unterbleiben und die Beschwerde der Sowjetunion ernst genommen werden. Frank ermächtigte von Wühlisch, dem Höheren SS- und Polizeiführer-Ost Krüger nochmals «direkt» mitzuteilen, dass unter allen Umständen vermieden werden sollte, «dass durch derartige Aktionen das notwendige freundschaftliche Verhältnis zwischen der Sowjetunion und Deutschland getrübt würde».[115]

Die politischen Proteste aus Moskau hinderten die Deutschen nicht daran, andere Möglichkeiten der Abschiebung zu erwägen. Da Gewaltaktionen wie die Todesmärsche keine Option mehr waren, überlegte man innerhalb der VoMi, umsiedlungsbereite Juden aus den Reichsgebieten «offiziell» im Generalgouvernement anzumelden, um so ihre Aufnahme in die Umsiedlungslisten zu ermöglichen. In diesem Sinne schlug VoMi-Wirtschaftsabteilungsleiter Lothar Heller auf der Krakauer Januar-Sitzung vor, Umsiedlungsanträge aus dem Reichsgebiet «deutscherseits» dadurch zu begünstigen – «umso mehr als es sich wohl meistens um Juden handle – dass diese [die Antragsteller, A. d. V.] zunächst ins Generalgouvernement überführt und demnach anschließend sofort als dort ansässig bezeichnet werden könnten».[116] Da man mit der Umsiedlungsleistung der sowjetischen Partner ohnehin unzufrieden war, sollten die so «beheimaten» Juden das Generalgouvernement im Zuge einer nachverhandelten Umsiedlung von ca. 12 000 Ukrainern im Februar 1940 verlassen. Die Einzelheiten der Februarumsiedlungen verhandelten die Partner bei einem Treffen am 12. Februar in Lublin, an dem von sowjetischer Seite der Hauptbevollmächtigte in Cholm (Chełm), Troizki, sowie der Lubliner Ortsbevollmächtigte Pietrow teilnahmen. Von deutscher Seite waren unter anderem SS-Brigadeführer Globocnik als erster Stellvertreter des deutschen Hauptregierungsvertreters in Cholm (Chełm) und Generalkonsul Walther als Beauftragter des Auswärtigen Amtes anwesend.[117] Da das ursprüngliche Regierungsabkommen noch bis zum 1. März 1940 in Kraft war, verständigte man sich schließlich auf die Erhöhung der Umsiedlungszahlen in die Sowjetunion, während die Deutschen nach der Rückführung der meisten Volksdeutschen besonders darauf drangen, inhaftierte Volksdeutsche, von denen sich groben Schätzungen zufolge noch etwa 10 000 in den NKWD-Gefängnissen befanden, ins «Reich» zu bekommen.[118]

Die deutsch-sowjetische Flüchtlingskommission

Der Flüchtlingsaustausch, den beide Seiten im Frühjahr 1940 durchführten, war deutscherseits eine weitere Möglichkeit, polnische Juden in die Sowjetunion abzuschieben und gleichzeitig die Angelegenheit der inhaftierten Volksdeutschen, um deren Freilassung sich vor allem die Botschaft in Moskau bemühte, voranzutreiben. Ein entsprechender Regierungsvertrag war auf Initiative der Deutschen bereits am 31. Dezember 1939 zustande gekommen, wobei man keinen Zweifel daran ließ, dass «die von den Sowjets abgelehnten Umsiedlungswilligen, insbesondere Juden ja jedenfalls […] unter die auszutauschenden Flüchtlinge genommen werden könnten».[119] Die Sowjetunion, befand Horst Hoffmeyer auf der Krakauer Sitzung vom 27. Januar 1940, habe doch ihrerseits durch Deportationen auf dem eigenen Gebiet weite «leere Räume» geschaffen, die, eine gute

Zusammenarbeit vorausgesetzt, von den Deutschen im eigenen Interesse genutzt werden könnten. Tatsächlich schlug Hoffmeyer, der die rücksichtslose Bevölkerungspolitik des Stalinismus bewundernd und erschrocken zugleich beobachtete, vor, die «verständnisvolle Zusammenarbeit» in diesem Sinne auszubauen. In sibyllinischen Worten sprach er davon, dass

> die Zusammenarbeit zwischen dem deutschen Hauptbevollmächtigten und dem sowjetischen Hauptregierungsvertreter [...] nur dann richtig beurteilt und ermessen werden [kann], wenn auch die Vorgänge auf dem Sowjetterritorium in ihrem ganzen Umfang und in ihrer ungeheuerlichen Art bekannt sind. [...] Diese Vorgänge, deren Schilderung aus dem Rahmen des Berichtes hinausginge, werden mittels ‹Nationalisierung› – entschädigungslose Enteignung, Zahlungsmittelentblößung – Ausschaltung von Konsum, Desorganisation der Güterverteilung, hermetischer Abschluss des Gebietes, in Kürze zu Hunger, Verelendung und kalter Beseitigung unerwünschter breiter Bevölkerungsteile führen. [...] *Die damit bewirkte Schaffung leerer Räume kann in anderer Weise als die deutsche Umsiedlung noch dazu beitragen, die Volkstumsgrenzen im Osten des Interessengebietes des Reiches zu bereinigen.* [Hervorhebung der Autorin] Es liegt die Frage nahe, in welcher Art und Richtung eine erfolglose oder aber eine erfolgreiche sowjetische Aussiedlung von Bevölkerungsteilen auf dem Boden des deutschen Interessengebietes wirken könnte [...] Diese Frage zu beantworten, ist Angelegenheit höchster Instanzen. Die Antwort auf diese Frage ist bisher noch nicht bekannt geworden.[120]

Für die Sowjetunion kam das Angebot eines Flüchtlingsaustausches nicht ungelegen, auch wenn es an die unangenehme Bedingung geknüpft war, wieder deutsche Kommandos auf sowjetischem Territorium dulden zu müssen. In den ersten Monaten des Krieges hatte Moskau dies leichter akzeptieren können als nach der Herrschaftsdurchdringung im Frühjahr 1940. Fremde Truppen waren schwer zu ertragen. Andererseits begrüßte man die Chance, nochmals ungewollte Personen in großer Zahl abschieben zu können, während an der Übernahme der polnischen Juden kein Interesse bestand. Der Flüchtlingsaustausch sollte rasch vollzogen werden und, wie im Regierungsabkommen vereinbart wurde, bis zum 1. Juli 1940 abgeschlossen sein. Der Zeitpunkt seines Beginns war indes aus zweierlei Gründen nicht festgelegt worden.[121] Erstens gestaltete sich die Freilassung der inhaftierten Volksdeutschen, die im Rahmen des Austausches ausgesiedelt werden sollten, schwieriger als gedacht.[122] Bisher waren alle Recherchen der Moskauer Botschaft ins Leere gelaufen, und so sollte mit dem Austausch erst begonnen werden, wenn in dieser Sache endlich Aussicht auf Erfolg bestand. Zweitens wollten die Deutschen erst beginnen, nachdem die Februarumsiedlungen der Ukrainer aus dem Generalgouvernement abgeschlossen waren. Ganz einfach befürchtete man, dass die Berichte der Flüchtlinge aus dem Sowjetgebiet die Umsiedlungsbereitschaft der Ukrainer verringern würden. «Vor allem ist es wichtig», hieß es dementsprechend auf der Krakauer Januar-Sitzung, «dass die Umsiedlungsaktion vor Beginn des Flüchtlingsaustausches einsetzt, da die aus dem Sowjetgebiet kommenden Flüchtlinge zweifellos die stärksten Propagandisten gegen eine Sowjetumsiedlung sein werden».[123] Obschon alles daran gesetzt werden sollte, die «bisher Umsiedlungswilligen nicht von ihrem Vorhaben abzubringen», entschieden sich im Februar nur ca. 3500 Personen für das neue Leben. Viele sprangen im letzten Moment wieder ab.[124]

Anfang Januar wurden die Durchführungsdetails des Austausches – offenbar zum Nachteil der deutschen Seite – verhandelt. Generalgouverneur Hans Frank kritisierte die Bedingungen am 19. Januar auf einer Abteilungsleitersitzung in Krakau als eine «societas leonina», als einen «unglaublichen Benachteiligungsvertrag», den man «uns hier trotz heftigen Widerstandes und langen Sträubens aufgezwungen» hat. «Wir werden», informierte Frank, «wohl 60 000 Flüchtlinge aus der Sowjetunion übernehmen müssen, dürfen aber nur 14 000 hinüberliefern.» Und er äußerte die bezeichnende Hoffnung,

> es möge dem Gouverneur Wächter […] gelingen, durch rigorose Handhabung des uns von Russland zugesprochenen Aussiedlungsrechts die Angelegenheit dilatorisch zu behandeln und zu verhindern, dass die Sowjetrussen uns nicht wieder jene Juden, Zigeuner und Polacken ins Land hineinlotsen, die wir mit Glück und Schläue hinausgeworfen hatten.[125]

Wie Hans Frank erwähnte, war Otto Wächter, der mächtige Gouverneur des Distrikts Krakau, Vorsitzender der deutschen Kommission mit dem amtlichen Titel «Deutsche Kontroll- und Durchlasskommission für Flüchtlinge aus dem Sowjetgebiet». Als Wächters Stellvertreter führte der Umsiedlungsexperte Hans Flade das operative Geschäft. Das dritte maßgebliche Kommissionsmitglied war der seit 1929 im Dienst des AA stehende Diplomat Gebhardt von Walther,[126] der als Generalkonsul der deutschen Botschaft in Moskau für die zentrale Frage der inhaftierten Volksdeutschen zuständig war. Dass deren Freilassung und Umsiedlung

Ausweis A. *Abschrift.* Nr. 523.

Eigenhändige Unterschrift

Inhaber dieses Ausweises, Herr Dr. Otto Gustav Wächter,
ist Vorsitzender
der Deutschen Kontroll- und Durchlaßkommission für die Aufnahme der Flüchtlinge aus den Gebieten der Sowjetunion (Westukraine, westliches Weißrußland – ehemalige polnische Gebiete).

Herr Dr. Wächter, der das Recht der Unverletzlichkeit und alle sonstigen diplomatischen Vorrechte genießt, hat die Befugnis, die in den Städten Brest, Wladimir-Wolhynsk, Przemysl, Kowel und Lemberg befindlichen Flüchtlinge unbehindert zu besuchen und zu diesem Zweck wiederholt die deutsch-sowjetische Grenze an den für den Flüchtlingsaustausch vorgesehenen Grenzstellen Przemysl, Hrubieszow-Uscilug und Terespol-Brest zu überschreiten. Von ihm mitgeführte Gegenstände für den persönlichen und dienstlichen Gebrauch, einschließlich von Kraftfahrzeugen, Schreibmaschinen, Büromaterialien, unterliegen bei der Ein- und Ausreise keiner Kontrolle.

Herr Dr. Wächter hat ferner das Recht, die Tätigkeit der ihm unterstellten Organe zu überprüfen sowie mit der örtlichen Verwaltung und mit den Militär- und Grenzbehörden in Verbindung zu treten. Die örtlichen sowie die militärischen und Grenzbehörden werden ersucht, Herrn Dr. Wächter bei Erfüllung seiner Obliegenheiten in jeder Weise zu unterstützen.

Das Auswärtige Amt des Deutschen Reiches und die Botschaft der Union der Sozialistischen Sowjet-Republiken in Berlin bestätigen, daß die Regierungen des Deutschen Reiches und der Union der Sozialistischen Sowjet-Republiken Herrn Dr. Wächter die Rechte, die in diesem Ausweis näher bestimmt sind, gewährleisten.

Dieser Ausweis verliert am 15. Mai 1940 seine Gültigkeit.

Berlin, den 26. März 1940
Der Reichsminister des Auswärtigen
Im Auftrag

Abb. 16 Ausweis von Otto Wächter als Vorsitzender der deutschen Flüchtlingskommission

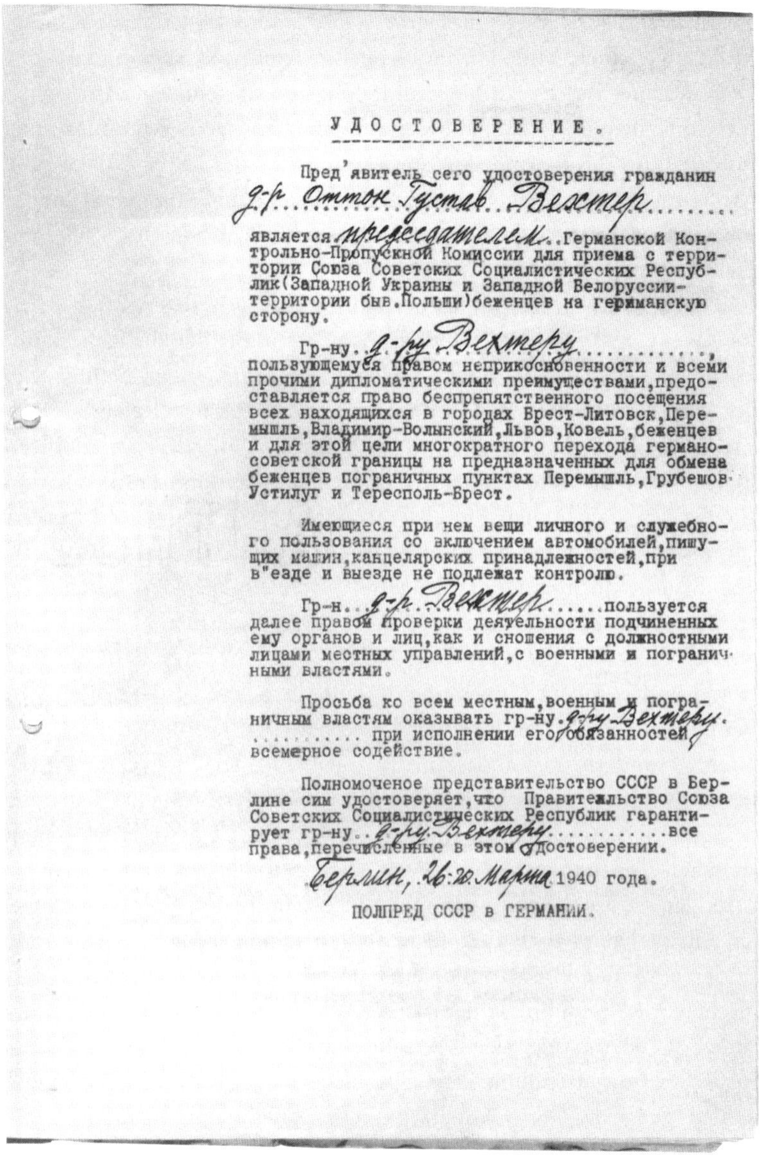

УДОСТОВЕРЕНИЕ.

Пред'явитель сего удостоверения гражданин
д-р Оттон Густав Вехтер..........
является председателем..Германской Контрольно-Пропускной Комиссии для приема с территории Союза Советских Социалистических Республик(Западной Украины и Западной Белоруссии-территории быв.Польши)беженцев на германскую сторону.

Гр-ну. д-ру Вехтеру.............,
пользующемуся правом неприкосновенности и всеми прочими дипломатическими преимуществами,предоставляется право беспрепятственного посещения всех находящихся в городах Брест-Литовск,Перемышль,Владимир-Волынский,Львов,Ковель,беженцев и для этой цели многократного перехода германо-советской границы на предназначенных для обмена беженцев пограничных пунктах Перемышль,Грубешов· Устилуг и Тересполь-Брест.

Имеющиеся при нем вещи личного и служебного пользования со включением автомобилей,пишущих машин,канцелярских принадлежностей,при в"езде и выезде не подлежат контролю.

Гр-н..д-р Вехтер.....пользуется далее правом проверки деятельности подчиненных ему органов и лиц,как и сношения с должностными лицами местных управлений,с военными и пограничными властями.

Просьба ко всем местным,военным и пограничным властям оказывать гр-ну.д-ру Вехтеру.
.... при исполнении его обязанностей всемерное содействие.

Полномоченое представительство СССР в Берлине сим удостоверяет,что Правительство Союза Советских Социалистических Республик гарантирует гр-ну..д-ру Вехтеру...........все права,перечисленные в этом удостоверении.

Берлин, 26:го марта 1940 года.

ПОЛПРЕД СССР в ГЕРМАНИИ.

Abb. 17 Bewilligungsschreiben der sowjetischen Botschaft in Berlin für Otto Wächter

ein zentrales Motiv der deutschen Austauschpolitik bildete, bewies die an Moskau gerichtete Bitte, mit Berias Stellvertreter Iwan Maslennikow, den Otto Wächter bereits aus Umsiedlungstagen und dem sowjetischen Besuch in Krakau und Zakopane kannte, «einen Sowjetvertreter mit starker Autorität» in die Kommission zu bekommen. Dass Moskau diese Bitte wiederum ablehnte, zeigte, dass sich der Wind gedreht hatte und auf der sowjetischen Seite weder ein großes Interesse am Austausch noch an der Freilassung der Volksdeutschen bestand.[127]

Neben den Führungsfiguren stammte das weitere Personal – beispielsweise SS-Obersturmführer Eduard Schmidt, der die Unterkommission in Brest leitete, oder SS-Untersturmführer Edgar Schultz, der der Unterkommission in Przemyśl vorstand – aus den Reihen der Sicherheitspolizei, des Sicherheitsdienstes und der Volksdeutschen Mittelstelle. So wie die mitreisenden Kraftfahrer und Stenotypistinnen hatten alle bei der sowjetischen Botschaft in Berlin Pässe und eine Einreiseerlaubnis zu beantragen; eine Prozedur, die sich wochenlang hinzog und den Beginn nochmals hinauszögerte. Nachdem die Genehmigungen erteilt waren, reiste die Kommission Mitte April an die Hauptkontrollpunkte Przemyśl, Brest-Litowsk und Wladimir-Wolhynsk sowie nach Kowel und Lemberg (Lwów); Städte, die die Sowjets nach mühseligen Verhandlungen als Standorte zugelassen hatten, obwohl sie nicht an der Grenze, sondern im Landesinneren lagen und der dortige Aufenthalt der Deutschen großes Unbehagen hervorrief. Ursprünglich hatte die deutsche Seite sogar zehn Standorte im Hinterland gewünscht. Reisen zwischen den Standorten waren nur dem deutschen Kommissionsvorsitzenden und seinem engsten Stab – insgesamt neun Personen – gestattet. Alle anderen Mitglieder mussten unter ständiger NKWD-Kontrolle an den einzelnen Einsatzorten verbleiben.[128] Auf dem Gebiet der Ukrainischen Sowjetrepublik leitete der NKWD-General Michail I. Proskurjakow die «Betreuung» der Deutschen, und auf dem Gebiet der Weißrussischen Sowjetrepublik übernahm dies ein Minsker NKWD-General namens Sergejew.[129] Der Vorsitzende der sowjetischen Flüchtlingskommission im deutschen Generalgouvernement war W. S. Jegnarow, der als Hauptbevollmächtigter während der Umsiedlungen in Jaroslau (Jarosław) stationiert gewesen war und Erfahrungen im Umgang mit den Deutschen besaß. Ihm standen am Hauptstützpunkt, wo die Registrierungen am 14. April begannen, und an den weiteren Standorten in Biala (Biała

Podlaska) und Hrubieszów unter anderem die NKWD-Mitarbeiter I. Newski und W. S. Lesin zur Seite.[130]

Bevor die deutsche Hauptkommission mit Otto Wächter und Major Flade Mitte April nach Lemberg (Lwów) reiste, fand vom 29. bis zum 30. März in Krakau ein deutsch-sowjetisches Treffen statt, auf dem noch ein letztes «Protokoll über technische Einzelheiten» vereinbart wurde.[131] Dem war mutmaßlich ein Treffen um den 19. März vorausgegangen, bei dem die Kriterien zur Übernahme der Flüchtlinge bestimmt wurden. In Lemberg (Lwów) stand den Deutschen «in der Tarnowski-Straße ein Haus mit vier Zimmern zur Verfügung», das so instand gesetzt werden konnte, dass die Arbeit am 17. April – nach der Rückreise von Wächter – begann.[132] Die Flüchtlinge, die sich entweder schon dort befanden oder aber dorthin begaben, wurden noch vor der Registrierung von den Sowjetbehörden erfasst und ein letztes Mal vor die Wahl gestellt, entweder in das Generalgouvernement umzusiedeln oder aber die sowjetische Staatsbürgerschaft anzunehmen. Wer sich für die Umsiedlung entschied, sollte sich im Haus der deutschen Kommission einfinden. Wurden sie dort zurückgewiesen, galten diese Flüchtlinge aufgrund der zuvor abgelehnten sowjetischen Staatsbürgerschaft in den Augen des NKWD als verdächtig und als Volksfeinde. In den meisten Fällen wurden sie später deportiert.[133] In Brest-Litowsk etwa beobachtete Gebhardt von Walther, dass «nicht wenigen Flüchtlingen, die abwandern wollen, nachgegangen wird und dass insbesondere solche, an denen die Sowjetbehörden ein besonderes Interesse nahmen, durch Verhaftung an der Ausreise verhindert sind».[134] Von den ungefähr 8000 bis 9000 Flüchtlingen, die sich dort registrieren ließen, hatten die Deutschen, wie von Walther ebenfalls berichtete, ungefähr die Hälfte – «da es sich um Juden handelte» – bereits abgelehnt.[135] 1500 Juden wurden schließlich als Flüchtlinge anerkannt und durften zurückkehren.[136] Aus Przemyśl, wo sich im April 1940 noch über 50 000 Flüchtlinge aufhielten, versuchten, wie von Walther nach Berlin berichtete, viele «Polen, die bei Kriegsausbruch in dem jetzt zur Sowjet-Union gehörenden Teile des Landes ansässig waren, im Rahmen dieser Aktion in das Generalgouvernement zu gelangen». «Der Andrang», so von Walther,

> ist groß, etwa 2000 Personen stehen in langen dichten Reihen vor dem Hause. In einem besonderen Zimmer fertigen die Sowjetbeamten Listen an

> und, da nach diesen am folgenden Tage in dem Przemyśler Bahnhofsgebäude die Ausreise nachgeprüft und die Zoll- und Devisenkontrolle durchgeführt wird, konnten am 18. d. M. als erste Gruppe nur 120 Personen über die San-Brücke die Grenze überschreiten. [...] Entgegen den Behauptungen der Sowjet-Vertreter sagen die Polen, dass sie als Flüchtlinge keine Möglichkeit gehabt hätten, durch Arbeit sich den Lebensunterhalt zu verdienen, sie hätten meist vom Verkauf ihrer [Sachen] gelebt. Einige Hundert Volksdeutsche sollen sich unter ihnen in Przemyśl befinden.[137]

Und aus Wladimir-Wolhynsk schilderte Gebhardt von Walther, der alle Standorte bereiste und ausführliche Erlebnisberichte nach Berlin sandte:

> Die Züge waren mit durchschnittlich 800 Personen morgens verladen, fahren mittags ab bis zu der 25 km entfernten Bugbrücke, von wo ein deutscher Zug die Flüchtlinge 60 km weiter über Hrubieszów nach Chełm in das dortige Lager befördert. Vom 17. bis 27. d. M. sind 7000 Personen angekommen und 4548 abbefördert. Im Ganzen wird für das Gebiet die Zahl der Flüchtlinge auf 25–30.000 geschätzt, davon je 6000 in Wladimir und Kowel, die Zahl der Juden soll nicht mehr als 150 betragen. Etwa 90 v. H. der Flüchtlinge sind ukrainische Bauern. Die Abfertigung einer größeren Menge als bisher war nur deshalb nicht möglich, da das Lager in Chełm nicht mehr aufnehmen kann, es wird daher in Frage kommen, die Zeit der Tätigkeit der Kommission zu verlängern. Die sowjetische Flüchtlingskommission in Hrubieszów hat bisher 51 Personen, darunter 10 Juden, zurückbefördert.[138]

Während die Deutschen die Arbeit der sowjetischen Kommission im Generalgouvernement nur beobachteten, führten die Versuche des NKWD, vermehrt polnische Juden aus der Sowjetunion gen Westen abzuschieben, zu ernsthaften Konflikten. Verschärfend kam hinzu, dass die altbekannte Schieflage wieder eingetreten war, d. h., im Sowjetgebiet waren weit mehr Flüchtlinge registriert worden als im Generalgouvernement. Den Angaben von Gebhardt von Walther zufolge waren bis Ende April in den drei deutschen Grenzlagern mehr als 15 000 Flüchtlinge angekommen, von denen schon knapp über 10 000 in das Generalgouvernement weiterbefördert worden waren. Die Gesamtzahl der umsiedlungswilligen Flüchtlinge schätzte von Walther auf über 164 000; mehr als das Doppelte der von Hans Frank erwähnten Personenzahl.[139] In umgekehrter Richtung hatten erst 304 Flüchtlinge das Generalgouvernement verlassen.[140]

Die Stimmung zwischen den Bündnispartnern verschlechterte sich, so dass die deutsche Hauptkommission Ende April nach Lemberg (Lwów) reiste, um zum einen die Registrierungen vor Ort zu kontrollieren. Zum andern war man um eine Verbesserung der gesamten Situation bemüht und versuchte, sowohl das «Problem» der Judenabschiebungen als auch das der inhaftierten Volksdeutschen zu lösen. Da ungeachtet aller Mühen in dieser Angelegenheit keine Erfolge zu verzeichnen waren, sandte die deutsche Botschaft in Moskau zwei Vertreter – Gesandtschaftsrat Schwimmer und Legationssekretär Hans-Otto Meissner – ebenfalls nach Lemberg (Lwów). Am 29. April 1940 traf Otto Wächter aus Krakau ein, aus Kiew reiste Michail Proskurjakow an und aus Minsk der sowjetische Regierungsvertreter Sergejew.[141] «Die Sowjetvertreter», berichtete von Walther dem Auswärtigen Amt, «brachten in erster Linie die *Judenfrage* zur Sprache» (Hervorhebung im Original). Sie bestanden, so Walther, auf der Rechtmäßigkeit ihrer Abschiebepraxis, da man im März übereingekommen sei, dass «Flüchtlinge ohne Ansehen der Nationalität» übernommen werden mussten und nur die Frage der Ansässigkeit ausschlaggebend war.[142] Dem hielten die Deutschen entgegen, dass «die Juden keine Nationalität darstellten, sondern dass es sich um eine Rassen- oder Religionsfrage handelt». Die sowjetischen Vertreter ließen dieses Argument nicht gelten, gestanden den Deutschen künftig aber das Recht zu, die Flüchtlinge zumindest selbst auszuwählen, woraufhin Wächter und Flade erklärten, dass bereits die doppelte Anzahl der vereinbarten Flüchtlingszahlen die Aussiedlung in das Generalgouvernement wünsche und «nur im allerletzten Fall Juden berücksichtigt» werden würden.[143]

Vordergründig waren Proskurjakow und Sergejew einverstanden und versuchten gleichzeitig – nicht weniger trickreich als die Deutschen –, jüdische Flüchtlinge dennoch gen Westen «loszuwerden». Während der Verhandlungen schlugen sie vor, die Flüchtlinge nicht mehr in den völlig überfüllten Städten Lemberg (Lwów) und Kowel abzufertigen, da dies nur noch mehr Flüchtlinge in diese Städte ziehen würde. Warum Proskurjakow stattdessen empfahl, alle Flüchtlinge nur noch in Przemyśl direkt an der Grenze zu registrieren, war für Wächter und Flade leicht zu durchschauen. Erst einmal an der Grenze angekommen, würde es schwerer werden, die Flüchtlinge abzulehnen, zumal man es dann mit allen zu tun hätte und nicht nur mit den bereits zur Übernahme zugelassenen. Der Vorschlag wurde abgelehnt. «Die deutsche Kommission», berichtete von Walther,

> konnte die Stichhaltigkeit der vorgebrachten Gründe nicht anerkennen. Eine Beförderung aller Flüchtlinge nach den Grenzorten würde die Bahn noch mehr belasten als wenn nur die Registrierten reisen würden. Nachdem Proskurjakow erklärt hatte, dass die Mehrzahl der Flüchtlinge Juden seien, ist anzunehmen, dass die Sowjetstellen Sorge tragen, in erster Linie die Juden registrieren zu lassen. Wenn dann die Mehrzahl der Flüchtlinge zurückgewiesen oder zurückgestellt wird, ist mit unangenehmen Weiterungen zu rechnen, da sie mit ihrem Gepäck reisefertig und nach Aufgabe ihrer Unterkunft in Lemberg vergebens in Przemyśl erschienen sind und nunmehr zurückbefördert werden und eine neue Existenz suchen müssen. Es würde somit ein Druck auf die Arbeit der Kommission ausgeübt und das Recht der Auswahl berührt werden.[144]

Nach seiner Rückkehr nach Krakau erstattete Otto Wächter am 3. Mai Bericht über die Verhandlungen mit den Sowjets. Vor Generalgouverneur Frank malte er aus, wie «Tausende von Menschen» danach drängten, die «Sowjetgrenze zu überschreiten», und dass – für Frank eine Hiobsbotschaft – von 18 000 Flüchtlingen etwa 16 500 Juden waren. In seinem Diensttagebuch brachte Frank die Probleme mit dem sowjetischen Partner auf den Punkt. Dieser wünsche, dass sich das Generalgouvernement bereitfinden solle, «noch mehr Juden» aufzunehmen, während die Sowjetregierung ihrerseits keinen Willen zeige, die inhaftierten Volksdeutschen aus Russland zu entlassen.[145] Im ersten Fall verfolgte die deutsche Politik weiterhin das Ziel, so wenige Menschen wie möglich aufzunehmen. In der zweiten Frage, konstatierte Frank, müsse «das Auswärtige Amt mit der Moskauer Regierung in Verhandlungen eintreten».[146] Diese Verhandlungen wurden in Moskau seit einiger Zeit von Botschafter von der Schulenburg persönlich geführt, der mehrmals bei Molotow die Freilassung der Volksdeutschen einforderte und umfangreiche Haftlisten vorgelegt hatte. Bisher waren von den 340 in einer Liste aufgeführten Personen lediglich ein Dutzend freigelassen und «abgeführt» worden. Bei den anderen Häftlingen verweigerte die Sowjetregierung die Anerkennung als Volksdeutsche, und in einem der letzten Gespräche hatte Stalins Außenkommissar beschieden, dass die Angelegenheit ohnehin dem NKWD obliege, welcher die Häftlinge ebenfalls als Sowjetbürger betrachtete und nach dem Ende der Umsiedlungen keinen Anlass sah, die Volksdeutschen zu entlassen.[147] Die Frist war am 1. März 1940 mit dem Auslaufen des deutsch-sowjetischen Umsiedlungsabkommens abgelaufen, und der NKWD verweigerte jede Auskunft darüber, ob die Häftlinge inzwischen in andere Gefängnisse überstellt, deportiert oder erschossen worden waren.

Der Konflikt um die inhaftierten Volksdeutschen führte zum Abbruch der Flüchtlingsaktion. Anfang Mai drohten die Deutschen vergebens mit der einstweiligen Einstellung der Registrierung, «bis entscheidende Schritte zur Freilassung volksdeutscher Häftlinge wirksam sind».[148] Die Drohung verpuffte, nachdem Berlin entschieden hatte, den Druck nur durch die bewusste Sabotage des Flüchtlingsaustausches zu erhöhen. Beenden wollte man die Aktion nicht, und Hans Flade, der voreilig ein Drohtelegramm in Richtung Moskau geschickt hatte, wurde zurückgepfiffen. Am 6. Mai entschieden Otto Wächter, Johann von Wühlisch, der Beauftragte des AA beim Generalgouvernement, und Martin Schliep aus dem Osteuropa-Referat der Politischen Abteilung des AA, «die Arbeit der Kommission *nicht* [Hervorhebung im Original] einzustellen, sondern die Übernahme [der Flüchtlinge, A. d. V.] langsamer laufen zu lassen (zu sabotieren) bis die Sowjetregierung einen entgegenkommenden Standpunkt» eingenommen haben würde.[149] Als Grund für das gemäßigtere Vorgehen gaben sie an, man habe sich nun einmal zur Übernahme von 60 000 Flüchtlingen verpflichtet und dürfe der Sowjetunion nicht den Vorwurf gestatten, Berlin breche getroffene Vereinbarungen. Dieser Vorwurf, so die Annahme, konnte die eigene Position in weiteren Verhandlungen zur Flüchtlings- und Häftlingsfrage mit Moskau nur schwächen.[150]

Dass Moskau zu diesem Zeitpunkt an weiteren Verhandlungen gar nicht mehr interessiert war, übersahen Wächter, Schliep und von Wühlisch. Die sowjetische Seite, der es um die schnelle Ausreise der deutschen Kommission ging, hatte den Flüchtlingsaustausch bestmöglich ausgereizt, so dass dessen Einstellung keine Drohung war, sondern ein Versprechen. Mitte Mai hatten die Kommissionen in Brest und Wladimir-Wolhynsk das Land bereits verlassen, nur Hans Flade hielt sich noch in Lemberg (Lwów) auf, und in Przemyśl arbeitete die Kommission weiter.[151] Moskau und nicht Berlin beendete den Flüchtlingsaustausch. Genervt vom Insistieren auf der Freilassung der Volksdeutschen, erklärte Molotow von der Schulenburg am 17. Mai im Kreml, «dass die Flüchtlingsfrage mit der Frage der Häftlinge nicht verkoppelt werden könne» und «Verhandlungen über diese beiden Fragen mit dem Stellvertreter des Außenkommissars Dekanosow aufgenommen werden müssten».[152] Den Beginn der Verhandlungen stellte er für den 19. Mai in Aussicht. Unmittelbar danach informierte Proskurjakow Otto Wächter «unter Berufung auf Moskauer Weisung», dass «die Flüchtlingsaktion nicht mehr fortgesetzt werden könne».[153] Wächter blieb nichts anderes übrig, als Flade in Lemberg (Lwów) zur Abreise aufzufordern.[154] Wie das Auswärtige Amt vermutete, begann die Sowjetunion «sofort nach Abfahrt der Kommission» mit dem Abtransport der zurückgebliebenen Flüchtlinge «nach Sibirien, und zwar erfahrungsgemäß in das Gebiet um Archangelsk».[155] Die Planungen hatten lange vorher begonnen. Im Juni 1940 deportierte der NKWD dann ungefähr 70 000 Juden, die nicht mehr für den Austausch infrage kamen, in das Landesinnere.[156] Es gehört zu den historischen Zynismen, dass ausgerechnet diese Deportationen die polnischen Juden vor dem Holocaust bewahrte. Wer die Strapazen des Transports und die widrigen Lebensumstände in den entlegenen Sondersiedlungen überstand, besaß eine realistische Chance, den Zweiten Weltkrieg zu überleben. Für diese Juden bedeuteten die stalinistischen Deportationen die Rettung. Diejenigen, die in das deutsche Generalgouvernement zurückgekehrt waren, hatten diese Chance nicht.

Kapitel 5

«Es war meine Aufgabe als Außenminister, die Grenzen unseres Vaterlandes zu vergrößern»

Wjatscheslaw Molotow, Stalins legendärer Außenkommissar, starb im November des Jahres 1986, inmitten jener Perestroika genannten Reform des Staatssozialismus, die der letzte Generalsekretär der KPdSU, Michail Gorbatschow, eingeleitet hatte. Den Niedergang des sowjetischen Imperiums, die Separation der baltischen Staaten, das Ende der osteuropäischen Volksrepubliken und die gefährlichen Konflikte in der Kaukasusregion und in Mittelasien erlebte Molotow nicht mehr. Er, der stark unter Stalins Herrschaft gelitten hatte und dessen Schicksal mehrfach auf des Messers Schneide stand, hätte die Welt nicht verstanden. Denn allem persönlichen Leid zum Trotz blieb Molotow sein Leben lang ein loyaler Gefolgsmann und Hüter des sowjetischen Imperiums, das aufzugeben ihm nie in den Sinn gekommen wäre. Jahrzehnte nach Stalins Tod gewährte Molotow dem Schriftsteller Felix Chuev viele Jahre lang einzigartige Einblicke in seine Gedankenwelt und in die Atmosphäre am Hof des «roten Zaren». Als die Aufzeichnungen unter dem Titel *Sto sorok besed s Molotovym* («140 Gespräche mit Molotow») nach dem Ende der Sowjetunion 1991 endlich erscheinen konnten, begannen sie mit dem Hitler-Stalin-Pakt und den Beginn des Zweiten Weltkriegs. «Es war meine Aufgabe», fasste Molotow die Ereignisse jener Jahre zusammen, «als Außenminister, die Grenzen unseres Vaterlandes zu vergrößern. Und es sieht danach aus, als hätten Stalin und ich diese Aufgabe recht gut erfüllt.»[1]

In den Monaten des Hitler-Stalin-Pakts besetzten die Sowjetunion und das «Dritte Reich» den europäischen Kontinent und teilten ihn untereinander auf. Nach den Eroberungsfeldzügen in Ost-, Nord- und Westeuropa herrschte Hitler über ein um 800 000 Quadratkilometer erweitertes Territorium, während Stalin sein Imperium nach Westen und in den Südosten um 422 000 Quadratkilometer ausdehnen konnte.[2] Zu Osteuropa hatte man sich im berüchtigten geheimen Zusatzprotokoll des Nichtangriffsvertrages geeinigt, dessen Existenz Molotow gegenüber Chuev vehement abstritt und das erst im Zuge der Perestroika veröffentlicht wurde. «Natürlich gibt es überhaupt kein Geheimnis», log Molotow:

> Meiner Meinung nach wurden diese Gerüchte bewusst gestreut, um die Reputation zu beschädigen. Nein, nein, die Angelegenheit ist sehr klar. Es hätte solch eine geheime Vereinbarung nicht geben können. Ich war sehr nah an dieser Sache beteiligt, eigentlich war ich direkt involviert, und ich kann Ihnen versichern, dass es sich unzweifelhaft um eine Fälschung handelt.[3]

Mit der Besetzung Polens war die Eroberungsmaschinerie in Gang gesetzt. Von September 1939 bis zum Juni 1941 war die Geschichte des Zweiten Weltkriegs in Europa gleichbedeutend mit der Geschichte des Hitler-Stalin-Pakts; im Osten wie im Norden und im Westen. Dennoch ist die zentrale Bedeutung, die der Pakt eben nicht nur für Polen, sondern auch für Hitlers Nord- und Westeroberungen besaß, im Unterschied zu den Ereignissen in Osteuropa weitaus weniger thematisiert und anerkannt worden. Nach wie vor gilt seine Geschichte oft als Angelegenheit der Osteuropäer, wobei verdrängt wird, dass die so genannten Blitzkriege anders nicht möglich gewesen wären und das Bündnis einen beachtlichen Einfluss auf den Verlauf der deutschen Besatzungsregime besaß. Das «Dritte Reich» besetzte Frankreich, die Benelux-Staaten und Teile Skandinaviens während und aufgrund des Pakts, während sich die Sowjetunion das Baltikum, Bessarabien und die Nord-Bukowina einverleibte. Der Kriegsverlauf, der für beide Diktatoren so erfolgreich war, brachte das Bündnis schließlich in Südosteuropa, wo beide Großmachtpläne miteinander kollidierten, an einen entscheidenden, Bruch- und Konfliktlinien zutage fördernden Wendepunkt. Im Frühsommer 1940 überschritt der Hitler-Stalin-Pakt den Zenit im Moment seines größten «Erfolges»: der Eroberung Europas.

Luftschlösser – die wirtschaftliche Zusammenarbeit

Eine der wesentlichen Voraussetzungen für die erfolgreichen Feldzüge in Ost-, Nord- und Westeuropa waren die deutsch-sowjetischen Wirtschaftsbeziehungen, die in der Geschichte des Pakts eine zentrale Rolle spielten. Wirtschaftsgespräche hatten den Weg zum Pakt in einer Zeit geebnet, in der Stalin und Hitler nach außen noch die unversöhnlichen Feinde gaben, und noch vor der Unterzeichnung des Nichtangriffsvertrages erfolgte am 19. August 1939 der Abschluss eines Handelsabkommens. Um ihre Expansionspläne zu realisieren, benötigten die Deutschen sowjetische Rohstofflieferungen, während Moskau an technischem Know-how und an der deutschen Militärindustrie interessiert war. Im Zuge der Verhandlungen zum Grenz- und Freundschaftsvertrag versicherte Molotow dementsprechend, dass «die Regierung der UdSSR willens ist, mit allen Mitteln die Wirtschaftsbeziehungen und den Warenumsatz zwischen Deutschland und der UdSSR zu entwickeln» und ein «von beiden Seiten» aufgestelltes Wirtschaftsprogramm zu unterstützen, «nach welchem die Sowjetunion Deutschland Rohstoffe liefern wird, die Deutschland seinerseits durch industrielle, auf längere Zeit zu erstreckende Lieferungen kompensiert».[4]

Kurz nach der Vertragsunterzeichnung gab die Nachrichtenagentur TASS die Ankunft einer deutschen Wirtschaftsdelegation bekannt, die unter der Leitung von Ribbentrops Botschafter «zur besonderen Verwendung» Karl Ritter mit dem erfahrenen Karl Schnurre das angekündigte Programm zügig umsetzen sollte. Es dauerte ganze vier Monate, bis die Verhandlungen nach zähen und mühsamen Gesprächen – Ritter hatte Moskau in der Zwischenzeit entnervt verlassen – abgeschlossen waren und das deutsch-sowjetische Handelsabkommen am 11. Februar 1940 von Ritter und Schnurre sowie von Anastas Mikojan, dem Volkskommissar für den Auswärtigen Handel, und Jewgeni Babarin, dem Leiter der Handelsvertretung der UdSSR in Deutschland, unterzeichnet werden konnte.[5] Darin verpflichtete sich die Sowjetunion innerhalb eines Jahres zu Rohstofflieferungen – Futtergetreide, Erdöl, Baumwolle, Chromerz und Platin – im Wert von 500 Millionen Reichsmark, was ungefähr 52 Prozent der sowjetischen Exporte entsprach.[6] Deutschland lieferte im Gegenzug Industriegüter und Kriegsgerät. Das zähe Ringen um ein für beide vorteilhaftes Handelsabkommen offenbarte, wie wenig Moskau und Berlin allen Freundschaftsbekundungen zum Trotz einander vertrauten und grundsätzlich beargwöhnten. Dass die Wirtschaftslieferungen der Aufrüstung und einer Kriegsvorbereitung dienten, die sich potentiell gegen das eigene Land richten konnte, war beiden bewusst, und so begegneten sie einander auch auf der Handelsebene mit einem Misstrauen, das, wie im Falle der deutschen Luftfahrtpolitik, auch nicht unbegründet war.

Unmittelbar nachdem Molotow im September 1939 das sowjetische Interesse an engeren Handelsbeziehungen geäußert hatte, wandte sich Martin Wronsky, der Gründungsdirektor der deutschen Lufthansa, an die Botschaft in Moskau. Wronsky, das «technische Genie» der Lufthansa, das im Aufsichtsrat als «Außenbeauftragter» auftrat, hoffte,

> dass [wir] durch die sich aus den jetzigen deutsch-sowjetischen Vereinbarungen ergebende Lage […] recht bald wieder die Möglichkeit haben, unser altes Projekt der Luftverkehrsverbindung nach dem Fernen Osten (China und Japan) über die Sowjetunion erneut aufzugreifen.[7]

Mit seinem Brief nahm Wronsky Bezug auf einen Vorstoß, den der Direktor der Deutschen Bank, Kurt Weigelt, kurz zuvor ebenfalls in Richtung Moskau unternommen hatte. Der Banker und Luftfahrtexperte Weigelt war in der Zwischenkriegszeit Vorsitzender der deutsch-russischen Luftverkehrsgesellschaft Deruluft gewesen, die ihren Flugverkehr erst im April 1937, also lange nach der Machtübernahme Hitlers, eingestellt hatte. In dem angekündigten Wirtschaftsprogramm erblickte Weigelt nun die Möglichkeit, die erfolgreiche Zusammenarbeit – 1935 hatte die Deruluft das höchste Passagieraufkommen – wieder aufzunehmen und, mehr noch, Moskau als Sprungbrett für die strategische Ausrichtung der Lufthansa nach Asien und in den Fernen Osten zu nutzen.[8] Weigelt, der auch Leiter der Reichsgruppe deutscher kolonialwirtschaftlicher Unternehmungen und ein wichtiger Akteur der nationalsozialistischen Kolonialpolitik war, plante, über Moskau Großbritannien als Konkurrenten auf dem asiatischen Markt auszuschalten. Im Einklang mit Martin Wronsky hatte er schon in den 1920er Jahren strategisch auf die «eurasische Linie» und eine aktive Chinapolitik gesetzt, die beide, nachdem sie in höchste Ämter gelangt waren, in Görings Reichsluftfahrtministerium intensiv bewarben. Die wiederbelebte Luftverkehrsverbindung nach Moskau war hierfür der erste Schritt.[9]

Über Botschafter von der Schulenburg gelangten die Pläne der Lufthansa-Direktion zu Molotow, der das Thema auf die Agenda einer großen hochrangigen sowjetischen Wirtschaftsdelegation setzte, deren Berlinbesuch für Ende Oktober vorgesehen war. Unter der Leitung von Iwan Tewosjan, Mikojans «rechter Hand», bestand die Delegation aus acht für einzelne Wirtschaftsbereiche zuständigen Unterkommissionen, von denen allein fünf die Verhandlungen mit der deutschen Rüstungs- und Luftfahrtindustrie übernahmen. Bei diesen ging es zunächst weniger um die Wiederaufnahme von zivilen Verkehrsrouten, sondern um den Kauf deutscher Kampfflugzeuge und Bomber, die die Sowjets im Beisein von Görings Generalluftzeugmeister, dem legendären Jagdpiloten des Ersten Weltkriegs Ernst Udet, an verschiedenen Standorten besichtigten. Am späten Abend des 26. Oktober wurde die Delegation am Berliner Bahnhof Friedrichstraße von führenden Wirtschaftsbeamten des Auswärtigen Amtes empfangen und unternahm in den folgenden Tagen Werkschauen auf dem Flugplatz Johannisthal bei Berlin, in Dessau, Augsburg, Rostock und Bremen. Udets Mitarbeiter, die die Reise organisiert hatten, achteten dabei tunlichst darauf, dass keinesfalls die neuesten Flugzeuge präsentiert, sondern ältere Modelle vorgestellt wurden, die getrost nach Moskau verkauft werden konnten. Die Produktionsstrecke eines neuen Fernbombers blieb den Sowjets ebenso verborgen wie beim Besuch in Bremen die Modelle des neuen Jagdflugzeugs vom Typ Focke-Wulf 190. Dennoch verliefen die Wirtschaftsgespräche, auch jene über die Wiederaufnahme des zivilen Flugverkehrs, erfolgreich, nicht zuletzt weil Hermann Göring gute Stimmung machte und für Stalins Verteidigungskommissar Woroschilow eine Fieseler Storch als Geschenk versprach.

Zwei Wochen nach der Deutschlandreise der sowjetischen Wirtschaftsdelegation reiste Martin Wronsky nach Moskau, wo er, unter anderem mit der Aeroflot, konkrete Verhandlungen über den Aufbau der Eurasia-Linie nach China führte. Er erreichte die Wiederaufnahme des gemeinsamen Linienflugverkehrs zum 1. Januar 1940 sowie den Entwurf eines gemeinsamen Regierungsvertrages, der nach seiner Rückkehr jedoch von der deutschen Seite abgelehnt wurde. Berlin wollte keinen Regierungsvertrag, sondern befürwortete lediglich eine Zusammenarbeit, die durch einen Gesellschaftervertrag zwischen der Aeroflot und der Lufthansa geregelt werden konnte. Obwohl diese Herabstufung in Moskau missfiel, gab Molotow grünes Licht, und am 23. Dezember 1939 unterzeichnete Martin Wronsky den Vertrag mit der Aeroflot, auf den weitere Infrastrukturabkommen folgten. Neben dem Luftfahrtvertrag regulierten ein Seefahrtabkommen den Seeliniendienst zwischen Hamburg und Leningrad sowie Leningrad und Stettin und ein Eisenbahnverkehrsabkommen den Güterverkehr an Grenzübergängen wie Brest-Litowsk und Przemyśl sowie die deutschen Transitzüge, die über sowjetisches Territorium nach Rumänien fuhren. Als die ersten Passagiermaschinen im Januar 1940 in Moskau und Berlin-Tempelhof landeten, hatte die wirtschaftliche Zusammenarbeit ihren Höhepunkt erreicht.

Die Tatsache, dass deutsche Luftfahrtexperten wie Wronsky und Weigelt Moskau nur als Etappenziel auf dem Weg zu einer transeurasischen Flugtrasse nach China betrachteten, war dort nicht verborgen geblieben. Dass Molotow die Wiederaufnahme der gegenseitigen Beziehungen gebilligt hatte, hieß nicht, dass er bereit war, den großwirtschaftlichen und im Zweifelsfalle auch politischen Expansionsplänen der Deutschen zuzuarbeiten. Als Gehilfen deutscher Expansions- und Kolonialpläne ließen sich Molotow und Stalin nicht einspannen.

Die Ausweitung der Lufthansa-Routen über sowjetisches Territorium bis nach Wladiwostok lehnte Molotow daher ebenso strikt ab wie die Überflugrechte für deutsche Flugzeuge nach Mandschukuo, dem unter japanischer Vorherrschaft stehenden Marionettenstaat der Mandschurei. Mit dem Aufkommen der ersten Gerüchte über die Planungen eines deutschen Überfalls auf die Sowjetunion revidierte Moskau sogar die bestehenden Vereinbarungen und betrachtete die gemeinsamen Linienflüge mit zunehmendem Argwohn. Zwar besuchten Vertreter der deutschen Luftfahrtindustrie und Stabsmitarbeiter von Ernst Udet noch im März 1941 sowjetische Flugzeugwerke und Forschungsinstitute. Das Ziel Moskaus aber bestand zu diesem Zeitpunkt weniger in der Intensivierung der Handelsbeziehungen als vielmehr darin «zu zeigen, was wir haben und was wir tun können, um jeden, der uns angreift, vernichten zu können».[10] Auch der im Februarabkommen vereinbarte Warenaustausch gestaltete sich zunehmend schwieriger als in der anfänglichen Euphorie gedacht, wobei man sich die Schuld für die zahlreichen Verzögerungen und Qualitätsmängel gegenseitig in die Schuhe schob. «Die deutschen Lieferungen», rechtfertigte etwa Karl Schnurre das Vorgehen des Deutschen Reichs,

> bleiben hinter den sowjetischen Lieferungen stärker zurück, als dies im Abkommen vorgesehen ist. Schuld hieran ist zu einem beträchtlichen Teil die ungemein schwierige Verhandlungsart und Schwerfälligkeit der russischen Unterhändler.[11]

Selbst wenn Schnurre mit dieser Einschätzung Recht haben mochte – Verhandlungen mit Moskau waren immer kompliziert –, lag die Verantwortung für die Schwierigkeiten nicht allein beim sowjetischen Partner, sondern ebenso bei den Deutschen, die aufgrund der eigenen kriegswirtschaftlichen Lage wenig geneigt waren, ihre Industrieanlagen ostwärts zu schicken. Aus Protest stellte die Sowjetunion bereits zwei Monate nach der Unterzeichnung des Februarabkommens, im April 1940, die Petroleum- und Getreidelieferungen vorübergehend ein und zog frühere Zusagen, wie die eines deutschen Flottenstützpunktes bei Murmansk, wieder zurück.[12]

«Basis Nord»

Die dem deutsch-sowjetischen Bündnis eingeschriebene Spannung einer von Misstrauen durchdrungenen Zusammenarbeit prägte, wie in der Wirtschaft, auch die militärische Kooperation, bei der es bei weitem nicht gelang, an die legendäre Zwischenkriegszeit anzuknüpfen. Zwar hatten die Propagandisten beider Regime das Zusammentreffen von Roter Armee und Wehrmacht in Polen mit Aufwand inszeniert und den Fotografien der deutsch-sowjetischen Siegesparade in Brest-Litowsk einen hohen Symbolgehalt verliehen. Doch schon die Bilder, auf denen deutsche und russische Soldaten Zigaretten tauschten oder sich freundschaftlich auf die Schultern klopften, wollte Joseph Goebbels in der Inlandspresse nicht abgedruckt sehen. Das Foto eines blumengeschmückten Empfangsbogens, den verunsicherte Einwohner eines polnischen Dorfes sowohl mit einem Hakenkreuz als auch mit Hammer und Sichel versahen, ließ Goebbels gleich ganz verbieten.[13] In den ersten Kriegswochen verständigten sich die Wehrmacht und die Rote Armee auch nicht über die Möglichkeiten einer langfristigen Kooperation, sondern über akute Fragen, wie die der Gebietsaufteilungen, des Rückzugs der Wehrmacht aus dem sowjetischen Interessengebiet, über den Verlauf der Demarkationslinien und die gemeinsame Niederschlagung des polnischen Widerstands, die noch die geringsten Unstimmigkeiten hervorrief.

Der Grenz- und Freundschaftsvertrag vom 28. September beendete die Übergangszeit und weckte unter anderem beim deutschen Militärattaché in Moskau, Generalleutnant Ernst-August Köstring, durchaus Hoffnungen auf eine langfristige Zusammenarbeit.[14] Köstring, der mit Kliment Woroschilow den Rückzug der Wehrmacht und die Übergabe von Białystok verhandelt hatte, erhöhte sein Botschaftspersonal und befürwortete den Anfang November geschaffenen «Verbindungsstab Russland des OKH bei Oberost», der mit Sitz in Łódź (später Litzmannstadt) von Oberstleutnant Karl Spalcke, einem Veteran der guten Jahre zwischen Reichswehr und Roter Armee, geleitet wurde.[15] Unter Spalcke beschäftigte sich der «Verbindungsstab Russland» vor allem mit Konflikten an der gemeinsamen Grenze und Problemen des Kriegsgefangenenaustausches, wobei sich Spalcke im Einklang mit Köstring und der deutschen Botschaft für die Freilassung jener Volksdeutschen einsetzte, die als Angehörige der polnischen Armee in russische Kriegsgefangenschaft gelangt waren und nun, so die Hoffnung, im Rahmen der Umsiedlungsvereinbarungen und des Bevölkerungsaustausches in das deutsche Besatzungsgebiet zurückkehren würden.[16] Weitergehende Pläne einer langfristigen militärischen Kooperation aber konnten weder Köstring noch der «Verbindungsstab Russland» entwickeln, auch weil unter vielen Wehrmachtgenerälen Antibolschewismus, Misstrauen und der Groll überwogen, der Roten Armee Ostpolen quasi auf dem Silbertablett präsentiert zu haben. In der Roten Armee wiederum hatten die stalinistische Propaganda der 1930er Jahre und die Säuberungserfahrungen in den eigenen Reihen ebenfalls gewirkt und ein reserviert-feindliches Verhalten bestimmt. Generäle der deutschen Heeresspitze gaben ihrer Skepsis gegenüber dem Bündnis in mehreren Denkschriften Ausdruck, wenn es etwa hieß, dass Hitler sich nun in einer «dynamischen Lebensgemeinschaft» mit dem bolschewistischen Russland befinde und Deutschland damit «zum europäischen Glacis des asiatischen Großreiches […] zur bolschewisierten Randgruppe Asiens in Europa» zu werden drohe.[17] Von einer Waffenbrüderschaft konnte keine Rede sein. Vielmehr fürchtete man die russische Expansionslust, vor der etwa der ehemalige Generalstabschef des Heeres und Hitler-Gegner Ludwig Beck warnte. «Daher kann man», erklärte Beck im Zuge der Grenzverhandlungen 1939, «sehr wohl der Auffassung sein, dass, sollte es künftig eine gemeinsame deutsch-russische Grenze geben, wir statt des Beelzebub den Teufel eingetauscht haben.»[18]

Nennenswerte Versuche der militärischen Zusammenarbeit gab es lediglich bei der Marine, obwohl auch hier die Pläne einer deutschen Nutzung des Seehafens von Murmansk auf halber Strecke steckenblieben.

Im September 1939 hatten sich sechs deutsche Schiffe, darunter das Passagierschiff «Bremen», die sich nach der Kriegserklärung der Westmächte auf Überseerouten befanden, im Hafen von Murmansk in Sicherheit gebracht. Mitte September lagen bereits 18 deutsche Handels- und Passagierdampfer vor Anker, was die deutsche Kriegsmarine die Idee entwickeln ließ, Murmansk nicht nur als Zufluchtsort deutscher Handelsschiffe zu nutzen, sondern als geheimen Militärstützpunkt.[19] Hitler untersagte zwar den Kauf sowjetischer U-Boote, stimmte diesen Plänen aber zu. Moskau lehnte sie mit der Begründung ab, Murmansk sei zu groß, um die Geheimhaltung gewährleisten zu können. Darüber hinaus stieß der Gedanke, dass mit den Deutschen eine fremde Macht in den historisch symbolträchtigen und strategisch wichtigen Hafen von Murmansk einziehen würde, im Kreml auf wenig Begeisterung. Um den Verbündeten nicht offen zu brüskieren, schlug Molotow die westlich von Murmansk gelegene Bucht «Sapadnaja Liza» vor, in der, unter der deutschen Bezeichnung «Basis Nord» und gut geschützt vor feindlichen Blicken, deutsche Handels- und Passagierschiffe zu Kreuzern der Kriegsmarine umgebaut werden konnten.

Doch auch diese Pläne wurden nie realisiert, einmal, weil auch dieser Standort keine Geheimhaltung garantierte und zweitens, weil die sowjetischen Werften tatsächlich nicht über die nötige technische Ausstattung verfügten. Der Umfang der Reparaturarbeiten blieb begrenzt, und die «Basis Nord» wurde nur wenig, hauptsächlich als Ankerstätte für Nachschubschiffe deutscher Zerstörer während des Einmarsches in Norwegen, genutzt. Im Zuge dieser Kriegsexpansion war sie ohnehin überflüssig geworden. Am 22. August 1940 beendete die deutsche Kriegsmarine das leidige Kapitel, und die Seekriegsleitung löste die «Basis Nord» auf, die nach der Besetzung der norwegischen Küste nicht mehr gebraucht wurde.

Hitlers Blitzkriege

Während Wirtschaftsleute und Militärs noch die Möglichkeiten des Bündnisses mit Moskau ausloteten, richtete Adolf Hitler seinen Blick längst nach Norden und Westen. Am 9. April 1940 begann mit dem «Unternehmen Weserübung» die deutsche Invasion in Norwegen und Dänemark, die vor allem das kriegsstrategische Ziel verfolgte, den Angriff auf

Großbritannien logistisch und ökonomisch zu flankieren. Aus diesem Grund mussten die Eisenerzeinfuhr aus dem neutralen Schweden und die von finnischem Nickel ins Deutsche Reich und der Zugang zu den norwegischen Seehäfen gesichert werden, der eine Seeblockade der Briten verhinderte. Einen Monat später, am 10. Mai 1940, weitete die Wehrmacht ihren Feldzug nach Belgien, Luxemburg und in die Niederlande (Fall Gelb) aus, deren Königsfamilie mit der Regierung nach London floh und dort eine Exilregierung bildete. Nachdem die niederländische Armee kapituliert hatte, übernahm Arthur Seyß-Inquart, der kurzzeitig österreichischer Bundeskanzler gewesen war, das Amt des Reichskommissars für die Niederlande.

Am 28. Mai 1940 folgte die Kapitulation Belgiens, dessen Regierung ebenfalls nach London floh, während König Leopold III. im Land blieb und auf der Residenz Schloss Laeken festgesetzt war. Das Großherzogtum Luxemburg, dem Ribbentrop zunächst die politische und territoriale Unabhängigkeit versprochen hatte, wurde im August unter deutsche Militärverwaltung gestellt.

Die Schnelligkeit, mit der die deutsche Wehrmacht ein europäisches Land nach dem anderen besetzte und damit sowohl Frankreich als auch Großbritannien, dem eigentlichen Ziel der deutschen Kriegspolitik, bedrohlich näherkam, führte in London zur längst überfälligen Ablösung der Regierung von Premier Chamberlain, der sein Amt schwerkrank an Winston Churchill, den vehementen Gegner der Appeasement-Politik, übergab. Gleichzeitig besetzte die britische Armee vorsorglich Island und stationierte rund 25 000 Soldaten auf der Insel. Nach nur drei Tagen im Amt hielt Churchill am Pfingstmontag, dem 13. Mai 1940, im Unterhaus eine seiner berühmtesten Reden, in der er das Land auf einen erbitterten Kampf – «Blut, Schweiß und Tränen» – einschwor:

> Ich habe nichts zu bieten als Blut, Mühsal, Tränen und Schweiß. Wir haben vor uns eine Prüfung der schmerzlichsten Art. Wir haben vor uns viele, viele lange Monate des Kampfes und Leidens. […] Es ist Krieg zu führen, zu Wasser, zu Land und in der Luft, mit all unserer Macht und mit all der Kraft, die Gott uns geben kann, und Krieg zu führen gegen eine ungeheuerliche Gewaltherrschaft, die nie übertroffen worden ist in der dunklen, beklagenswerten Liste menschlichen Verbrechens. Das ist unsere Politik. Sie fragen, was unser Ziel ist: ich kann in einem Worte erwidern: es ist der Sieg – Sieg um jeden Preis – Sieg trotz aller Schrecken, Sieg, wie lang und hart auch immer

> der Weg sein mag, denn ohne Sieg gibt es kein Überleben – seien Sie sich darüber klar – kein Überleben für das Britische Weltreich, kein Überleben für all das, wofür das Britische Weltreich eingetreten ist, kein Überleben für das Drängen und Streben der Zeitalter, dass die Menschheit sich vorwärts bewege ihrem Ziel entgegen.[20]

Wortgewaltiger konnte die Kampfansage an Hitler, der die Blitzeroberungen unbeirrt fortsetzte, nicht ausfallen.

Am 10. Juni kapitulierte das norwegische Militär. König Haakon VII. und die Regierung gingen ebenfalls ins britische Exil, von wo aus sie im Verbund der europäischen Exilregierungen und mit Churchill den Kampf gegen das «Dritte Reich» und die Achsenmächte aufnahmen. Noch am selben Tag erklärte Benito Mussolini, der sich, nunmehr vom schnellen Sieg der Deutschen überzeugt, auf die Seite Hitlers schlug, wortgewaltig vor Tausenden auf der Piazza Venezia in Rom den Kriegseintritt Italiens gegen Frankreich und Großbritannien. Nach langem und die Deutschen immer wieder verärgerndem Zögern fällte Mussolini seine Entscheidung bewusst in der Endphase des Frankreichfeldzugs, der die Aussicht auf territoriale Gewinne bis hin zum freien Ozeanzugang für Italien vergrößerte. Am 14. Juni besetzte die Wehrmacht die französische Hauptstadt Paris, die zuvor teilweise geräumt worden war und aus der viele Bewohner unter völlig chaotischen Bedingungen in Richtung Süden flohen. Drei Tage später erklärte Marschall Philippe Pétain, Ministerpräsident der neugebildeten französischen Regierung, die Niederlage Frankreichs, woraufhin General Charles de Gaulle die Franzosen aus dem Londoner Exil zum Widerstandskampf aufforderte und französische Exilanten im Komitee freies Frankreich versammelte. Der Waffenstillstand von Compiègne, den Deutschland und Frankreich am 22. Juni unterzeichneten, bedeutete den Sieg Hitlers und des Nationalsozialismus über Europa.

Ein linkes Dilemma

Die deutsche Besatzung Westeuropas stürzte Kommunisten und Linke, die sich von der Nachricht des Hitler-Stalin-Pakts noch kaum erholt hatten, in ein unerträgliches Dilemma. Nun bekamen sie die praktischen Auswirkungen jener ideologischen Verrenkungen zu spüren, die ihnen von der Komintern-Führung diktiert wurden. Theoretisch galten die imperialistischen Mächte England und Frankreich als Hauptfeinde und als die wahren Anstifter des Krieges. Noch im Februar hatte Walter Ulbricht aus Moskau die Doktrin des Pakts mit den Worten bekräftigt, dass, «wer gegen die Freundschaft des deutschen und des Sowjetvolkes intrigiert, ein Feind des deutschen Volkes [sei] und als Helfershelfer des englischen Imperialismus gebrandmarkt»[21] werde. In der Praxis bedeutete dies nicht weniger, als dass die kommunistischen Parteien im Westen die Blitzkriege Hitlers nicht nur rechtfertigen, sondern sogar willkommen heißen mussten. Für Walter Ulbricht war in dieser Zeit sogar ein innenpolitisches Zweckbündnis der deutschen Kommunisten mit Hitler möglich, denn immerhin handelte es sich um den Verbündeten Stalins und der Sowjetunion.[22] Während die Wehrmacht Dänemark, Belgien, die Niederlande, Frankreich und Norwegen besetzte, veröffentlichten die kommunistischen Parteien jener Länder Statements, an die sie sich später nicht erinnern wollten. Auf Geheiß des Exekutivkomitees der Komintern bezeichneten beispielsweise dänische Kommunisten den deutschen Einmarsch als «Antwort auf die grobe Verletzung der Neutralität der skandinavischen Länder durch England und Frankreich».[23] In den Niederlanden rief die Partei unter Generalsekretär Paul de Groot nach dem Einmarsch der Wehrmacht zum Kampf gegen England auf; der Widerstand gegen die deutschen Besatzer wurde abgelehnt.[24] In Norwegen veröffentlichten die Kommunisten am 15. Mai 1940 einen Aufruf zur Verständigung mit dem deutschen Besatzer, der die neue Ordnung Europas unter deutscher Ägide und mit Deutschland als Zentrum empfahl. Es sei, hieß es dort, «im Interesse der Arbeiter», die Feindseligkeiten einzustellen und für eine ökonomische Annäherung zwischen Norwegen und dem «Dritten Reich» zu sorgen.[25] Und in Italien rief Mussolinis Angriff auf Griechenland im Oktober 1940 weder seitens der mächtigen KP noch von der Komintern irgendwelche Proteste hervor.

Besonders bestürzend aber war die Lage für die KP Frankreichs, die aus Moskau direkt aufgefordert wurde, die Besatzung zu nutzen, um aus der Illegalität zurückzukehren und zu diesem Zwecke Verhandlungen mit den Deutschen aufzunehmen. Hinter der Legalisierung der KP stand das politische Ziel, die Sozialdemokraten und linksbürgerlichen Kräfte als Konkurrenten auszustechen und eine Machtposition zu erlangen, die in den vergangenen Jahren unerreichbar gewesen war. Vor diesem Hintergrund begannen noch im Juni rund zweimonatige Verhandlungen, für die von deutscher Seite der von Ribbentrop eingesetzte Botschafter im besetzten Frankreich, Otto Abetz, und der Propagandachef der NSDAP in Paris aktiv wurden. Von der Militärverwaltung wurden die sich anbahnenden Gespräche allerdings skeptisch betrachtet. Für sie kam eine Legalisierung nur infrage, wenn sich die KP dazu hergab, die Bevölkerung aktiv zur Kollaboration aufzurufen; eine Bedingung, die im Übrigen auch Otto Abetz im Kontext seines von Hitler und Ribbentrop befürworteten «umfassenden Konzepts der Mitwirkung der KP Frankreichs im Rahmen der deutschen Besatzungspolitik» stellte.[26] Anfänglich gaben die Unterhändler der Partei um Maurice Tréand und den Parteianwalt Robert Foissin Abetz' Vorstellungen durchaus nach. Am 4. Juli erschien so im Parteiorgan *L'Humanité* unter dem Titel «Französische Arbeiter und deutsche Soldaten» ein Kommentar, der die Pariser Bevölkerung ermunterte, mit Deutschen einen freundlichen Kontakt zu pflegen. «In diesen schweren Zeiten», hieß es dort,

> ist es besonders ermutigend zu sehen, wie zahlreiche Pariser Arbeiter sich freundschaftlich mit deutschen Soldaten unterhalten, sei es auf der Straße oder im Bistro an der Ecke. Bravo, Genossen, nur so weiter, selbst wenn dies gewissen Bürgern, die ebenso dumm wie bösartig sind, nicht gefällt. Die Verbrüderung der Völker wird nicht für immer nur eine Hoffnung bleiben, sondern eine lebendige Realität werden.[27]

Dann aber änderte sich – auf Befehl aus Moskau – die Taktik. Während die Verhandlungen weiterliefen, sollte die Partei nun im Alltag jeden Eindruck einer zu engen Zusammenarbeit mit den Deutschen vermeiden; «in Fällen», lautete ein Telegramm der Komintern, «wo Mitglieder, Kommunalpolitiker, Verantwortliche von Gewerkschaften oder Hilfskomitees legal oder halb legal tätig werden, alles vermeiden, was Eindruck der Solidarität mit Invasoren erwecken könnte».[28] Vom Siegeszug Hitlers beunruhigt, ging Stalin im Sommer 1940 bereits auf Distanz und verlangte von den französischen Kommunisten einen politischen Spagat, den sie nicht lange durchhielten. Schon im August verliefen die Verhandlungen in Paris mühsam, denn auch Otto Abetz hatte sein Konzept modifiziert und angedeutet, dass die Kommunisten als Kollaborateure zwar nicht gleich ausfallen sollten, in Zukunft aber jederzeit ausfallen könnten. Wenig später war von einer Zusammenarbeit keine Rede mehr, stattdessen nahmen die Repressionen gegen die KP und linksbürgerliche Kräfte zu, und die

Besatzungsmacht erließ ein Gesetz zur verschärften Unterdrückung von Kommunisten in Frankreich, das deren «administrative Internierung» erlaubte und eine Verhaftungswelle kommunistischer Mandatsträger und Gewerkschaftler in der Region Paris auslöste.[29]

Mit der schnellen Kapitulation Frankreichs hatte Stalin nicht gerechnet. Sie störte das im September 1939 ausbalancierte Gleichgewicht der Kräfte und Interessen, worauf die sowjetische Politik in zweifacher Hinsicht reagierte. Zum einen argumentierte sie in zunehmendem Maße wieder ideologisch, nachdem der Einfluss der Ideologie seit dem Pakt zwar nicht aufgehört hatte, doch stets zurückgedrängt worden war. Sukzessive, anfangs kaum spürbar und parallel zu den Verhandlungen in Paris positionierte Stalin die Komintern wieder als europäisches Zentrum des linken Widerstands gegen Hitler. Gleichzeitig wurde in den besetzten Ländern vermehrt zum nationalen Kampf gegen die deutschen Besatzer aufgerufen, auch von der KPD, die schon den Waffenstillstand von Compiègne als Teil von Hitlers Plan, «über ganz Europa die Vorherrschaft des deutschen Imperialismus zu errichten [und] den unterworfenen und abhängigen Völkern reaktionäre, volksfeindliche totalitäre Regierungen aufzuzwingen», charakterisiert hatte.[30] Das Scheitern der Verhandlungen mit Abetz vor Augen, schwenkte schließlich auch die KP Frankreichs um und verbreitete einen fertigen Aufruf an das französische Volk, den der nach Moskau geflohene Generalsekretär Maurice Thorez schon im Juli abgesegnet hatte. Als «Appel du 10 juillet» mystifiziert, galt der Aufruf später als Beweis für den frühzeitigen kommunistischen Widerstand, vor allem in Konkurrenz zur Résistance von General de Gaulle.[31] Im Herbst 1940 versinnbildlichte er die Strategie Stalins, Hitlers unheimlichen Siegeszug in Westeuropa zu untergraben. Von einem wirkungsmächtigen kommunistischen Widerstand kann allerdings erst für die Zeit nach dem Ende des deutsch-sowjetischen Bündnisses gesprochen werden.

Stalins Pakt

Die zweite Reaktion Stalins auf den Erfolg Hitlers bestand in der umgehenden Besetzung der von ihm beanspruchten Territorien in Ost- und Südosteuropa. Vor diesem Hintergrund verband Molotow die «wärmsten Glückwünsche zum glänzenden Erfolg der deutschen Wehrmacht» in

Frankreich sogleich mit der Ankündigung, nun selbst im Baltikum zur Tat zu schreiten.[32] Dass die Sowjetunion das Baltikum als ureigenes Interessengebiet definierte und es sich einverleiben würde, war im geheimen Zusatzprotokoll quasi festgeschrieben und nur eine Frage der Zeit. «Sie hatten keine Chance», gab Molotow noch Jahrzehnte später gegenüber Felix Chuev zu:

> Ein Land muss sich um die eigene Sicherheit kümmern. Als wir unsere Forderungen formulierten – man muss handeln, bevor es zu spät ist –, schwankten sie noch. […] Aber schließlich mussten sie sich entschließen. Und wir brauchten die baltischen Staaten.[33]

Im Juni 1940 nutzte Stalin die Gunst der Stunde, nachdem er im Mai die Truppenstärke an der Grenze auf über 435 000 Soldaten erhöht hatte und in der ersten Junihälfte die Truppen der Roten Armee an den Standorten innerhalb der baltischen Staaten aufgestockt worden waren.[34] Am 15. Juni begann die sowjetische Besatzung Litauens. Die entmachtete Regierung floh, unter anderem nach Deutschland, wo sie mit politischer Unterstützung den antisowjetischen Widerstand aufbaute. Moskau setzte eine Marionettenregierung ein, deren Außenminister, der litauische Schriftsteller Vincas Krėvė-Mickevičius, von Molotow folgendermaßen unterwiesen wurde:

> Sie müssen in dem Maße Realisten sein, dass Sie verstehen, dass die kleinen Völker in Zukunft verschwinden werden. Ihr Litauen zusammen mit den anderen baltischen Völkern, Finnland mitgerechnet, wird in die glorreiche Familien der Sowjetvölker aufgenommen werden. Deshalb sollten Sie beginnen, Ihr Volk in das Sowjetsystem einzuführen, das in der Zukunft ganz Europa beherrschen wird.[35]

Stalin setzte diesen Plan konsequent um. Nachdem mit Litauen der größte baltische Staat annektiert war, folgten am 17. Juni 1940 Lettland und Estland. Auch dort wurden so genannte Volksfrontregierungen eingesetzt und unter Aufsicht der Statthalter Andrei Schdanow und Andrei Wyschinski Scheinwahlen für neue Parlamente abgehalten, deren Abgeordnete Anfang August willfährig für den Anschluss als Unionsrepubliken an die Sowjetunion votierten. Die Gegner der gewaltsamen Sowjetisierung und die alte nationale Elite fielen, wie schon im Fall Polens geschehen, dem Terror des NKWD zum Opfer, in dessen Lagern eigens

Aufnahmekapazitäten für rund 70 000 neue Gefangene «geschaffen» worden waren. Großgrundbesitz wurde enteignet, Bauern als «Kulaken» stigmatisiert, ermordet oder mit ihren Familien nach Sibirien deportiert.

Die Eroberungszüge Stalins im Baltikum und Hitlers in Nord- und Westeuropa strapazierten das deutsch-sowjetische Bündnis, das seinen Zenit in dem Moment überschritt, in dem die territorialen Machtinteressen miteinander kollidierten. Nachdem die Besetzungen vollbracht waren, sah sich die sowjetische Nachrichtenagentur TASS genötigt, die wachsenden Gerüchte über die «Verschlechterung der deutsch-sowjetischen Beziehungen» zum ersten Mal offiziell zu dementieren.[36] Wie Botschafter von der Schulenburg vermutete, war Stalin selbst der Verfasser dieser Erklärung, deren Ziel es seiner Meinung nach nicht nur war, Gerüchte zu entkräften, sondern vor allem, die so beschworene deutsch-sowjetische Solidarität «für die Lösung der Bessarabien-Frage» in Haftung zu nehmen.[37] Mit der sowjetischen Besetzung Bessarabiens plante Stalin einen Schritt, der, wie er wusste, einen Konflikt mit den Deutschen heraufbeschwor und tatsächlich mit dem sowjetischen Anspruch auf die (Nord-)Bukowina zu einer handfesten bündnispolitischen Belastungsprobe wurde. Stalin, versicherte Molotow gegenüber Chuev, hatte Bessarabien nie als Teil Rumäniens anerkannt.[38] Aber auch Deutschland stand Bessarabien nicht gleichgültig gegenüber, benötigte es doch im Zuge der nationalsozialistischen Wirtschaftspläne in Südosteuropa das Wohlwollen Rumäniens, um auf dessen Ölfelder und Landwirtschaftsressourcen zugreifen zu können.

Darüber hinaus verfügte Bessarabien über eine starke deutsche Minderheit, die im Interesse der nationalsozialistischen Volkstumspolitik stand und als Argument für die eigenen Machtansprüche genutzt wurde. Um Rumänien nicht zu einem Kriegsschauplatz werden zu lassen, musste das «Dritte Reich» einen deutsch-sowjetischen Konflikt um Bessarabien und die Bukowina vermeiden und befand sich so in einer Lage, die Stalin auszunutzen verstand. Am 26. Juni 1940 stellte die Sowjetunion Rumänien das Ultimatum, Bessarabien und die Nordbukowina als «bescheidene Kompensation für die enormen Verluste, die die Sowjetunion und die Bevölkerung Bessarabiens durch die zweiundzwanzigjährige Herrschaft Rumäniens in Bessarabien erlitten habe», abzutreten. In Berlin wurde vor allem der Anspruch auf die Nordbukowina als Unverschämtheit empfunden, zumal er nicht Gegenstand der Augustverhandlungen gewesen war.

«Der Anspruch der Sowjetunion auf die Bukowina», formulierte von der Schulenburg den Einspruch der deutschen Regierung, «ist ein Novum. Die Bukowina war früher österreichisches Kronland und ist stark besiedelt. Deutschland ist daher an dem Schicksal dieser Volksdeutschen ebenfalls besonders interessiert.»[39]

Angesichts des Drucks, den Stalin auf Rumänien und Deutschland ausübte, rächte sich nun die Zeitnot, unter der das Bündnis im August ausgehandelt worden war. Um Moskau zu gewinnen, hatte Ribbentrop im Kreml das «völlige politische Desinteresse» Deutschlands an Bessarabien erklärt, und diese Erklärung war im Zusatzprotokoll ausdrücklich festgehalten worden. Jetzt machte Hitler seinem Außenminister daraus den Vorwurf, eilfertig gehandelt zu haben. Ribbentrop versicherte, er habe damals «nur» das politische Desinteresse gemeint, das wirtschaftliche Interesse aber «betont zum Ausdruck gebracht».[40] Im Sommer 1940 nutzte dies wenig. Stalin scherte sich nicht um Ribbentrops Gerede vom vergangenen August, sondern verlangte, die Deutschen sollten zu ihrem erklärten Desinteresse an diesen Gebieten stehen. Wenn Deutschland die Besetzung dieser Territorien ablehne, drohte Molotow gegenüber von der Schulenburg, könne die Sowjetunion den Anspruch auf die Südbukowina ausdehnen, wofür dann ebenfalls die Unterstützung der Deutschen erwartet werden würde. Hitler gab schließlich nach und empfahl Rumänien die Annahme des sowjetischen Ultimatums, wenn, so die schmächtige Bedingung, zumindest alle Volksdeutschen Bessarabiens «analog der Volksdeutschen in Wolhynien» umgesiedelt werden könnten, was auch geschah.[41] Am 27. Juni 1940 akzeptierte Rumänien die Forderung der UdSSR nach der «Herausgabe» Bessarabiens und der Nordbukowina.

Nach der Bessarabienkrise konnten keine Freundschaftsschwüre die Risse im deutsch-sowjetischen Bündnis übertünchen. «Russland bereitet einen Angriff auf Rumänien vor», so Galeazzo Ciano, Italiens Außenminister und der Schwiegersohn Mussolinis,

> Molotow hat dies Schulenburg angekündigt. Deutschland kann nur akzeptieren, aber es ist klar, dass die russische Politik immer betonter antideutsch wird. Die Hauptstadt, in der am meisten gegen den deutschen Sieg konspiriert wird, ist Moskau. Die Perspektiven schienen sehr anders, als die Bolschewisten im August und im September die Verträge mit dem Nazismus eingingen. Damals glaubte man nicht an einen deutschen Triumph. Man wollte Deutschland in den Krieg und Europa in die Krise treiben, weil man an einen

> langen und ermüdenden Kampf zwischen den Demokratien und Hitler glaubte. Aber die Dinge haben sich überstürzt, und jetzt versucht Moskau, das Wasser zu trüben.[42]

Dies geschah allerdings mit Bedacht.

Im Juli 1940 empfingen Stalin und Molotow den neuen britischen Botschafter, Richard Stafford Cripps, im Kreml. Bei der Auswahl für diesen wichtigen diplomatischen Posten hatte sich Churchill bewusst für den linksliberalen Labour-Politiker entschieden, der Moskau ein gewisses Wohlwollen entgegenbrachte und eine Annäherung einleiten konnte, für die angesichts der deutsch-sowjetischen Spannungen die Gelegenheit günstig schien. Um Stalins Bereitschaft auszutesten, unterbreitete Cripps folgende Vorschläge. Als Erstes schlug er die Wiederbelebung der Handelsbeziehungen vor, die Stalin zwar nicht ablehnte, aber an die Bedingung knüpfte, dass «England sich nicht in die deutsch-sowjetischen Wirtschaftsbeziehungen» einmische, denen Moskau, wie er deutlich signalisierte, in vollem Umfang nachkommen werde.[43] Danach versuchte Cripps zweitens, die Drohkulisse der «Vorherrschaft Hitlerdeutschlands in Europa» zu zeichnen, die «für Großbritannien ebenso gefährlich ist, wie sie für die Sowjetunion gefährlich werden kann», und er schlug vor, eine «gemeinsame Verteidigungsstrategie zur Wiederherstellung des Gleichgewichts in Europa» aufzustellen.[44] Zu den Details dieser «gemeinsamen Verteidigungsstrategie» äußerte sich Cripps freilich nicht, sondern legte einen weiteren, sehr attraktiven Köder aus, indem er Stalin die Kontrolle über die Balkanländer im Namen der britischen Regierung anbot. Konkret meinte Cripps damit nicht weniger als den Zugang zu den Dardanellen-Meerengen und die Kontrolle über das Schwarze Meer, wohl wissend, dass er damit das historisch immer unerreicht gebliebene Ziel zarischer Großmachtpolitik seit dem Zerfall des Osmanischen Reiches im 19. Jahrhundert ansprach. Doch selbst dieser Köder konnte Stalin und Molotow nicht dazu bewegen, die Seiten vorschnell zu wechseln oder diesen Wechsel wenigstens in Aussicht zu stellen. Beide ließen sich nicht in die Karten schauen. Stattdessen wies Stalin Cripps mit den Worten zurecht, dass keine «einzelne Macht eine exklusive Rolle bei der Vereinigung und Kontrolle des Balkan beanspruchen» dürfe, auch nicht die Sowjetunion, die demzufolge auch dagegen sei, «dass die Türkei einseitig die Herrschaft über die Meerengen übernimmt».[45] Gleichzeitig betonte er, dass «die sowjetische

Regierung in der Hegemonie eines einzelnen Staates über Europa keine Gefahr erkennen [kann], erst recht nicht in der Ambition der Deutschen, sich andere Völker einzuverleiben», und demonstrierte so, unverändert fest an der Seite Hitlers zu stehen.

Während die Kreml-Gespräche für Cripps, der keinerlei Annäherungswillen erkennen konnte, erfolglos verliefen, waren sie für Stalin in mehrfacher Hinsicht von taktischem Nutzen. Einerseits kannte er nun den Preis, den London für die Abkehr Moskaus von Hitler zu zahlen bereit war und der für Stalin nur das Anfangsgebot sein konnte. Sein Argwohn gegenüber Großbritannien war damit nicht verschwunden, traute er London doch eher zu, einen Separatfrieden mit Hitler zu schließen und Moskau in den Krieg zu treiben, als ein echtes Bündnis anzustreben. Andererseits sandten die Gerüchte über das Treffen mit dem Botschafter Londons ein Signal in Richtung Berlin, wo Hitler verstand, dass Moskau dem Pakt nicht auf Gedeih und Verderb ausgeliefert war, sondern Alternativen ausgerechnet in Gestalt Großbritanniens besaß.

Die Feiern zum einjährigen Bestehen des deutsch-sowjetischen Nichtangriffsvertrags im August 1940 fielen verhalten aus. Zwar pries Goebbels Presse weiterhin das Bündnis und nach dem Cripps-Treffen vor allem dessen antibritische Stoßrichtung, doch klangen die Würdigungen mehr pflichtschuldig denn überzeugend. Trotzdem hielten beide Seiten, wie Stalins Reaktion auf die Angebote des britischen Botschafters gezeigt hatte, noch daran fest. Moskautreue Kommunisten wie Herbert Wehner bezeichneten den Pakt weiterhin als Akt der «Befreiung von 23 Millionen Werktätigen», womit er tatsächlich jene «Völker Westbjelorusslands, der Westukraine, der Baltischen Länder, Bessarabiens und der Nordbukowina» meinte, die, so Wehner, nun als Sowjetrepubliken ihre «Geschicke selbst in die Hand» nahmen und «den Weg zur Freiheit, zum Sozialismus» beschritten.[46] Für Stalin brachte der Pakt immer noch mehr Vor- als Nachteile, so dass kein Grund bestand, ihn aufzugeben. Trotz aller Missverständnisse, die in der Vergangenheit stets zugunsten Moskaus gelöst werden konnten, sicherte das Bündnis einen territorialen und politischen Machtzuwachs, der Stalin, ohne in einen Krieg mit den europäischen Großmächten hineingezogen zu werden, quasi mühelos zufiel. Solange die Sowjetunion am Pakt festhielt, schien zudem die Gefahr eines Krieges mit Deutschland gebannt, und so bekräftigte Molotow am 1. August 1940 vor dem Obersten Sowjet die Bündnistreue, nicht ohne auf die Vorteile hinzuweisen, die Deutschland aus dem Bündnis zog. «Dieses Abkommen», erinnerte Molotow,

> an das sich unsere Regierung strikt hält, beseitigte die Möglichkeit von Reibungen in den sowjetisch-deutschen Beziehungen bei der Durchführung von sowjetischen Maßnahmen an unserer Westgrenze und gewährleistete zugleich für Deutschland eine ruhige Gewissheit im Osten.[47]

Obschon Hitler zwei Wochen vor Molotow im Reichstag betont hatte, dass das «deutsch-russische Verhältnis endgültig festgelegt» und «jede Hoffnung Englands, durch die Herbeiführung irgendeiner neuen europäischen Krise eine Entlastung seiner eigenen Situation erreichen zu können»,[48] vergeblich war, arbeitete die deutsche Außenpolitik im Herbst 1940 an ihren Bündnissen. Görings Luftwaffe hatte kaum die ersten Angriffe auf Großbritannien geflogen, als das Deutsche Reich, Italien und Japan am 27. September in der Reichskanzlei den Dreimächtepakt unterzeichneten, der die Achse Berlin–Rom–Tokio schuf. Für Stalin war besonders das deutsche Bündnis mit Japan gefährlich, das die Sowjetunion im Falle eines deutschen Angriffs in einen Zweifrontenkrieg verwickeln konnte, während London, unter den Bombenangriffen leidend, als schlagkräftiger Verbündeter ausfiel.

In diesem Moment bot Berlin, wo Ribbentrop wieder einen antibritischen Kontinentalblock entwarf, Moskau die Aufnahme in den Dreierbund an und versprach ein weiteres Geheimabkommen, das, dem vom August 1939 ähnlich, die Interessengebiete aufteilen sollte. Nach den Krisen und Missverständnissen vom Sommer schien im Herbst die Zeit für einen Neustart in den deutsch-sowjetischen Beziehungen gekommen, zumal auch der Handel, der sich nach Karl Schnurre «im Großen und Ganzen ganz zufriedenstellend entwickelt» hatte, nach einer weiteren Verhandlungsrunde verlangte.[49] Es war Joachim von Ribbentrop, der Mitte Oktober die Initiative ergriff und, getragen von der alten Kontinentalblock-Idee, Wjatscheslaw Molotow in die Reichshauptstadt Berlin einlud.

Kapitel 6

«Ein Spiel, ein Spiel, und zwar ein primitives»

Am Abend des 10. November 1940 bestieg Molotow am Weißrussischen Bahnhof in Moskau den Zug nach Berlin. In Eydtkuhnen, dem historischen Grenzbahnhof des alten Ostpreußen – dem heutigen Tschernyschewskoje im Kaliningrader Bezirk –, überquerte der Zug die deutsch-sowjetische Grenze. Der sowjetische Außenkommissar reiste mit großer und illustrer Entourage. Mehr als 60 Personen, darunter Ärzte, Köche und Agenten sowie ein Dutzend Sicherheitsbeamte, begleiteten ihn auf der Reise, die über das Schicksal des deutsch-sowjetischen Bündnisses entschied. Graf von der Schulenburg, der eifrig für den Berlinbesuch geworben und viele Gesprächspunkte sorgfältig vorbereitet hatte, war ebenso mit von der Partie wie der versierte Unterhändler Karl Schnurre, der von Beginn an zu den wichtigsten Agenten des Bündnisses gehörte und ohne den Wirtschaftsgespräche unmöglich zu führen waren. Dieses Mal konnte Schnurre schon im Zug mit Mikojans Stellvertreter und Volkskommissar für Eisenmetallurgie, Iwan Tewosjan, der ebenfalls in die Wirtschaftsverhandlungen involviert war, Vorabsprachen treffen.

Besondere Aufmerksamkeit aber verdienten jene Begleiter Molotows, die aus den oberen Rängen des NKWD stammten und zu den engsten persönlichen Vertrauten von Lawrenti Beria gehörten. Nach Berlin reiste kein Geringerer als Berias Stellvertreter Wsewolod Merkulow, der am Moskauer Lubjankaplatz die Hauptverwaltung für Staatssicherheit, GUGB, leitete. Der mütterlicherseits einer georgischen Adelsfamilie entstammende Merkulow – sein Vater, ebenfalls ein Adliger, war zarischer Offizier – diente seit 1921 in der Tscheka und hatte als einer der loyalen Gefolgsmänner Berias die stalinistischen Säuberungen in Georgien durchgeführt und noch im Frühjahr die Sonderaktion der Massenerschießungen von Katyń überwacht.

Merkulow zur Seite stand Wladimir Dekanosow, den Beria im Zuge der Säuberungen im Außenkommissariat 1939 dorthin abkommandiert hatte. Dekanosow, der zuvor die Auslandsspionageabteilung des NKWD geleitet hatte, kannte die auswärtige Politik der sowjetischen Geheimdienstler und wurde jetzt, da die Beziehungen zu Deutschland ins Straucheln geraten waren, dringend in Berlin gebraucht. Er war als Ablösung für den unglücklich agierenden und völlig überforderten Botschafter Alexander Schkwarzew vorgesehen. Wie Dekanosow war auch Schkwarzew im Jahr 1939 in das Außenkommissariat gelangt, allerdings stand der gelernte Textiltechniker außerhalb der NKWD-Kreise und gehörte zur Generation jener jungen stalinistischen Funktionäre, die ohne politisch-revolutionäre, geschweige denn diplomatische Erfahrung die durch die Säuberungen leer gewordenen Posten besetzten. Schkwarzew war loyal und ergeben, nützlich war er – wie der «Eklat» während der Grenzverhandlungen und Ribbentrops Moskaubesuch im September 1939 gezeigt hatten – nicht mehr. Seitdem bei Stalin in Ungnade gefallen, war Schkwarzews Ablösung nur eine Frage der Zeit, die im November 1940, als in Berlin ein starker Botschafter nötig wurde, gekommen war. Berias Wahl fiel auf Dekanosow, der in der Reichshauptstadt auf einen alten Bekannten, den Georgier Amajak Kobulow, traf und mit diesem die geheimdienstliche Kontrolle der sowjetischen Berlinpolitik sicherstellen konnte. Vom Sitz der Botschaft am Prachtboulevard Unter den Linden aus leitete Kobulow seit einem Jahr die NKWD-Residentur und hatte überaus erfolgreich ein hochkarätiges Spionage- und Agentennetzwerk aufgebaut, das nicht unwesentlich zur Verärgerung der Deutschen beitrug. Es war immerhin dieses Netzwerk, auf das Hitlers diplomatische Note an die Sowjetunion im Juni 1941 Bezug nahm, um es als Motiv für den Bündnisbruch, den deutschen Einmarsch und als Begründung für die sowjetisch-bolschewistische Bedrohung Europas vorzuschieben.[1]

Mit Kobulow und Dekanosow einerseits und von der Schulenburg sowie Tewosjan andererseits bestand Molotows Entourage aus Personen, die in Berlin widersprüchliche Absichten und unterschiedliche Ziele verfolgten. Während der Botschafter und der Wirtschaftskommissar in der Reise eine letzte Chance zur Neuverständigung und Wiederbelebung des Pakts erblickten, stand für Berias Geheimdienstler nahezu fest, dass es um die Zeit nach dem Hitlerbündnis ging.

Abb. 18 Molotow in Berlin, November 1939

Als Molotow am Vormittag des 12. November auf dem Anhalter Bahnhof eintraf, nahm das trübe und regnerische Berliner Novemberwetter die Stimmung der Bündnispartner vorweg. Dennoch empfingen Ribbentrop und der Chef des Oberkommandos der Wehrmacht, Generalfeldmarschall Wilhelm Keitel, die sowjetische Delegation mit allen militärischen und staatsmännischen Ehren. In der Wochenschau sahen die Deutschen Bilder einer blumengeschmückten Bahnhofshalle, großer Menschenmengen und einer Militärehrenkompanie, die im Herzen des «Dritten Reiches» die kommunistische Internationale – die Hymne der Sowjetunion – intonierte. In der Hauptstadt war heftig darüber spekuliert und gespottet worden, ob die Nazis tatsächlich die Internationale spielen lassen würden. Nach einem kurzen Frühstücksempfang im Schloss Bellevue, dem Gästehaus der Regierung, bereiteten sich Molotow und seine Delegation auf das erste Treffen mit Hitler vor. Im Gepäck führten sie eine Direktive Stalins, die dieser seinem Außenkommissar noch vor der Abfahrt auf der Datscha in Kunzewo diktiert hatte. Molotow hielt sich streng an Stalins Vorgaben.

Molotow, Hitler und Europa

Ob die sowjetischen Gäste, von denen die meisten im Kreml zuhause waren, von Hitlers Reichskanzlei, dem übergroßen Arbeitszimmer mit den schweren Gobelins, den dicken Teppichen, dem Globus und dem hochglanzpolierten Schreibtisch beeindruckt waren, ist nicht bekannt.[2] Hitler schien auf Molotow keinen großen Eindruck zu machen. Gegenüber Felix Chuev äußerte er später:

> Da war nichts Bemerkenswertes in seiner Erscheinung. Aber er war sehr selbstgefällig und, wenn ich das so sagen darf, eine eitle Person. Er war überhaupt nicht so, wie in Filmen und Büchern porträtiert, die sich nur mit seiner Erscheinung befassen und ihn als Verrückten und Wahnsinnigen darstellen. Das ist falsch. Er war geschickt, gleichzeitig aber beschränkt und dumpf aufgrund seines Egoismus und der Absurdität seiner primordialen Idee, von der er besessen war. Aber er verhielt sich mir gegenüber nicht wie ein Verrückter. In unserem ersten Gespräch hielt er einen Monolog, während ich versuchte, ihn in Details zu zwingen.[3]

Über eine Stunde lang versuchte Hitler, Molotow vom unmittelbar bevorstehenden Sieg der Deutschen über Großbritannien zu überzeugen; einem Sieg, der den Anlass gebe, sich über die Neuaufteilung der Welt zu verständigen. Beim Versuch, den sowjetischen Außenkommissar von seinen Plänen einzunehmen, glaubte Hitler, von sich und den Feldzügen seiner Wehrmacht berauscht, vermutlich selbst am meisten den eigenen Worten. «Er beschrieb», protokollierte Paul Schmidt, Ribbentrops Chefdolmetscher im Auswärtigen Amt, die denkwürdige Rede, «die gegen England gegenwärtig durchgeführten Kampfhandlungen und unterstrich den Einfluss der atmosphärischen Bedingungen auf diese Operationen.» Der Zeitpunkt des Sieges hing also vom Wetter ab, und die «englischen Gegenwirkungen» – die durchaus robusten Luftangriffe der Royal Air Force – waren für Hitler nur «lächerlich». «Von der Fantasie angeblicher Zerstörungen in Berlin», versicherte er, «können sich die russischen Herren selbst durch Augenschein überzeugen.» Sobald sich die Wetterlage bessere, hole Deutschland zum «großen Endschlag gegen England» aus.[4]

Molotow ließ den Monolog des deutschen Führers stoisch über sich ergehen. «Für mich», erinnerte er sich,

> war das keine ernstzunehmende Konversation, aber Hitler fuhr fort, in bombastischen Worten die Liquidation Englands zu explizieren […] Er verstand von der sowjetischen Politik so wenig – ein beschränkter Geist, der uns in eine riskante Politik treiben wollte.[5]

Diese hatte Molotow rasch durchschaut. Ihm konnte nicht entgehen, dass Hitler eine Neuaufteilung der Welt vorschlug, die Deutschland nützen, die Sowjetunion aber in Konflikte und Krisen treiben würde. «Für ihn wäre es von Vorteil gewesen, wenn wir im Süden stecken geblieben wären. Wir wären von ihm abhängig gewesen, hätte England uns dort den Krieg erklärt. Man musste schon sehr naiv sein, um das nicht zu bemerken.» Hitler bot Stalin Asien und die britische Kronkolonie Indien an, wo, wie er beteuerte, das «Dritte Reich bis auf den üblichen Handel keine kolonialen Interessen» habe, wo aber ein britisch-sowjetischer Konflikt vorprogrammiert gewesen wäre. Tatsächlich brauchte es nicht viel Phantasie, um die plumpe Taktik des Deutschen zu durchschauen, die Molotow unterfordert und verärgert haben dürfte. Dass Hitler Moskau aus Europa und weg vom Balkan in einen Krieg mit London zu treiben gedachte, der beide Imperien schwächen, jegliche Annäherung verhindern und Deutschland als lachenden Dritten zurücklassen lassen würde, war durchsichtig. Hitler, erinnerte sich Molotow noch Jahrzehnte später, ging es im November 1940 vor allem darum: «Wir müssen über Großbritannien sprechen, sagte Hitler zu mir», so Molotow, «das werden wir schon tun, sagte ich. Was wollen Sie? Was schlagen Sie vor? Lassen Sie uns die ganze Welt aufteilen, sagte er, Sie brauchen den Süden, einen warmen Meereszugang.»[6] Die Idee war weder neu noch besonders klug, dennoch ließ Molotow den «Führer» ausreden. Schließlich kannte er seinen Auftrag, die

> wirklichen Absichten Deutschlands und der Dreimächtestaaten bei der Realisierung des Plans für ein ‹neues Europa› und eine ‹neue Ordnung Ostasiens› [zu] erkunden sowie den Platz der UdSSR in diesen Plänen zum gegenwärtigen Zeitpunkt und später.[7]

Und Hitlers Rede ließ tief blicken. «In Europa», erklärte dieser seinen Vorschlag, lägen

> zwischen Deutschland, Russland und Italien eine ganze Reihe von Berührungsmomenten vor. Jedes dieser drei Länder habe das verständliche Be-

> streben nach einem Zugang zum offenen Meer. Deutschland strebe aus der Nordsee heraus, Italien wolle den Riegel Gibraltar beseitigen, und Russland strebe ebenfalls dem Weltmeer zu. Es frage sich nun, wie weit die Möglichkeit bestehe, dass diese großen Staaten wirklich offene Zugänge zum Weltmeer erhielten, ohne selbst wieder darüber miteinander in Konflikt zu geraten.[8]

Vordergründig um zukünftige Krisenherde zu vermeiden, beabsichtigte Hitler, die Sowjetunion aus Europa hinauszudrängen und den Kontinent auf diesem Wege von der «jüdisch-bolschewistischen Bedrohung» zu befreien. Dass seine geopolitische Strategie ideologisch motiviert und begründet war, stand außer Zweifel, selbst wenn die ideologische Feindschaft während des Bündnisses in den Hintergrund trat. Die prinzipielle kulturelle und ideologische Überzeugung, dass die bolschewistische Sowjetunion nicht zum hochzivilisierten Europa, sondern zum barbarischen und rassisch minderwertigen Asien gehörte, hatte Hitler nie aufgeben müssen. Jetzt verkaufte er sie als großzügiges Angebot, das Molotow ohne Reaktion, aber mit Interesse hörte. Auf die direkte Frage, ob es 1940 überhaupt irgendeinen Grund seitens der Deutschen für seinen Berlinbesuch gegeben habe, antwortete Molotow:

> Sie wollten uns zum Narren machen und uns in einen Krieg mit England an ihrer Seite hineinziehen. Hitler wollte sehen, ob er uns in dieses Abenteuer treiben könne. Sie würden Hitlerfaschisten bleiben, und wir sollten Ihnen helfen. [...] Es wurde klar, natürlich, dass sie uns nur in dieses Abenteuer hineinziehen wollten.[9]

«Molotow» war, wie Ernst von Weizsäcker notierte, «kein Mann, dem man mit nebelhaften Zukunftshoffnungen auf die britische Konkurs-Masse beikommen» konnte.[10] Von Stalin dementsprechend angewiesen, ignorierte er Hitlers Offerte und traf bezüglich der Interessensphären der UdSSR «in Europa, im Nahen und mittleren Asien [...] im derzeitigen Verhandlungsstadium keinerlei Vereinbarungen mit Deutschland und Italien», «da», wie es bemerkenswerterweise in der Kunzewo-Direktive hieß, «die Verhandlungen in Moskau fortgesetzt werden sollen, das Ribbentrop in nächster Zeit besuchen wird».[11] Schon im Vorfeld des Besuchs war über eine dritte Moskaureise des deutschen Außenministers spekuliert worden, die vor allem im Interesse Stalins lag, der wichtige Verhandlungen nur in seinem Machtbereich führte, ungern verreiste, und für den Ribbentrop stets eine «leichte Beute» gewesen war. Nach dem

Treffen in Berlin waren derartige Pläne jedoch vom Tisch. In Berlin besaß Molotow keine Entscheidungsvollmacht, sondern hatte nur den Auftrag, die Gespräche auf die das Bündnis belastenden Konflikte zu lenken, die mit Finnland und Rumänien nun einmal in Europa lagen. Moskau war über die dortigen Entwicklungen verstimmt. Die Garantie der territorialen Integrität und Unversehrtheit, die Deutschland und Italien dem Königreich Rumänien im Zweiten Wiener Schiedsspruch am 30. August 1940 gegeben hatten, bedeutete den Ausschluss sowjetischer Ansprüche, insbesondere auf die Südbukowina, deren Besetzung Stalin bereits angekündigt hatte. In Bezug auf Finnland, das Hitler der Sowjetunion im geheimen Zusatzprotokoll überlassen hatte, irritierte das kürzlich geschlossene deutsch-finnische Transitabkommen, das die – vorübergehende, wie Hitler wenig glaubhaft versicherte – Stationierung von Wehrmachttruppen im Land gestattete. Beide Vorgänge betrachtete die Sowjetunion als grobe Verletzungen ursprünglicher Verabredungen, wobei ihr im finnischen Fall durchaus Recht zu geben war, zumal man im Vorfeld wichtiger, die gegenseitigen Interessen betreffender Entscheidungen Konsultationen vereinbart hatte. Dass Hitler sich nicht darum geschert hatte, erinnerte an das Großmachtgebaren von München und zeigte, dass der Zweck des Bündnisses für die Deutschen allmählich erfüllt war.

Nicht so für Stalin, der Molotow beauftragt hatte, in Berlin klarzustellen, dass «zur Interessensphäre der UdSSR weiter gehören: Finnland, Donau, vor allem das Donaudelta», sowie die Verärgerung darüber zu zeigen, dass «Deutschland in der Frage der Garantien und des Truppeneinmarsches in Rumänien» Moskau ebenfalls nicht konsultierte.[12] «Der Pakt», so Molotow dementsprechend bei Hitler, sei «für beide Seiten von Vorteil» gewesen, bis «auf einen Punkt, nämlich Finnland». Da die Finnlandfrage noch ungelöst war, erbat Molotow die Auskunft, «ob das deutsch-russische Abkommen, soweit es sich auf Finnland beziehe, noch in Kraft» sei. Auf Seiten der Sowjetunion, beteuerte er, sei «keine Änderung eingetreten», stattdessen sei es Zeit, die deutsche Haltung zu hören.[13] Diese hatte sich nach den nordeuropäischen Eroberungen und mit der Achse Rom–Berlin im Rücken – eine Achse, die in ganz Europa zahlreiche Sympathisanten und politische Unterstützer fand – sehr wohl geändert. Die «Russen nach Europa hineinlassen», hatte Hitler seinen Kriegsgenerälen längst erklärt, «ist das Ende Mitteleuropas», und auch der Balkan sowie Finn-

Abb. 19 Molotow und Hitler in der Reichskanzlei

land stellten «gefährliche Flanken» für den Einfall der asiatischen Barbaren aus dem Osten dar.[14] Gegenüber Molotow wiegelte er freilich ab. Die deutschen Truppen in Finnland seien nur auf dem Durchmarsch nach Norwegen und daher kein Anlass zur Sorge. Dann brach Hitler das eine so lästige Wendung nehmende Gespräch mit dem Hinweis auf einen drohenden Fliegerangriff ab, was angesichts der großen Töne, mit denen er die Niederlage Englands herbeigeredet hatte, eine peinliche Ausrede war.[15] Zeit für ausgiebige Pressefotos der Hauptstadtjournalisten, die im Vorzimmer ausgeharrt hatten, war ausreichend vorhanden. Für die Fotos «nahmen alle Teilnehmer wieder ihre Plätze am Tisch ein» und «wurden von allen Seiten» abgelichtet.[16] Erst danach verließ Molotow «durch die Flucht der Säle» und entschlossen, Hitler «schon noch zum Reden zu bringen», die Reichskanzlei.[17]

Am Abend, für den ein Festempfang im großen Marmorsaal der sowjetischen Botschaft Unter den Linden geplant war, machte Molotow tatsächlich Bekanntschaft mit den Berliner Luftschutzbunkern. Während seines Besuchs flog die britische Luftwaffe unentwegt Angriffe auf die

Reichshauptstadt, um, wie Churchill in seinen Memoiren wissen ließ, wenigstens auf diese Art am Treffen teilzunehmen. Verärgert über den Verlauf der Gespräche, hatte Hitler den Empfang abgesagt, während sein Stellvertreter Rudolf Heß, der einige Monate später einen spektakulären (Flucht-)Flug nach Großbritannien unternahm, Luftwaffenchef Hermann Göring und Außenminister Ribbentrop teilnahmen. Schon nach den ersten Trinksprüchen – Molotow beschwerte sich bei Göring gerade über den Rückstand der deutschen Wirtschaftslieferungen, den Göring mit einem erhöhten kriegsbedingten Eigenbedarf rechtfertigte – heulten die Sirenen, und die sich am reichen Büfett labende Gesellschaft stob auseinander.[18] Ins Schloss Bellevue zurückgekehrt, telegrafierte Molotow an Stalin, dem er die Eindrücke und Ergebnisse des ersten Tages schilderte und um weitere Weisungen bat.

Als am nächsten Tag wieder zur Mittagsstunde das zweite Treffen mit Hitler bevorstand, war Stalins Antwort längst eingetroffen. Darin lehnte er jedwede Diskussion über die Aufteilung des «britischen Erbes» ab und drängte Molotow stattdessen, auf einer Antwort in der «Finnlandfrage» zu bestehen.[19] Hitlers Neuaufteilung der Welt war für Moskau indiskutabel, und so setzte Molotow den Ton in einem Gespräch, das, wie er Stalin danach mitteilte, «nicht die gewünschten Ergebnisse» brachte.[20] Dreieinhalb Stunden stritten Hitler und Molotow, bis feststand, dass Deutschland sich nicht mehr an die Vereinbarung des geheimen Zusatzprotokolls hielt. «Zumindest», meldete Molotow nach Moskau, «kennen wir Hitlers gegenwärtige Einstellung, mit der wir rechnen müssen.»[21] Hitler, dem es allein darauf ankam, die Sowjetunion aus Europa zu verdrängen, bestritt, die Vereinbarungen des Zusatzprotokolls zu missachten, schließlich «habe Deutschland kein Gebiet besetzt, das innerhalb der russischen Interessensphäre» liege.[22] Die Stationierung deutscher Einheiten in Finnland ließ er nicht gelten und verwies vielmehr auf die Zugeständnisse, die er gemacht habe und die – Hitler nannte die Nordbukowina – tatsächlich von den August-Vereinbarungen abwichen. Er strebe keinen Krieg in Finnland an, da die deutsche Bevölkerung das Verhalten des «Dritten Reiches» während des «Winterkriegs» keineswegs nur mit Wohlwollen aufgenommen habe. Deutschland, log Hitler, akzeptiere die Tatsache der Zugehörigkeit Finnlands zur russischen Einflusszone vollständig.[23] Gleichzeitig betonte er das wirtschaftliche Interesse des «Dritten Reiches», das für Finnland ebenso gelte wie für Rumänien, und bestand weiterhin auf Nickel- und

Holzlieferungen. Er erwartete die Rücksichtnahme Moskaus auf die wirtschaftlichen Interessen Deutschlands, so wie Berlin in der Frage Litauens und der Bukowina Verständnis gezeigt habe.

Stalin spielte nicht nach diesen Regeln. Dass Hitler im August 1939 unter selbst geschaffenem Zeitdruck weitreichende Zugeständnisse gemacht hatte, interessierte ihn ebenso wenig, wie Hitler sich an die Finnland-Vereinbarungen hielt. Der Nichtangriffsvertrag, stellte Molotow klar, habe sich «auf eine bestimmte Etappe der Entwicklung bezogen [...], die mit der Beendigung des Polenkrieges abgeschlossen wurde, während die zweite Etappe mit der Niederlage Frankreichs ihr Ende fand und man jetzt in der dritten Etappe stehe». In dieser gehe es darum, die noch offenen Aufgaben zu erledigen, wobei es ihm wichtig war zu betonen, dass die gemeinsame deutsch-russische Grenze feststand und die Angelegenheiten in Bezug auf die baltischen Anliegerstaaten, Rumänien, Finnland und Polen geregelt worden waren. Zur Disposition stand nicht mehr, ob Stalin ein Anrecht auf Finnland besaß, sondern lediglich wann und wie die Besetzung erfolgen sollte. Und wenn er eine «Bilanz der sich nach der Niederlage Frankreichs ergebenden Situation» zog, so, ergänzte Molotow, müsse er nunmehr feststellen, dass «das deutsch-russische Abkommen nicht ohne Einfluss auf die großen deutschen Siege gewesen war.»[24] Aus Stalins Perspektive betrachtet, hatte die Sowjetunion den Deutschen bereits zu so großen Erfolgen verholfen, dass weitere Erwartungen, Ansprüche oder gar Zugeständnisse ausgeschlossen waren.

Glaubt man dem Protokoll von Chefdolmetscher Paul Schmidt, begann zwischen Hitler und Molotow ein Streit darüber, wer dem Anderen in der Vergangenheit mehr entgegengekommen war. «Zur Frage der Korrektur der ursprünglichen Abmachung hinsichtlich Litauens und der Wojewodschaft Lublin», die Hitler «das polnische Problem» eingebracht hatte, bemerkte Molotow, man hätte auf dieser Korrektur ja nicht «bestanden», «wenn Deutschland es nicht gewollt hätte». Darauf entgegnete Ribbentrop, Russland habe diese Korrektur sicher nicht zur absoluten Bedingung gemacht, sich doch aber stark dafür eingesetzt. Tatsächlich erinnerte sich der Außenminister gut an die hartnäckigen Verhandlungen im September 1939, als Stalin ziemlich unerwartet mit dem Tauschangebot herausgerückt war und dann – im Wissen um die bessere Verhandlungsposition – auch nicht mehr davon abrückte. Für dieses «Entgegenkommen», wie Molotow das Einknicken der Deutschen nannte, habe Berlin aber einen Ausgleich erhalten, und somit sei man quitt.

Nur bezüglich der Bukowina mochte er eingestehen, dass es sich «um ein zusätzliches, nicht im Geheimprotokoll erwähntes Gebiet handelte», Russland die Forderungen aber zunächst auf die Nordbukowina beschränkt habe, wobei er das russische Interesse an der Südbukowina unterstreichen müsse, für das er das Verständnis der Deutschen schlichtweg erwarte. Hitler, der aus Ärger über die Chuzpe des sowjetischen Kommissars außer sich war, konnte nur erwidern, es sei doch deutscherseits schon ein erhebliches Entgegenkommen, überhaupt einen Teil der Bukowina von Moskau besetzen zu lassen, denn immerhin gehörten diese einst österreichischen Gebiete quasi naturgemäß zu Deutschland. Im Übrigen hätten die Verhandlungspartner «die zur russischen Zone gehörenden Gebiete» immer «namentlich erwähnt», und von der Bukowina stehe kein Wort in den Abmachungen, ebenso wie überhaupt nie die Bedeutung des Wortes «Einflusssphäre» definiert worden sei. In Hitlers gigantischem Arbeitszimmer war die Stimmung mittlerweile so gereizt, dass auch Ribbentrop sie nicht mehr wegzulächeln vermochte. Auf beiden Seiten waren die Positionen festgefahren: Hitler wollte Europa, woraus Stalin sich nicht verdrängen ließ. Auf den Einwand Molotows, die Korrekturen bezüglich des litauischen Gebietszipfels und der Bukowina seien im Vergleich zu den Korrekturen, die Deutschland anderswo – gemeint war der Westfeldzug – durch Waffen vorgenommen habe, geradezu unbedeutend, zischte Hitler nur, «Waffenkorrekturen» seien nun überhaupt nicht Gegenstand des Abkommens gewesen.[25]

Das Wortgefecht zwischen Molotow und Hitler offenbarte, wie dünn das Eis dieses ohnehin fragilen Bündnisses geworden war. Nach den Feldzügen vom Sommer 1940 drohte es unter dem Gewicht des auf beiden Seiten gleichermaßen unbedingten Expansionswillens zu brechen. Noch im Gespräch stellte Hitler die für ihn «entscheidende Frage», ob Russland die Absicht habe, mit Finnland Krieg zu führen; eine Frage, deren Bedeutung Molotow, für den es nur um die Klärung der letzten offenen Vereinbarung aus dem geheimen Zusatzprotokoll ging, nicht nachvollziehen wollte. Salomonisch antwortete er, «dass Worte nicht immer den Taten entsprächen» und «der Friede im Ostseeraum» aber «absolut gesichert werden könne», wenn «zwischen Deutschland und Russland in der finnischen Angelegenheit volle Klarheit geschaffen sei». Er sehe nicht ein, «weshalb Russland die Realisierung seiner Wünsche um ein halbes oder ein ganzes Jahr verschieben» sollte, wo doch das deutsch-russische Abkommen «keine Fristen» vorsah und keinem in der eigenen Interessensphäre «die Hände gebunden» waren.[26] Wenn Stalin im Winter 1940 wirklich die Besetzung Finnlands plante, dann sah er darin keinen Krieg, denn schließlich holte er sich nur, «was ihm zustand».[27] Umso bemerkenswerter erschien Molotow, dass Hitler die Sowjetunion vor «diesem Abenteuer» warnte, ein «Ostseekonflikt [...] [würde] für die deutsch-russischen Beziehungen und für die große Zusammenarbeit der Zukunft eine starke Belastung» bedeuten. Für Molotow handelte es sich, wie er Hitler mitteilte, nicht um einen «Krieg in der Ostsee», sondern «um die Finnlandfrage und ihre Bereinigung im Rahmen des vorjährigen Abkommens», die sich Moskau «in demselben Ausmaß wie in Bessarabien und in den Randstaaten» vorstellte.[28] Daraufhin brach Hitler das Gespräch wie am Vortag mit dem Hinweis auf einen Fliegeralarm ab, und Molotow wusste, dass alles Gerede über Finnland als Teil der sowjetischen Interessenszone nichts wert war.[29] Sollte die Rote Armee die finnische Grenze überschreiten, riskierte Stalin den Krieg, den er verhindern wollte.

Am 14. November verließ Molotow Berlin. Auf dem Bahnhof spielte wieder eine Ehrenkompanie, von den führenden Nationalsozialisten ließ sich zur Verabschiedung aber nur Ribbentrop blicken. Der Besuch war für keinen der zwei Chefdiplomaten ein Erfolg gewesen. Zwar kannte Moskau nun «Hitlers gegenwärtige Einstellung», die aber war alles andere als beruhigend. Ribbentrop, der sich bei Hitler für die Einladung stark gemacht hatte, sah hingegen die Aussichten auf einen antibritischen Block schwinden.[30] Hitler war von der Strategie seines Außenministers längst nicht mehr überzeugt, schon gar nicht von der Idee, die Achse Berlin–Rom–Tokio um Moskau zu erweitern. Molotow misstraute den Offerten ohnehin. Auf die Frage Chuevs, ob Hitler ihn in Berlin zum Beitritt habe bewegen wollen, antwortete er: «Ja, der Schurke. Aber das war nur Camouflage. Ein Spiel, ein Spiel, und zwar ein primitives.»[31]

Hitlers Weisungen

Dass Adolf Hitler schon vor dem Besuch des sowjetischen Außenkommissars zum Krieg im Osten entschlossen war, ist bekannt und belegt. Die militärischen Vorbereitungen hatten begonnen, Generäle und Offiziere der Wehrmacht waren unterrichtet, und schon im Sommer wurden Militäreinheiten aus dem Westen gen Osten und nach Finnland verlegt, wo sie für Moskau selbstverständlich einen Anlass zur Sorge darstellten, auch wenn Hitler dies vor Molotow unglaubwürdig bestritt.[32] Wie wenig die Berliner Gespräche an diesem Entschluss ändern konnten, zeigte jene bekannte Führerweisung Nr. 18 vom 12. November, die Hitler schon vor der Ankunft Molotows freigab und in der er unumwunden erklärte, dass

> politische Besprechungen mit dem Ziel, die Haltung Russlands für die nächste Zeit zu klären, eingeleitet [sind]. Gleichgültig, welches Ergebnis diese Besprechungen haben werden, sind alle schon befohlenen Vorbereitungen für den Osten fortzuführen. Weisungen darüber werden folgen, sobald die Grundzüge des Operationsplanes des Heeres mir vorgetragen und von mir gebilligt sind.[33]

Wenn Hitlers Absicht, die deutsche Vorherrschaft in Europa um jeden Preis zu sichern und dafür die Sowjetunion anzugreifen, also nicht mehr infrage stand, warum ließ er die Einladung an Molotow überhaupt zu? Gab es den Rest einer Chance auf Umkehr, wenn nur Stalin den deutschen Plänen zugestimmt hätte? Wohl kaum. Hitler konnte nicht ernsthaft glauben, dass Stalin dem Vorschlag, die sowjetischen Ambitionen in Europa aufzugeben und sich mit Asien oder Indien zu begnügen und in neue Konflikte verwickeln zu lassen, folgen würde. Die Entscheidung für den «ideologischen Endkampf» gegen den Bolschewismus stand nie infrage. Hitler wusste schon nach dem ersten Gespräch mit Molotow, dass er die Sowjetunion nur militärisch «aus Europa heraushalten» konnte und der Ostfeldzug noch vor dem Ende der Angriffe auf Großbritannien bevorstand. «Er [der «Führer», A. d. V.] habe sich», so Hitlers Heeresadjutant Gerhard Engel, «sowieso davon nichts versprochen. Bespr[echungen] hätten gezeigt, wohin die Pläne der Russen gingen. M[olotow] habe Katze aus dem Sack gelassen.»[34] Stalins Beharren auf Finnland und Teile Südosteuropas bestätigte nur den ideologischen Antibolschewismus, den Hitler nie abgelegt, sondern für die Zeit des Bündnisses erklärtermaßen hatte. Die Sowjetunion als – wie Molotow eingefordert hatte – gleichberechtigten Partner und nicht nur minderwertigen Erfüllungsgehilfen zu betrachten, war für Hitler unvorstellbar.

Nachdem Molotows Besuch zu einem Fiasko geworden war, bemühte sich einzig Außenminister Ribbentrop noch, die Wogen zu glätten. Das Bündnis mit Stalin war sein politisches Projekt gewesen, er hatte dafür bei Hitler geworben, und sei es auch nur, um die fixe Idee des antibritischen Kontinentalpakts voranzutreiben. Aus diesem Grund und um sich gegenüber den zahlreichen Kritikern, Feinden und Konkurrenten in den eigenen Reihen zu behaupten, hielt Ribbentrop weiterhin am Pakt fest. In seinem Dienstzimmer im Auswärtigen Amt – die Wirtschaftsgespräche führte Molotow mit Hermann Göring – annoncierte er noch einmal einen Viermächtepakt, der für Molotow nur unter der Voraussetzung interessant war, dass, wie er schon gegenüber Hitler erklärt hatte, «Russland als Partner mitwirke und nicht nur als Objekt».[35] Dennoch versprach er, den Plan nach seiner Rückkehr mit Stalin zu erörtern und der deutschen Seite umgehend jene Bedingungen zu nennen, die Moskau für den Beitritt zum Dreimächtepakt stellte.

Am 25. November 1940 übergab Molotow an Botschafter von der Schulenburg die Antwort der sowjetischen Regierung auf Ribbentrops Offerte. «Die Sowjetunion ist bereit», hieß es dort,

> den Entwurf des von Herrn Reichsaußenminister [...] skizzierten Viermächtepaktes [...] unter nachstehenden Bedingungen anzunehmen: 1. Sofern die deutschen Truppen unverzüglich aus Finnland zurückgezogen werden, das gemäß den Abkommen von 1939 zur Einflusssphäre der Sowjetunion gehört. Dabei verpflichtet sich die Sowjetunion, friedliche Beziehungen zu Finnland sicherzustellen sowie die deutschen wirtschaftlichen Interessen in Finnland – Ausfuhr von Holz und Nickel – zu wahren. 2. Sofern in den nächsten Monaten die Sicherheit der Sowjetunion in den Meerengen durch Abschluss eines gegenseitigen Beistandspaktes zwischen Sowjetunion und dem seiner geographischen Lage nach in der Sicherheitszone der Schwarzen-Meer-Grenzen der Sowjetunion liegenden Bulgarien sowie durch Schaffung einer Basis für Land- und Seestreitkräfte [...] im Rayon des Bosporus und der Dardanellen auf der Grundlage einer langfristigen Pacht gewährleistet wird.

Darüber hinaus verlangte Stalin, dass «als Schwerpunkt der Aspirationen der Sowjetunion der Raum südlich Batum und Baku in der allgemeinen

Richtung auf den Persischen Golf hin anerkannt wird» und «Japan auf seine Konzessionsrechte betreffs Kohle und Naphta auf Nord-Sachalin verzichtet». Für alle diese Punkte forderte Stalin schriftliche Zusagen in Form zusätzlicher Geheimprotokolle, darunter

> ein fünftes geheimes Protokoll zwischen Deutschland, der Sowjetunion und Italien mit der Anerkennung dessen, dass sich Bulgarien im Hinblick auf seine geographische Lage in der Sicherheitszone der Schwarzmeergrenzen der Sowjetunion befindet und dass es daher als politisch notwendig erachtet wird, einen gegenseitigen Beistandspakt zwischen der Sowjetunion und Bulgarien abzuschließen, der in keiner Weise das innere Regime Bulgariens, seine Souveränität und Unabhängigkeit berühren soll.[36]

Mit dem sowjetischen Anspruch auf Bulgarien – den Stalin 1944 erfolgreich bei Churchill im berüchtigten Percentages Agreement durchsetzte – lag ein weit über frühere Absprachen hinausgehendes Maximalprogramm vor, dem Hitler unmöglich zustimmen würde. Vermutlich war sich die sowjetische Regierung darüber im Klaren, und Stalin testete Berlin lediglich aus. Dass Hitler das sowjetische Angebot geradewegs ignorierte, kam nicht ungelegen, konnte Stalin doch so auf seinen «guten Willen» verweisen und Berlin den Schwarzen Peter für das offenkundige Ende des deutsch-sowjetischen Bündnisses zuschieben. Mit Talleyrand war «Verrat» tatsächlich nur noch eine Frage des Datums.[37]

«Die deutsche Wehrmacht muss darauf vorbereitet sein, auch vor Beendigung des Krieges gegen England Sowjetrussland in einem schnellen Feldzug niederzuwerfen (Fall Barbarossa).» Mit diesen Worten in der Weisung Nr. 21 vom 18. Dezember 1940 diktierte Hitler den Überfall auf die Sowjetunion. «Den Aufmarsch gegen Sowjetrussland», hieß es dort,

> werde ich gegebenenfalls acht Wochen vor dem beabsichtigten Operationsbeginn befehlen. Vorbereitungen, die eine längere Anlaufzeit benötigen, sind – soweit noch nicht geschehen – schon jetzt in Angriff zu nehmen und bis zum 16. 5. 1941 abzuschließen.

Der Weisung zufolge sollte der Einmarsch Mitte bis Ende Juli erfolgen, obschon sich Hitler nicht genau festlegte. «Entscheidender Wert», mahnte er an, «ist jedoch darauf zu legen, dass die Absicht eines Angriffes nicht erkennbar wird.»[38] Den Angriffskrieg zu verschleiern war jedoch ein hoffnungsloses Unterfangen angesichts des Kenntnisstands der europäischen

Politik ebenso wie des eigenen Heeres, dem der Eindruck, es handle sich um «Vorsichtsmaßnahmen, für den Fall, dass Russland seine bisherige Haltung gegen uns ändern sollte», längst nicht mehr zu vermitteln war. Noch während Generäle die Warnung lasen, dass andernfalls die Gefahr bestünde, «durch ein Bekanntwerden unserer Vorbereitungen, *deren Durchführung zeitlich noch gar nicht feststeht* [Hervorhebung der Autorin], schwerste politische und militärische Nachteile» zuzulassen, war die Weisung schon auf dem Weg nach Moskau.[39] Die auf absurder Blitzkriegsstrategie basierende Weisung Nr. 21 informierte verhältnismäßig konkret über die operativen Aufgaben des Heeres, der Luftwaffe und der Kriegsmarine und legte darüber hinaus die gegenüber Molotow noch geleugnete Rolle Finnlands und Rumäniens fest. Unter dem Punkt «voraussichtliche Verbündete und deren Aufgaben» hieß es:

> Rumäniens Aufgabe wird es sein, den Angriff des deutschen Südflügels [...] zu unterstützen, den Gegner dort, wo deutsche Kräfte nicht angesetzt sind, zu fesseln und im übrigen Hilfsdienste im rückwärtigen Gebiet zu leisten. Finnland wird den Aufmarsch der aus Norwegen kommenden abgesetzten deutschen Nordgruppe [...] zu decken und mit ihr gemeinsam zu operieren haben. Daneben wird Finnland die Ausschaltung von Hangö [Hanko, A. d. V.] zufallen.[40]

Ein Wettlauf gegen den Krieg

Stalin kannte die Kriegspläne Hitlers, die ihn nicht überraschten, aber eine besondere Dringlichkeit signalisierten. «Wir wussten, dass der Krieg bald kommen würde», erinnerte sich Molotow, «und wir wussten, dass wir schwächer als die Deutschen waren [...] Wir taten alles, um den Krieg hinauszuzögern.»[41] Im Wettlauf gegen den Krieg setzte die sowjetische Regierung vor allem auf drei Gegenmittel: Wirtschaftsverhandlungen, kleinere Zugeständnisse an die Deutschen und separate Verhandlungen mit Dritten.

Die Handelsbeziehungen, die in den 1930er Jahren schon den Weg zum Pakt geebnet hatten und eine wichtige Säule des Bündnisses bildeten, wollte Molotow schon während seines Berlinbesuchs intensivieren. «Wir mussten die deutsche Aggression verzögern, also versuchten wir mit ihnen einen Wirtschaftsdeal zu machen – Export-Import.»[42] Am 25. Dezember 1940 war ein neues deutsch-sowjetisches Wirtschaftsabkommen unterschriftsreif. Es war das größte, das – so Karl Schnurre – «Deutschland je abgeschlossen hat», und es ging erheblich über «das erste Russenabkommen» hinaus. Die Sowjetunion verpflichtete sich zu umfangreichen Rohstofflieferungen – 2,5 Millionen Tonnen Getreide, 1 Million Tonnen Mineralölprodukte, 100 000 Tonnen Baumwolle, Metalle und Manganerze. Stalin versorgte Deutschland, wie Schnurre eingestand, auf «den Gebieten, auf denen bei uns ein Mangel besteht, den wir anders nicht decken können».[43] Der Vertrag, der de facto nur den zweiten Abschnitt des früheren Abkommens vom 11. Februar 1940 darstellte, wurde schließlich am 10. Januar 1941 unterzeichnet.

Als eine zweite Maßnahme sicherte Moskau dem «Dritten Reich» im Rahmen der Wirtschaftsverhandlungen die pauschale Abgeltung von Vermögensansprüchen umgesiedelter Baltendeutscher zu, die bisher stets verweigert worden war. Um gute Stimmung bemüht, stellte die sowjetische Regierung nun immerhin die Summe von umgerechnet 150 Millionen Reichsmark bereit, die volksdeutsche Umsiedler für das zurückgelassene Vermögen, Hab und Gut entschädigte. In einem dritten Schritt schließlich vollzog Moskau, ebenfalls im Januar 1941, den Kauf des litauischen Gebiets um die Stadt Mariampol, des so genannten Litauen-Zipfels, auf den Deutschland in einem der geheimen Zusatzprotokolle zum Grenz- und Freundschaftsvertrag vom September 1939 Anspruch erhoben hatte.

Für das von der Roten Armee besetzte Gebiet zahlte Stalin die Summe von 7,5 Millionen Golddollar, zu verrechnen in sowjetischen Buntmetalllieferungen, und damit umgerechnet jenen Betrag, den das Zarenreich im Jahr 1867 für den Verkauf Alaskas eingenommen hatte.[44] Gleichzeitig vereinbarten beide Seiten eine neue Umsiedlungsaktion jener Volksdeutschen, die noch auf litauischem Gebiet lebten. Der Abkauf Mariampols und die Aussiedlung der Deutschen waren nicht nur Konzessionen, sondern dienten, wie Molotow einräumte – «wir brauchten so viel Territorium wie möglich»[45] –, der Vorbereitung auf den Krieg. Um Hitler freundlich zu stimmen, spielte Stalin sogar mit dem Gedanken der Auflösung der Kommunistischen Internationale (Komintern), die er allerdings erst zwei Jahre später, im Mai 1943, als Zugeständnis an die von einer globalen Verbreitung der kommunistischen Idee auch nicht begeisterten Westalliierten vollzog.[46]

In Vorbereitung auf den Krieg beschränkte sich Stalin nicht auf Verhandlungen und Zugeständnisse an die Deutschen, sondern versuchte gleichzeitig, alternative Bündnisse und Achsen zu schmieden, die im besten Falle gleichzeitig Hitlers Expansionspläne durchkreuzten. In diesem Sinne forcierte er die Verständigung mit dem Kaiserreich Japan und hofierte das Königreich Bulgarien, das keinesfalls an Deutschland fallen durfte. Unmittelbar nach seiner Rückkehr aus Berlin unterbreitete Molotow dem bulgarischen Botschafter das Angebot eines Beistandspaktes, dessen Paragraphen deutlich über die deutsch-italienische Garantieerklärung an Rumänien hinausgingen. Das gleichzeitig von Hitler umworbene Königreich aber lehnte ab und trat am 1. März 1941 dem Dreimächtepakt bei. Gut einen Monat später, am 5. April, unterzeichnete Moskau einen Freundschafts- und Nichtangriffspakt mit der neuen jugoslawischen Regierung, die infolge eines Offiziersputsches gegen Premier Cvetković an die Macht gekommen war. Auch Cvetković hatte am 25. März 1941 nach Bulgarien den Beitritt Jugoslawiens zum Dreimächtepakt unterzeichnet, damit aber heftige landesweite Proteste und Widerstand ausgelöst. Einen Tag nachdem die neue Regierung den Beistandspakt mit der Sowjetunion eingegangen war, besetzte Hitler Jugoslawien (und Griechenland) und verwickelte die Wehrmacht dort in einen unbeherrschbaren Partisanenkampf, der Stalin nur recht sein konnte. Die langwierigen Konflikte auf dem Balkan, den Hitler ursprünglich noch vor dem Einmarsch in die Sowjetunion in einem weiteren Blitzkrieg einzunehmen plante, kosteten Aufmerksamkeit, Ressourcen und militärische Kräfte. Gleichzeitig bemühte sich Stalin, ebenfalls im April, um die östliche Achsenmacht Japan, und hier gelang ihm der größte Coup gegen Hitler. Am 13. April 1941 unterzeichneten der japanische Außenminister Matsuoka und Außenkommissar Molotow in Moskau den sowjetisch-japanischen Neutralitätspakt, der Stalin im Fernen Osten den Rücken freihielt. Auch ohne den Beitritt zum Dreimächtepakt war ihm ein strategisch wichtiges Bündnis mit einem Verbündeten Hitlers gelungen. Wie viel ihm dieser Vertrag bedeutete, zeigte jene legendäre Verabschiedungsszene auf dem Moskauer Bahnhof Jaroslawskaja, in der ein betrunkener Stalin den ebenso betrunkenen Matsuoka auf dem Bahnsteig verabschiedete und in den Zug setzte. «Niemand», erinnerte sich Molotow, «hatte das erwartet; Stalin empfing oder verabschiedete niemals eine Person auf dem Bahnhof. Die Japaner und die Deutschen [als Verbündete ebenfalls anwesend, A. d. V.]

waren fassungslos.»[47] Stalin hatte einen wichtigen Punktsieg errungen. Jetzt blieb noch die Aufgabe, Bevölkerung und Armee auf den Krieg vorzubereiten.

Kapitel 7

«Zusammen mit den Deutschen wären wir unschlagbar gewesen»

Sieben Wochen vor Hitlers Überfall auf die Sowjetunion sprach Stalin auf der Absolventenfeier aller 16 Militärakademien der Roten Armee, die stets im Großen Kremlpalast ausgerichtet wurde. Nachdem er der Feier sechs Jahre lang fern geblieben war, war sein Auftritt eine Überraschung, die nicht nur die jungen Militärkader in Aufregung versetzte, sondern alle der über 2000 Anwesenden. In den vergangenen Monaten hatte sich Stalin rar gemacht, öffentlich war er seit Jahresbeginn – die traditionelle Maiparade auf dem Roten Platz blieb die einzige Ausnahme – nicht mehr aufgetreten. Seine letzte wichtige Rede, die «Kastanienrede», lag zwei Jahre zurück. Mit ihr hatte Stalin am 10. März 1939 den außenpolitischen Wettstreit um ein Sicherheitsbündnis eröffnet und gleichzeitig die Annäherung an das «Dritte Reich» in Aussicht gestellt. Zwei Jahre später war das Bündnis mit Hitler am Ende, und Stalin kündigte erneut eine Rede an. Im überfüllten Saal des Kremlpalastes herrschte gespannte Stille, als Stalin nach dem Grußwort des braven Vorsitzenden des Obersten Sowjets, Michail Kalinin, das Wort ergriff. Vierzig Minuten lang sprach er ruhig, klar und – ganz anders als sein Gegenspieler in Berlin – ohne jegliches Pathos.

Die Stalinrede vom 5. Mai 1941

Bis heute existiert weder ein Stenogramm der Stalinrede vom 5. Mai 1941, noch sind Manuskripte oder Aufzeichnungen Stalins, der ohnehin kaum Schriftliches hinterließ, überliefert. In der *Prawda* erschien am nächsten

Morgen lediglich eine Notiz, der zufolge Stalin über die Umstrukturierung der Roten Armee auf der «Grundlage der modernen Kriegführung» gesprochen hatte und seine Worte auf «höchste Aufmerksamkeit» gestoßen waren.[1] Dementsprechend zahlreich waren die Gerüchte, Spekulationen und geheimdienstlichen Desinformationen, die in Moskau und Europa kursierten und denen selbst ein erfahrener Diplomat wie Botschafter von der Schulenburg aufsaß. Das Berliner Außenministerium, wo eine große Neugier hinsichtlich Stalins etwaiger Äußerungen zu den gegenseitigen Beziehungen herrschte, hatte von der Schulenburg beauftragt, so schnell wie möglich die Inhalte der Rede in Erfahrung zu bringen. Nach vier Wochen sandte der Botschafter schließlich die Darstellung des Moskaukorrespondenten des Deutschen Nachrichtenbüros Ernst Schüle, der über einen sowjetischen «Gewährsmann» an einen angeblichen Augenzeugenbericht gelangt war. Schüle zufolge hatte Stalin tatsächlich über die Beziehungen zu Deutschland gesprochen, und was er sagte, konnte Berlin aufatmen lassen. An einem Konflikt mit Deutschland war Stalin angesichts der militärischen Überlegenheit der Wehrmacht nicht interessiert und habe nach der «Gegenüberstellung des deutschen und des sowjetischen Kriegspotentials» sogar dafür plädiert, die gegenseitigen Verbindungen zu verbessern.[2] «Unter den Zuhörern», berichtete Schüle, «sei – so wurde durch meinen Gewährsmann erzählt – der Eindruck vorherrschend gewesen, dass es Stalin darauf angekommen sei, seine Gefolgschaft auf einen ‹neuen Kompromiss› mit Deutschland vorzubereiten.»[3]

Die Informationen, die Schüle von seinem «Gewährsmann» erhalten hatte oder ihm in den Mund legte, waren ganz im Sinne der sowjetischen Regierung und des NKWD, der offenbar verschiedene Versionen lancierte. Zwar hatte Stalin die Militärkraft beider Staaten miteinander verglichen, von einem neuen Kompromiss oder weiteren Zugeständnissen war, der einzigen heute anerkannten Quelle zufolge, aber keine Rede gewesen.[4] Vielmehr sollte die für die deutschen Ohren bestimmte Version Berlin davon überzeugen, dass Stalin nicht an einer Eskalation der Spannungen interessiert war. Wenn irgendwie möglich, sollte sie jeden Eindruck sowjetischer Provokationen vermeiden.

In Richtung der Westmächte und für die britische Regierung bevorzugte Moskau eine andere Interpretation, die gleichermaßen über Journalisten lanciert wurde, in diesem Fall über den bestens vernetzten britischen Moskaukorrespondenten Alexander Werth. Ihm waren, wie Werth allerdings erst nach dem deutschen Einmarsch und ohne seine Quelle zu nennen, schrieb, detaillierte Berichte zur Stalinrede zugespielt worden, die der «Schüle-Version» ähnelten, ihr in einem zentralen Punkt aber widersprachen. So habe Stalin davon gesprochen, dass der «deutsche Angriff in naher Zukunft» bevorstehe, die Rote Armee jedoch nicht stark genug sei, Deutschland zu besiegen. Daher müsse der Kriegsausbruch auf diplomatischem Wege zumindest bis zum Herbst hinausgezögert werden, nach dem die Wetterlage einen Angriff nicht mehr zulasse. Bis hierher entsprach die «britische Version» dem Schüle-Bericht. Dann jedoch zitierte Werth Stalin mit den Worten, dass

> je nach der internationalen Situation [...] die Rote Armee einen deutschen Angriff abwarten oder *aber selbst die Initiative ergreifen* [Hervorhebung der Autorin] werde, da eine dauernde Vorherrschaft Nazi-Deutschlands in Europa ‹nicht normal› sei.[5]

Von der Möglichkeit, «selbst die Initiative» zu ergreifen und die «Vorherrschaft Nazi-Deutschlands in Europa» nicht zu akzeptieren, war im Bericht von Ernst Schüle keine Rede gewesen, so dass Werths Darstellung eine entgegengesetzte Stoßrichtung der sowjetischen Politik nahelegte, die von der historischen Forschung immer wieder kontrovers diskutiert worden ist. Der «Werth-Bericht» suggerierte die Möglichkeit eines sowjetischen militärischen Vorgehens.

Die Rote Armee und der Krieg

Worüber aber sprach Stalin vor den jungen Elitemilitärs, der Armeeführung und dem ebenfalls anwesenden Politbüro? Welche Bedeutung hatte die Rede, über deren Wortlaut verschiedene Berichte existierten, kurz vor dem deutschen Einmarsch? Nach einer maschinengeschriebenen Zusammenfassung, die der Forschung seit den 1990er Jahren zugänglich ist und als authentisch gilt, umfasste sie zwei große Abschnitte. Im ersten Abschnitt sprach Stalin über die Modernisierung der Roten Armee, die «nicht mehr die» sei, «die sie vor Jahren war».[6] Er lobte den technologischen Fortschritt aller Waffengattungen, nicht ohne gleichzeitig davor zu warnen, die Lage schönzureden und angesichts der Militärerfolge in

Fernost – besonders General Schukows zwei Jahre zurückliegenden Sieges über Japan in der Schlacht um Chalchin Gol – übermütig zu werden. Die Taktik, Lob mit Kritik gleich wieder zu relativieren, war für Stalin typisch und erinnerte an jenen legendären *Prawda*-Artikel «Vor Erfolgen von Schwindel befallen», in dem er 1930 das Tempo der Kollektivierung kritisiert hatte, auch um unliebsame Konkurrenten aus dem Weg zu räumen. Im Frühjahr 1941 war die Situation freilich eine andere. Im Angesicht des Krieges waren politische Säuberungen unzeitgemäß, obschon es Stalin nicht unterließ, jene Ausbildung scharf zu kritisieren, die von den Absolventen soeben gemeistert worden war. «Unsere Schulen und Akademien», beanstandete er, «bleiben hinter der modernen Armee zurück».

Stalin beklagte den technischen Zustand der Militärakademien, vor allem aber griff er deren Ausbilder und Offiziere an, bei denen er einen fehlenden Veränderungswillen und eine geistige Sturheit ausmachte, denen er die Schuld am Rückstand, nicht nur dem der Militärakademien, gab. Der verhängnisvolle Widerstreit von Beharrungsstarre und Veränderungsgebot, von Schnelligkeit, Flexibilität und Bequemlichkeit war das Leitthema der Rede vom Mai 1941, mit der er die Rote Armee auf den Krieg und – etwas anderes kam für Stalin nicht infrage – auf den Sieg über Hitlers Wehrmacht einschwor. Bemerkungen zu Konzessionen an den deutschen (Noch-)Verbündeten oder zu einer möglichen «Initiative» waren außenpolitische Nebenschauplätze; nicht unwichtig, um im politischen Spiel die Kontrolle zu behalten, aber, sollen sie denn so gefallen sein, auch nicht der eigentliche Zweck der Ansprache an die jungen Offiziere.

Im zweiten Abschnitt schilderte Stalin den Zustand der deutschen Wehrmacht und nannte die Gründe für deren Erfolg. Wieder sprach er über mentale Einstellungen, kollektive Stimmungen, die Gefahr des Siegens und die Macht der Verlierer. Als Beispiele wählte er die Lage Deutschlands und Frankreichs nach dem Ersten Weltkrieg, aus dem Deutschland unterlegen und gedemütigt, Frankreich aber stolz und siegessicher hervorgegangen war. Unter Zuhilfenahme einiger Leninzitate knüpfte Stalin an das Leitthema der Rede an und stimmte die Rote Armee auf den Krieg ein, indem er vor allem vor der Arroganz des Siegers warnte. Sie mache so träge und schläfere derart ein, dass aus Siegern Verlierer würden und aus Verlierern, wie an den erfolgreichen Blitzkriegen Hitlers zu sehen war, schließlich Sieger. Warum, fragte Stalin, habe

Frankreich im Juni 1940 gegen die Deutschen eine Niederlage erlitten, warum siegte Hitler, und war der Siegeszug ein Beleg für dessen Unbesiegbarkeit? «Lenin hat einmal gesagt, dass geschlagene Armeen sehr lernfähig sind. [...] Die Deutschen haben die Ursachen ihres Scheiterns kritisch geprüft und Wege gefunden, ihre Armee besser zu organisieren, auszubilden und auszurüsten.»[7] Für die Schmach der Franzosen im Juni 1940 machte Stalin – wieder mit Verweis auf Lenin – mangelnde Lernfähigkeit verantwortlich, basierend auf einer auf vergangenen Siegen beruhenden Selbstzufriedenheit: «Lenin sagte uns: Parteien und Staaten sind dem Untergang geweiht, wenn sie vor Mängeln die Augen verschließen, sich an ihren Erfolgen berauschen, sich auf den Lorbeeren ausruhen und von den Erfolgen den Kopf verdrehen lassen.» Die Selbstzufriedenheit der Franzosen nach 1918 habe geradewegs in die Niederlage geführt, die militärische Modernisierung sei vernachlässigt worden, und politisch habe es Frankreich, ebenso wie England, versäumt, ein wirksames Bündnissystem aufzubauen. Noch einmal rechnete Stalin mit den westlichen Großmächten ab, gab ihnen die Schuld an den gescheiterten Verhandlungen im Frühjahr 1939 und an Europas Krieg, der nun auch die Sowjetunion treffen würde.

> Was heißt es, den Krieg politisch vorzubereiten? Das heißt, verlässliche Verbündete in ausreichender Zahl zu haben, dazu neutrale Staaten. Als Deutschland diesen Krieg begann, hat es diese Aufgabe bewältigt, England und Frankreich nicht.[8]

In den Augen Stalins hatte Hitler, aus den Niederlagen lernend, «alles richtig gemacht», während die westlichen Demokratien überheblich und siegestrunken dem Untergang entgegentaumelten. Bedeute dies aber, so seine Frage, dass Deutschland unbesiegbar war? «Nein», beschwichtigte Stalin, «es gibt und es gab auf der Welt keine unbesiegbaren Armeen», und er erklärte, warum und wie Hitlers Wehrmacht zu besiegen war.

Als Erstes nannte Stalin das veränderte Motiv für den Krieg, nachdem Deutschland vom «legitimen Revisionismus des Versailler Vertrages» zum Eroberungskrieg übergegangen war. Der große Wunsch nach «Befreiung vom Joch des Versailler Vertrages» habe die Wehrmacht von Sieg zu Sieg getragen, aber «unter den Losungen eines Raubkrieges wird die deutsche Armee keinen Erfolg haben», zumal sich «Aufschneiderei, Selbstzufriedenheit und Überheblichkeit» breitmachten und «ein großer Teil der deutschen Armee jetzt den Schwung [verliert], den sie zu Beginn des Krieges hatte».[9] Der Kreislauf, der aus überheblichen Siegern lernfähige Verlierer und aus diesen wieder überhebliche Sieger mache, würde sich auch im Falle der deutschen Wehrmacht schließen. Für Stalins Generäle und die jungen Militärakademiker bedeutete der Kreislauf Warnung und Ansporn zugleich; Ansporn zum Kampf gegen eine schlagbare deutsche Armee und Warnung vor dem Trugschluss der eigenen Unbesiegbarkeit. Am 5. Mai 1941 bereitete Stalin die Armee und seine Regierung auf den Krieg vor.

Kriegsvorbereitungen und die Präventivkriegsthese

In den folgenden Wochen traf die sowjetische Regierung eine Reihe militärischer und politischer Vorbereitungen, wobei nach wie vor im Vordergrund stand, den deutschen Angriff so lange wie möglich und im besten Falle bis in das Jahr 1942 hinauszuzögern. Die Frage, ob ein sowjetischer Angriff zu diesen Maßnahmen gehörte, war lange Zeit hochstrittig und wurde gerade mit Hinweis auf Stalins Rede vom 5. Mai von Historikern wie Bogdan Musiał und Wladimir Neweschin bejaht.[10] Als Belege für die so genannte Präventivkriegsthese, die Behauptung also, die Wehrmacht sei am 22. Juni nur dem sowjetischen Angriff zuvorgekommen, dienten dabei neben Alexander Werths Bericht vor allem die Trinksprüche, die Stalin nach seiner Rede auf dem anschließenden Festempfang ausbrachte. In Befragungen waren die Trinksprüche von sowjetischen Kriegsgefangenen an Gustav Hilger weitergegeben worden, der sie später aufzeichnete. Angeblich verkündete Stalin darin das Ende der «Ära der Friedenspolitik» und den Beginn der «Ära der gewaltsamen Ausbreitung der sozialistischen Front», die durch ein «offensives Vorgehen» bestimmt sei.[11] «Jetzt aber», so Stalin,

> da unsere Armee rekonstruiert und zur Genüge mit Technik für die moderne Schlacht ausgerüstet ist, da wir stark geworden sind, müssen wir von der Verteidigung zum Angriff übergehen. […] Die Rote Armee ist eine moderne Armee, eine moderne Armee aber ist eine Angriffsarmee.[12]

Plante Stalin also im Frühjahr 1941, dem deutschen Überfall zuvorzukommen? Wahrscheinlich nicht, und neben vielen anderen guten Gründen, die gegen diese These sprechen, war vor allem Stalins Widerwillen, den Pakt vor Hitler zu brechen und als Aggressor aufzutreten oder als solcher bezeichnet werden zu können, ausschlaggebend. Diese Rolle hatte er schon im September 1939 strikt vermieden, als Hitler mehr als zwei Wochen auf den sowjetischen Einmarsch in Polen warten musste. Seitdem hatte sich diese Einstellung nicht geändert, und wenn der Krieg schon unvermeidbar war, dann sollte er doch auf sowjetischem Boden beginnen. Im Unterschied zu Stalin scherten Hitler derartige Feinheiten weniger, obwohl ihm ein sowjetischer Angriff im Juni 1941 einige Propagandalügen erspart hätte. Die Tatsache, dass Stalin nicht angreifen wollte, bedeutete jedoch nicht, dass derartige Planspiele und Überlegungen in den höchsten Militär- und Regierungskreisen nicht angestellt worden sind.

Ganz im Gegenteil standen sie im Mittelpunkt der kriegsstrategischen Gespräche, die Stalin mit seinen Offizieren am Vorabend des Krieges führte, und alles andere wäre in einer derart angespannten Situation auch fahrlässig gewesen. Das «Durchspielen» aller Optionen, inklusive einer militärischen Offensive, war zu diesem Zeitpunkt geboten. Boris Schaposchnikow, der stellvertretende Verteidigungskommissar, hatte bereits die detaillierte Ausarbeitung eines möglichen deutschen Invasionsplans vorgelegt, die große Ähnlichkeit mit jenem Angriffsplan aufwies, den die deutsche Wehrmacht im Juni 1941 tatsächlich umsetzte.[13] Stalin musste auch über einen eigenen Angriff nachdenken, und vielleicht erwähnte er derartige Überlegungen auf dem Festempfang. Ein Beweis für die Präventivkriegsthese oder, wie verschiedentlich versucht wurde, gar die Rechtfertigung für Hitlers Überfall auf die Sowjetunion lassen sich daraus nicht herleiten.

In unmittelbarer Erwartung des Krieges wurden die Vorbereitungen noch einmal intensiviert. Einen Tag nach der Rede, am 6. Mai, stellte Stalin die Regierung um und übernahm das Amt des Vorsitzenden des Rates der Volkskommissare von Wjatscheslaw Molotow. Damit stand er formal an der Spitze von Partei und Regierung und entschied über alle strategischen Kriegsvorbereitungen, so zum Beispiel den viel diskutierten Offensivplan General Schukows. Das Ergebnis waren am 15. Mai 1941 vorgelegte «Überlegungen zum Plan eines strategischen Aufmarschs der Streitkräfte der UdSSR für den Fall eines Krieges gegen Deutschland und seine Verbündeten», die an Stalin persönlich gerichtet waren und den Vorschlag enthielten, einen Angriff gegen die deutschen Truppen zu starten, solange sich diese noch nicht abschließend für den Überfall auf die Sowjetunion formiert hatten.[14] Schukows Plan war ein starkes Argument für die Anhänger der Präventivkriegsthese, doch scheint er eher zu jenen Überlegungen zu gehören, die die sowjetische Regierung selbstverständlich anstellen musste. Die Existenz derartiger Pläne, die Teilmobilisierung, die verstärkte Truppenpräsenz und auch die Grenzverletzungen, die seit Herbst 1939 zum Alltag an der deutsch-sowjetischen Grenze gehörten, bedeuteten jedoch nicht, dass Stalin die Idee eines Angriffskriegs wirklich ernsthaft verfolgte. Es waren vielmehr Maßnahmen, die Deutschland signalisierten, dass man mit dem Krieg rechnete und sich darauf vorbereitete. Dass Hitler sich davon abschrecken ließ, konnte selbst Stalin nicht glauben.

Mit den militärischen Planspielen vollzog die sowjetische Führung im Frühjahr 1941 einen Schwenk in der Propaganda weg von den Bekundungen einer historischen Freundschaft hin zu Geschichtsdarstellungen, in denen die Deutschen als jahrhundertealte Feinde und Bedrohung erschienen. Im März erhielt Sergei Eisenstein, der sagenhafte Filmemacher der frühen Sowjetunion, einen der ersten Stalinpreise für sein avantgardistisches Monumentalepos um den mythischen Heroen Alexander Newski, der im Jahr 1242 in der Schlacht auf dem Peipussee den deutschen Ritterorden besiegt hatte. Eisenstein hatte den Film bereits 1938 gedreht, durfte ihn aber in der guten Zeit des deutsch-sowjetischen Bündnisses nicht zeigen. Noch im November 1940, unmittelbar nach Molotows Berlinbesuch, inszenierte er am Moskauer Bolschoi-Theater Richard Wagners Oper «Walküre», die er, wie deutsche Premierengäste sich mokierten, angeblich «mit jüdischen Tricks» entweihte.[15] Dass er nun für sein filmisch beeindruckendes Werk über Newski die höchste zivile Staatsauszeichnung erhielt, war ein Signal für die veränderte Stimmung und dafür, dass antideutsche Einstellungen wieder erlaubt waren. Im Zuge der Preisverleihung an Eisenstein gab Stalin auch die Veröffentlichung des ersten Teils von Ilja Ehrenburgs Roman *Der Fall von Paris* frei, in dem Ehrenburg den Einmarsch der Wehrmacht in Paris schilderte, ohne den Hitler-Stalin-Pakt auch nur zu erwähnen.[16] In der zweiten Maihälfte begannen die propagandistischen Vorbereitungen für den Kriegsfall konkret zu werden. Unter der Leitung von Stalins Chefideologen Andrei Schdanow erarbeiteten Mitarbeiter der Abteilung für Propaganda und Agitation im Zentralkomitee gemeinsam mit der Hauptverwaltung für politische Propaganda der Roten Armee Direktiven, Einsatzpläne und öffentliche

Losungen, die zur Mobilisierung der Zivilbevölkerung und Roten Armee im Ernstfall bestimmt waren.

«Verrat ist eine Frage des Datums»

Während die Vorbereitungen hinter den Kulissen liefen, mied Stalin auf offener Bühne nicht nur jede Provokation, sondern war, um den Krieg hinauszuzögern, sogar zu weiteren Zugeständnissen bereit. Dazu gehörte, dass Moskau alle Botschaften und Legationen der von Deutschland besetzten Länder, unter anderem die Belgiens, Griechenlands und Jugoslawiens, schloss, was einer Anerkennung der deutschen Besatzung gleichkam.[17] Im Mai billigte Stalin sogar die kurzlebige prodeutsche und antibritische Regierung Iraks der Putschisten um Raschid Ali al-Gailani, obschon die Sowjetunion zum Irak keinerlei diplomatische Beziehungen unterhalten hatte und al-Gailanis Regierung bei Monatsende wieder von den Briten beseitigt war. Stalin ging so weit auf Hitler zu, dass Alexander Werth eine «ängstlich-opportunistische Haltung» beklagte.[18] Noch einmal wurden die Wirtschaftslieferungen beschleunigt, Öl und kriegswichtige Materialien sogar «per Express» nach Deutschland geliefert, ohne auf Gegenlieferungen zu bestehen. Dass Stalin mit diesen letzten Zugeständnissen irgendwie hoffte, den deutschen Angriff zu verhindern, ist sicher zweifelhaft. Sie dienten wohl eher dem Ziel, für die Zeit und die Narrative nach dem Angriff vorzusorgen und Moskaus vergebliche Mühen um den Frieden herauszustellen. Dies hieß, Hitler auf keinen Fall auch nur irgendeinen Anlass zur Rechtfertigung und Legitimation des Überfalls zu geben. Wenn er den Pakt schon verraten würde, dann als skrupelloser Aggressor. Zu diesem Zwecke unterband Stalin militärische Provokationen an der Grenze und befahl den dort zusammengezogenen Truppen des NKWD und der Roten Armee, die Übergriffe der Deutschen zu ignorieren. Dabei war ihm bewusst, dass schon die Präsenz dieser Truppen und die als turnusmäßige Sommermanöver ausgegebenen militärischen Übungen provokant wirkten und Hitler eine willkommene Rechtfertigung bieten konnten. Zu einem offenen Zwischenfall aber durfte es ebenso wenig kommen wie zu einem Eingeständnis des Scheiterns des Bündnisses. In diesem Sinne erschien am 14. Juni eine Meldung der sowjetischen Nachrichtenagentur TASS, die Gerüchte über die Verschlechterung der deutsch-sowjetischen Beziehungen dementierte und es als «mindestens absurd» bezeichnete, die sowjetische Teilmobilisierung und die Grenzmanöver als «deutschfeindlich hinzustellen».[19] Mit dieser oft als Kniefall vor dem Deutschen Reich kritisierten Meldung verfolgte Stalin, ohne dessen Einwilligung sie nicht erschienen wäre, das Ziel, die sowjetische Bereitschaft zum Erhalt des Bündnisses herauszustellen. Dass er dies tat, um den deutschen Angriff zu verhindern, ist falsch. Im besten Fall verschob er den Krieg um ein paar Tage, doch eigentlich diente die TASS-Meldung dem sowjetischen Kriegsnarrativ, dem zufolge Stalin, bis zum letzten Moment auf Frieden hoffend, selbst Großbritannien zurückwies.

Die TASS-Meldung dementierte nicht irgendwelche, sondern implizit britische Gerüchte über einen baldigen Krieg zwischen Deutschland und der Sowjetunion. Ihnen gegenüber bekräftigte die Meldung, dass «Deutschland […] die Abmachungen des sowjetrussisch-deutschen Pakts ebenso gewissenhaft [erfüllt] wie die Sowjetunion» und dass «den Bewegungen deutscher Truppen an der deutschen Ostgrenze […] andere Ursachen zugrunde liegen [müssen], die nichts mit den sowjetrussisch-deutschen Beziehungen zu tun haben».[20] Tatsächlich hatte Moskau aus dem direkten Kreis um Premierminister Churchill seriöse Informationen über die deutschen Angriffspläne erhalten, die als «plumpe Propaganda der Deutschland und der UdSSR feindlich gesonnenen Kräfte» abgetan wurden; jener Kräfte, die «an einer Ausdehnung des Krieges» interessiert seien.[21] Dass Moskau nach außen abwiegelte, bedeutete nicht, dass die Warnungen nicht ernst genommen wurden, sondern nur, dass sie in einem Moment dementiert werden mussten, in dem das Misstrauen gegenüber London besonders geschärft war. Hinter der spektakulären Nachricht über die angebliche Flucht des Hitler-Stellvertreters Rudolf Heß nach England am 10. Mai vermutete Stalin die geheime Anbahnung eines deutsch-britischen Separatfriedens. Die öffentliche Abwehr der britischen Informationen einerseits und die Betonung des harmonischen Bündnisfriedens andererseits signalisierten vor diesem Hintergrund die besondere politische Wachsamkeit der Sowjetunion, die keiner Macht traute.

Als weder Hitler noch Ribbentrop auf die TASS-Meldung reagierten und die deutsche Presse schwieg, war der Hitler-Stalin-Pakt beendet. Kurz darauf erfuhren von der Schulenburg und sein Botschaftsrat Gustav

Hilger die Details des Angriffsplans direkt aus dem Mund von Walter Schellenberg, dem Leiter der polizeilichen Spionageabwehr im Reichssicherheitshauptamt und Heydrichs Mann «fürs Grobe». Schlecht getarnt war Schellenberg als Handelsvertreter eines Chemiekonzerns eigens in die sowjetische Hauptstadt gereist, um die Evakuierung der Botschaftsangehörigen und ihrer Familien einzuleiten sowie die «Sicherstellung» von Geheimakten zu überwachen.[22] Beria, der NKWD, die sowjetische Regierung und Stalin waren über die Vorgänge in der deutschen Botschaft informiert, ebenso wie sie Hitlers Aufmarschplan und das Datum des Angriffs kannten. Aber gerade weil dem so war, ist immer wieder darüber diskutiert worden, ob und vor allem warum Stalin die vielfältigen Hinweise und Warnungen der westlichen Großmächte, der eigenen Geheimdienste, der ausländischen Kundschafter, Spione und Überläufer nicht ernst nahm, so dass ihn der deutsche Vormarsch völlig überwältigte. Je mehr Historiker über die Nachrichtendichte zum 22. Juni 1941 erfuhren, desto rätselhafter erschien Stalins Verhalten. Er habe, so eine der verbreiteten Erklärungen, bis zum letzten Moment gehofft, den Krieg noch abzuwenden, und sei von Hitler perfide getäuscht worden.[23] Das Narrativ des überraschenden Verrats war Teil des sowjetischen Geschichtsmythos vom Großen Vaterländischen Krieg, das Stalin im Juni 1941 selbst lancierte.

Denn aus der Perspektive der Bündnisgeschichte betrachtet, ergab sich ein anderes Bild. Danach überraschte Stalin weder der Kriegsbeginn, noch war er vom «Verrat» Hitlers schockiert. Diese Option war dem Hitler-Stalin-Pakt von Beginn an eingeschrieben, und Stalin war niemals politisch so naiv, sie auszuschließen. Erschreckend am Kriegsbeginn war der Moment, in dem das Erwartete geschah, die Wehrmacht tatsächlich die Grenze überschritt und Görings Luftwaffe sowjetische Städte bombardierte – selbst wenn Stalin Hitlers «Verrat» einkalkulierte, den Krieg kommen sah und das Datum kannte. «Jeder», schilderte Konstantin Simonow diesen Moment in seinem großen Weltkriegsepos *Die Lebenden und die Toten*, «hatte den Krieg erwartet, und trotzdem kam sein Ausbruch wie ein Blitz aus heiterem Himmel.»[24] Und auch Molotow war der Meinung, dass «der Krieg nicht anders beginnen» konnte. «Wir versuchten, ihn hinauszuzögern, und am Ende hat er uns im Schlaf überrascht; es kam unerwartet.»[25] Daran konnten auch die zahlreichen Informationen und Geheimdienstberichte nichts ändern, denen Stalin – wie ihm vorgeworfen wurde – ohnehin nicht glaubte. Doch warum, so die berechtigte Gegenfrage, sollte er den Nachrichten, die überall Desinformationen enthielten und falsche Fährten legten, Glauben schenken? Molotow verteidigte diese Haltung Jahrzehnte später in seinen Gesprächen mit Chuev:

> Ich denke, wir konnten uns nicht auf unsere Geheimdienste verlassen, man muss sie anhören, aber man muss auch ihre Informationen überprüfen. Geheimdienstagenten können dich in eine derart gefährliche Position drängen, dass man sich daraus nicht mehr befreien kann. Es gibt überall unzählige Provokateure. Daher kann man Geheimdiensten nicht trauen, ohne beständig zu überprüfen und zu kontrollieren. Naive Personen, Philister, haben in ihren Erinnerungen geschrieben: die Geheimdienstagenten haben es doch vorhergesagt, Überläufer sind über die Grenzen gekommen […] Aber solchen Berichten kann man nicht trauen. Allerdings kann man auch in das andere Extrem fallen, wenn man zu misstrauisch ist.[26]

Stalin war zu misstrauisch und in das «andere» Extrem gefallen, nicht erst seit dem Pakt mit Hitler. Das paranoide Misstrauen, omnipräsente Verdächtigungen, Verschwörungsdenken und Unterstellungen waren die Grundlagen des Stalinismus, die alle Herrschaftsbeziehungen durchdrangen und Machtverhältnisse prägten.[27] Wenn Stalin entschieden hatte, die Warnungen als Desinformationen zu behandeln, widersprach auch Beria nicht, der noch einen Tag vor dem deutschen Überfall die Ablösung von Botschafter Dekanosow aus Berlin verlangte, eben weil dieser das Datum gemeldet hatte. «Ich bestehe noch einmal darauf», wandte sich Beria an Stalin,

> unseren Botschafter in Berlin, Dekanosow, abzulösen und zu bestrafen, weil er mich ununterbrochen mit Desinformationen bombardiert. Hitler bereite angeblich einen Überfall auf die Sowjetunion vor. Jetzt hat er mir mitgeteilt, dass dieser Überfall morgen beginnen soll.[28]

In der Rückschau mag Berias Schreiben irrwitzig anmuten, in der damaligen Situation war es dies nicht. Unmittelbar vor dem deutschen Überfall kursierten tatsächlich Unmengen von deutschen und anderen Geheimdiensten gesteuerte Gerüchte und Desinformationen, die durch Personen wie den Doppelagenten Orest Berlings verbreitet wurden. Der Lette Berlings war im August 1940 von Amajak Kobulow für die Berliner NKWD-Residentur angeheuert worden und in Nazikreisen bestens vernetzt. Unter dem Decknamen «Lyzeumsschüler» diente Berlings gleichzeitig den Deutschen als Agent provocateur, über den Ribbentrop schrieb: «In diesen Agenten können wir alle Informationen pumpen, die wir wollen.»[29] Bei allem systemtypischen Misstrauen hatte Stalin gute Gründe, Geheimdienstberichten mit großer Vorsicht zu begegnen.

Darüber hinaus sollten die Handlungsoptionen betrachtet werden, die Stalin besaß, wenn er den Berichten Glauben geschenkt hätte. Bei aller berechtigten Kritik an seinem Vorgehen bleibt doch fraglich, welche Alternativen er hatte, wenn ein Angriff, der ihn zum Aggressor gemacht hätte, ausgeschlossen war. Stalin konnte den Grenztruppen unmöglich den Befehl geben, auf der Basis von Geheimdienstberichten die deutsch-sowjetische Grenze vor der Wehrmacht zu verletzen und Hitler somit die politische und historische Legitimation für den Gegenangriff zu schenken, der dann eine Verteidigung gewesen wäre. Aus diesem Grund nahm die sowjetische Regierung die Warnungen zwar zur Kenntnis und forcierte alle militärischen Vorbereitungen, was angesichts der schwierigen Lage der Roten Armee kompliziert genug war. Auf den deutschen Angriff aber musste Stalin warten. Molotow hatte Recht, der Krieg konnte nicht anders beginnen: «Wir erwarteten den Angriff und wir hatten ein Hauptziel – Hitler keinen Vorwand zu liefern.»[30]

Der 22. Juni 1941

Am Abend des 21. Juni, gegen halb zehn, fuhren Botschafter von der Schulenburg und Gustav Hilger in den Kreml. Nach dem Besuch Schellenbergs verlangte Molotow Erklärungen für die ungewöhnlichen Vorgänge in der Botschaft, die irritierenden Nachrichten, und er protestierte gegen die Grenzverletzungen, die «in der letzten Zeit einen systematischen Charakter angenommen» hätten.[31] Wenige Stunden später, von der Schulenburg war inzwischen in die Botschaft zurückgekehrt, empfing er ein Telegramm der Reichsregierung. Es enthielt eine Erklärung, die unverzüglich an Molotow zu übergeben war, und so machten sich von der Schulenburg und Hilger zum zweiten Mal in dieser Nacht auf den Weg. Um vier Uhr morgens betraten sie wieder Molotows Arbeitszimmer, und von der Schulenburg verlas, dass «angesichts des unerträglichen Maßes von Bedrohung, das für die deutsche Ostgrenze infolge der massierten Konzentration und Vorbereitung aller Streitkräfte der Roten Armee entstanden» sei, die deutsche Regierung nunmehr «geeignete Gegenmaßnahmen» ergriffen habe.[32]

Zur selben Stunde vernahm Wladimir Dekanosow, Berias Botschafter in Berlin, in Ribbentrops Arbeitszimmer in der Wilhelmstraße den Wortlaut der «Note des Auswärtigen Amtes an die sowjetische Regierung», die der Sowjetregierung «gegen Deutschland und Europa gerichtete Zersetzungsversuche», eine feindliche Außenpolitik und «sprungbereit aufmarschierte Streitkräfte an der deutschen Grenze» vorwarf. Sie wurde vorgetragen von einem Reichsaußenminister, dem die historische Bedeutung der Stunde bewusst war. Als Beispiel für die sowjetischen «Zersetzungsarbeiten» in Europa nannte Ribbentrop das Berliner Spionagenetzwerk von Amajak Kobulow. Er geißelte die deutschfeindliche Balkanpolitik Moskaus und zitierte Wehrmachtberichte über den Aufmarsch der Roten Armee. «Damit», so endete die Note,

> hat die Sowjetregierung die Verträge und Vereinbarungen mit Deutschland verraten und gebrochen. Der Hass des bolschewistischen Moskau gegen den Nationalsozialismus war stärker als die politische Vernunft. […] Deutschland ist nicht gewillt, dieser ernsten Bedrohung seiner Ostgrenze tatenlos zuzusehen. Der Führer hat daher nunmehr der deutschen Wehrmacht den Befehl erteilt, dieser Bedrohung mit allen zur Verfügung stehenden Mitteln entgegenzutreten.[33]

Während Dekanosow das Schreiben mit versteinerter Miene in Empfang nahm und den Raum ohne Gruß und Händedruck verließ, flogen die Bomber der Luftwaffe Görings Angriffe auf Kiew, Odessa und Sewastopol. Hitler überfiel die Sowjetunion mit einer dreieinhalb Millionen Mann starken Streitmacht, aufgeteilt in die drei Heeresgruppen Nord, Mitte und Süd, auf einer Frontlinie von mehr als 2000 Kilometern Länge. In ihr marschierten mehr als eine halbe Million Italiener, Slowaken, Kroaten, Ungarn, Rumänen, Finnen, Spanier, allesamt Freiwillige aus europäischen Ländern, die sich von der nationalsozialistischen Propaganda gegen die «jüdisch-bolschewistische Gefahr» hatten anstecken lassen.

In Moskau vermied es von der Schulenburg – wie aus Berlin angewiesen –, von einer Kriegserklärung zu sprechen. Als Molotow explizit nachfragte, reagierte er, der immer ein Verfechter guter deutsch-sowjetischer

Beziehungen gewesen war, «schweigend», so Hilger, «mit einer für ihn charakteristischen Geste, indem er mit dem Ausdruck besorgter Hilflosigkeit seine Arme hob».[34] Molotow war erbost und antwortete

> mit leicht erhobener Stimme, dass die Mitteilung des Botschafters natürlich nichts anderes als eine Kriegserklärung bedeuten könne, da deutsche Truppen die sowjetische Grenze überschritten hätten und Städte wie Odessa, Kiew und Minsk bereits seit anderthalb Stunden von deutschen Flugzeugen bombardiert würden.[35]

Deutschland habe den Nichtangriffsvertrag gebrochen und das gemeinsame Bündnis verraten, wofür es, so Molotow, «in der Geschichte keinen Präzedenzfall» gebe. Die Begründung sowjetischer Truppenkonzentrationen an der Grenze wies er als «leeren Vorwand» zurück, da diese Truppen nur die üblichen Sommermanöver in der Gegend abhielten. «Wenn», entrüstete sich Molotow gekonnt,

> die Reichsregierung dagegen etwas einzuwenden gehabt hätte, so hätte sie dies der Sowjetregierung nur mitteilen brauchen und diese hätte für Abhilfe Sorge getragen. Stattdessen entfessle Deutschland einen Krieg mit all seinen Konsequenzen.[36]

Ganz Stalins Außenminister, beendete Molotow seine «Philippika» (Hilger) mit den Worten: «Das haben wir nicht verdient.»[37]

Vielleicht empfand Molotow bei seinem letzten Gespräch mit dem deutschen Botschafter für einen Moment ehrliche Enttäuschung ob des deutschen Vertragsbruchs. Mindestens aber bedauerte er das Ende des Bündnisses, das für die Sowjetunion eine außenpolitische Erfolgsgeschichte war. Ohne großen militärischen Aufwand und ohne in den europäischen Krieg hineingezogen worden zu sein, waren die sowjetischen Grenzen nach Westen ausgedehnt und in Übereinstimmung mit der von den Westmächten nach dem Ersten Weltkrieg akzeptierten Curzon-Linie gebracht worden, die Stalin in den Nachkriegsverhandlungen mit den Alliierten verteidigte. Im Norden «besaß» Moskau nun das Baltikum, im Süden Bessarabien und die Nordbukowina; andere Gebiete wie Bulgarien und Rumänien sollten nach 1945 hinzukommen. Der Hitler-Stalin-Pakt hatte den Grundstein für das sowjetische Imperium nach dem Zweiten Weltkrieg gelegt, und so war es nicht verwunderlich, dass Stalin dessen Ende bedauerte. Selbst nach dem Sieg über Hitler habe ihr Vater, so berichtete Swetlana Allilujewa, geklagt: «Ach, zusammen mit den Deutschen wären wir unschlagbar gewesen.»[38] Und er meinte wohl, unschlagbar ohne Krieg. Es war Hitlers fanatischer Wille, Stalin aus Europa zu vertreiben, einen ideologischen Kreuzzug gegen den Bolschewismus zu führen und diesen als grausamen Vernichtungskrieg in die Tat zu setzen, der die Sowjetunion in einen Krieg zog, dessen Kosten immens waren.

Stalin hätte diesen Krieg gern vermieden. Gegen territoriale Eroberungen hatte er nichts. Dass alle Zugeständnisse und jedes Entgegenkommen im Juni 1941 wirkungslos geblieben waren, empfand er als persönliche Niederlage. Zum ersten Mal nach den Revolutionswirren und dem Bürgerkrieg war die Existenz der Sowjetunion bedroht; das Erbe der Bolschewiki, das Erbe Lenins stand auf dem Spiel, und er war für dieses Unglück verantwortlich. Die Last war immens, und doch ist der verbreitete Eindruck, Stalin habe sich nach Kriegsbeginn schockstarr und handlungsunfähig auf seine Datscha in Kunzewo verkrochen, nicht ganz stimmig. In den ersten Tagen des Krieges war Stalin im Kreml.[39] Er kontrollierte alle Vorgänge, traf die wichtigsten Entscheidungen und beriet sich immer wieder mit Molotow, der für das Treffen mit dem deutschen Botschafter nur das Büro gewechselt hatte.[40] Die Stimmung freilich war nervös, chaotisch, und Stalin war angespannt, permanent übermüdet, sein Gesicht grau. Noch aber regierte er aus seinem Arbeitszimmer, wo unmittelbar nach von der Schulenburgs nächtlichem Besuch seine Generäle, Verteidigungskommissar Semjon Timoschenko, die Politbüromitglieder, Molotow und Beria zusammenkamen. Deren Anfahrt hatte von der Schulenburg noch beobachtet, als ihm beim Verlassen des Kremls «mehrere Wagen mit hohen sowjetischen Generälen in rasendem Tempo» entgegengekommen waren.[41]

Drei Reden – «Und eine Wirkung der Verlegenheiten, in die man durch die Umstände gelangen kann»

Im Kreml folgten Sitzungen auf Sitzungen, wobei neben dringenden militärischen Maßnahmen die hochpolitische Frage zu klären war, wer aus dem Kreis der Machthaber der Sowjetbevölkerung die Nachricht vom Krieg überbringen sollte. Dass Stalin Molotow bestimmte, war ein geschickter, nicht untypischer Schachzug, der die Verantwortung für das politische Desaster auf jene Person lenkte, die den Nichtangriffspakt im August 1939 an der Seite Ribbentrops unterzeichnet hatte. «Mit zögernder, fast etwas stotternder Stimme» wandte sich Molotow über Radio Moskau an die Sowjetbürger.[42] «Um vier Uhr morgens», begann er, «haben deutsche und rumänische Streitkräfte den Krieg in unser Land getragen, ohne dass der Sowjetunion irgendeine Begründung oder Kriegserklärung [sic] übermittelt wurde.» «Dieser unerhörte Angriff auf unser Land», so Molotow weiter, «ist ein Akt der Perfidie», insbesondere da

> der Angriff […] trotz der Tatsache unternommen [wurde], dass zwischen Deutschland und Russland ein Nichtangriffspakt bestand, der bis in die kleinsten Einzelheiten von uns in verantwortungsvollster Weise eingehalten wurde. […] Die ganze Verantwortung für diesen Akt der Räuberei muss deshalb auf die Naziführer fallen.

Und er schloss mit den berühmt gewordenen Worten: «Unsere Sache ist gerecht. Der Feind wird vernichtet werden. Der Sieg wird unser sein.»[43]

Auch in Berlin bereitete man in der Nacht des 21. Juni eine Erklärung vor. Nach einer abendlichen Spazierfahrt in die Reichskanzlei zurückgekehrt, ließ Adolf Hitler seinen Propagandaminister Joseph Goebbels zu sich kommen. Goebbels, der die Kriegsvorbereitungen in seinem Tagebuch mit keinem Wort erwähnte, berichtete bezeichnend lapidar über die Ereignisse des Tages, darunter den Besuch einer italienischen Kulturdelegation unter der Leitung des Volkskulturministers Alessandro Pavolini. Den Abend hatte man gemeinsam in Goebbels Villa auf Schwanenwerder verbracht und das amerikanische Bürgerkriegsepos *Vom Winde verweht* geschaut.[44] Als Hitler nach ihm schickte, verließ Goebbels die Vorführung und fuhr in die Reichskanzlei, wo er in den nächsten Stunden die Führerproklamation an das deutsche Volk ausarbeitete. In einer bemerkenswerten Parallele würde auch in Berlin nicht der «Führer» persönlich zu seiner Bevölkerung sprechen, sondern, ähnlich wie Stalin Außenkommissar Molotow, seinen Propagandaminister vorschicken. Nach der Liszt-Fanfare, die Hitler soeben erst genehmigt hatte, verkündete Goebbels im Großdeutschen Rundfunk den Überfall auf die Sowjetunion. In den frühen Morgenstunden des 22. Juni fielen keine enthusiastischen Worte, und von Begeisterung war nichts zu spüren. Stattdessen hatten sich Hitler und Goebbels für eine Rede entschieden, die den Hitler-Stalin-Pakt zu einer politischen Last erklärte, von der sich Deutschland und sein «Führer» endlich befreit hätten. «Von schweren Sorgen bedrückt», begann Goebbels die Worte Hitlers zu verlesen, «zu monatelangem Schweigen verurteilt, ist nun die Stunde gekommen, in der ich endlich offen sprechen kann.» Historisch holte Goebbels weit aus und bezichtigte Großbritannien, eine «internationale Weltverschwörung» angeführt zu haben, die das Deutsche Reich seit dem Ersten Weltkrieg kleingehalten und in den Pakt mit Stalin getrieben habe. Goebbels verlas die «offene[n] Worte» Hitlers, die von der «schweren Überwindung» sprachen, die es gekostet habe, das Bündnis einzugehen, nur um «der britischen Einkreisungspolitik gegen Deutschland entgegenzuarbeiten». Nun, so bezichtigte Goebbels Stalin des Verrats,

> hat Moskau die Abmachungen unseres Freundschaftspaktes nicht nur gebrochen, sondern in erbärmlicher Weise verraten. Und dies alles, während die Machthaber des Kremls bis zur letzten Minute nach außen hin genau wie im Falle von Finnland oder Rumänien Frieden und Freundschaft heuchelten und scheinbar harmlose Dementi verfassten.

Und im Namen Hitlers erklärte er:

> Wenn ich aber bisher durch die Umstände gezwungen war, immer wieder zu schweigen, so ist doch jetzt der Augenblick gekommen, wo ein weiteres Zusehen nicht nur eine Unterlassungssünde, sondern ein Verbrechen am deutschen Volk, ja an ganz Europa wäre.[45]

Auch in der «Proklamation an das deutsche Volk» verkauften Hitler und Goebbels den Krieg gegen Stalins Sowjetunion als Feldzug Europas und als eine fast gesetzmäßige Entwicklung, die durch das schwer erträgliche und quasi unnatürliche Bündnis mit dem barbarischen Feind nur für Monate unterbrochen worden war, während die Geschichte jetzt wieder ihren Lauf nahm. Sie beschworen einen

> Aufmarsch, der in Ausdehnung und Umfang der größte ist, den die Welt bisher gesehen hat. […] Deutsche Divisionen unter dem Befehl des Eroberers von Norwegen schützen gemeinsam mit den finnischen Freiheitshelden unter ihrem Marschall den finnischen Boden. […] An den Ufern des Pruth, am Unterlauf der Donau bis zu den Gestaden des Schwarzen Meeres vereinen sich unter dem Staatschef Antonescu deutsche und rumänische Soldaten. Die Aufgabe dieser Front ist daher nicht mehr Schutz einzelner Länder, sondern die Sicherung Europas und damit die Rettung aller.

Abb. 20 Außenminister Joachim von Ribbentrop vor Pressevertretern im Auswärtigen Amt

«Es macht sich so etwas wie Kreuzzugstimmung in Europa breit», frohlockte Goebbels, nicht ohne sich der Hypokrisie seiner Worte bewusst zu sein. «Das können wir gut gebrauchen», vertraute er dem Tagebuch an: «Aber nur nicht so sehr auf der Parole ‹für das Christentum› herumreiten. Das ist doch etwas zu heuchlerisch.»[46] In diesem Sinne endete die Proklamation wieder national mit den Worten:

> Ich habe mich [...] entschlossen, das Schicksal und die Zukunft des Deutschen Reiches und unseres Volkes wieder in die Hand unserer Soldaten zu legen. Möge uns der Herrgott gerade in diesem Kampfe helfen.[47]

Dreißig Minuten vor Goebbels Radioansprache hatte Außenminister von Ribbentrop, der selbsternannte Spiritus Rector des Pakts, die internationale Presse im völlig überfüllten Saal des Auswärtigen Amtes informiert. Im «Dienst an der Eitelkeit», wie Goebbels spöttisch bemerkte, hatte er dem Kollegen, der «seinen Senf»[48] auch noch dazugeben musste, den Vortritt gewährt. Wie in der Proklamation beschwor auch Ribbentrop einen Feldzug, der «die gesamte Kulturwelt von den tödlichen Gefahren des

Abb. 21 Stalin und Churchill 1942 in Moskau

Bolschewismus» retten und «den Weg für einen wahren sozialen Aufstieg in Europa» freimachen würde. Und während auch er die Sowjetunion des Verrats beschuldigte, blieben im Unterschied zur Radioansprache im Pressesaal des Auswärtigen Amts antibritische Ausfälle aus. Stattdessen signalisierte Ribbentrop vor den internationalen Journalisten den deutschen Willen zur Annäherung an Großbritannien, indem er den «Verrat» Moskaus nun als einen der zahlreichen «gegen England und Deutschland [sic] gerichteten Zersetzungsversuche» feilbot.[49]

Winston Churchill, an den sich die Avancen Ribbentrops richteten, empfing die Nachricht vom Ende des Hitler-Stalin-Pakts mit dem «smile of satisfaction», das am Anfang dieses Buches stand. Der britische Premierminister, der die Welt beileibe nicht in ideologische Manichäismen einzuteilen pflegte, frohlockte und zweifelte «nicht im Geringsten» an «unserer Pflicht und Politik». Winston Churchill war der einzige europäische Großmachtpolitiker, der sich an jenem historischen 22. Juni 1941 persönlich an sein Land wandte. Hitler hatte Goebbels vorgeschoben und Stalin Molotow. Churchill jedoch hielt eine Rede, die alle Anbiederungen

Ribbentrops ein für alle Mal zurückwies. Der überzeugte Antikommunist versprach der Sowjetunion «jede technische oder wirtschaftliche Unterstützung, die in unserer Macht steht».[50] Nachdem über den US-amerikanischen Botschafter Winant die Allianz mit Washington bereits geschmiedet war, galt es, den britischen Landsleuten nun das Bündnis mit den verhassten Sowjetkommunisten nahezubringen. «Das Naziregime», so Churchills vielzitierte Worte,

> lässt sich von den schlimmsten Erscheinungen des Kommunismus nicht unterscheiden. Es ist bar jedes Zieles und jedes Grundsatzes, es sei denn Gier und Rassenherrschaft. Es übertrifft jede Form menschlicher Verworfenheit an Grausamkeit und wilder Angriffslust. Niemand war ein folgerichtigerer Gegner des Kommunismus als ich in den letzten fünfundzwanzig Jahren. Ich nehme kein Wort von dem zurück, was ich darüber gesagt habe. Aber dies alles verblasst vor dem Schauspiel, das sich nun abspielt. Die Vergangenheit mit ihren Verbrechen, ihren Narrheiten und ihren Tragödien verschwindet im Nu.[51]

Und so verschwanden die Verbrechen, Narrheiten und Tragödien des Hitler-Stalin-Pakts. Sein Ende war die Geburtsstunde der westlichen Allianz mit Stalin – «the lesser of the two evils», wie Churchills Pragmatismus befand.

Wortlaut des deutsch-sowjetischen Nichtangriffsvertrages vom 23. August 1939

Die Deutsche Reichsregierung und die Regierung der Union der Sozialistischen Sowjetrepubliken geleitet von dem Wunsche die Sache des Friedens zwischen Deutschland und der UdSSR zu festigen und ausgehend von den grundlegenden Bestimmungen des Neutralitätsvertrages, der im April 1926 zwischen Deutschland und der UdSSR geschlossen wurde, sind zu nachstehender Vereinbarung gelangt:

Artikel I.

Die beiden Vertragschliessenden Teile verpflichten sich, sich jeden Gewaltakts, jeder aggressiven Handlung und jedes Angriffs gegen einander, und zwar sowohl einzeln als auch gemeinsam mit anderen Mächten, zu enthalten.

Artikel II.

Falls einer der Vertragschliessenden Teile Gegenstand kriegerischer Handlungen seitens einer dritten Macht werden sollte, wird der andere Vertragschliessende Teil in keiner Form diese dritte Macht unterstützen.

Artikel III.

Die Regierungen der beiden Vertragschliessenden Teile werden künftig fortlaufend zwecks Konsultation in Fühlung zueinander bleiben, um sich gegenseitig über Fragen zu informieren, die ihre gemeinsamen Interessen berühren.

Artikel IV.

Keiner der beiden Vertragschliessenden Teile wird sich an irgend einer Mächtegruppierung beteiligen, die sich mittelbar oder unmittelbar gegen den anderen Teil richtet.

Artikel V.

Falls Streitigkeiten oder Konflikte zwischen den Vertragschliessenden Teilen über Fragen dieser oder jener Art entstehen sollten, werden beide Teile diese Streitigkeiten oder Konflikte ausschliesslich auf dem Wege freundschaftlichen Meinungsaustausches oder nötigenfalls durch Einsetzung von Schlichtungskommissionen bereinigen.

Artikel VI.

Der gegenwärtige Vertrag wird auf die Dauer von 10 Jahren abgeschlossen mit der Massgabe, dass, soweit nicht einer der Vertragschliessenden Teile ihn ein Jahr vor Ablauf dieser Frist kündigt, die Dauer der Wirksamkeit dieses Vertrages automatisch für weitere fünf Jahre als verlängert gilt.

Artikel VII.

Der gegenwärtige Vertrag soll innerhalb möglichst kurzer Frist ratifiziert werden. Die Ratifikationsurkunden sollen in Berlin ausgetauscht werden. Der Vertrag tritt sofort mit seiner Unterzeichnung in Kraft.

Ausgefertigt in doppelter Urschrift, in deutscher und russischer Sprache, Moskau am 23. August 1939.

Für die deutsche Reichsregierung: J. Ribbentrop

In Vollmacht der Regierung der UdSSR: W. Molotow

Hier nach: Politisches Archiv des Auswärtigen Amtes, f11/0048–0050. Mikrofilm.

Geheimes Zusatzprotokoll

Aus Anlass der Unterzeichnung des Nichtangriffsvertrages zwischen dem Deutschen Reich und der Union der Sozialistischen Sowjetrepubliken haben die unterzeichneten Bevollmächtigten der beiden Teile in streng vertraulicher Aussprache die Frage der Abgrenzung der beiderseitigen Interessensphären in Osteuropa erörtert. Diese Aussprache hat zu folgendem Ergebnis geführt:

1. Für den Fall einer territorial-politischen Umgestaltung in den zu den baltischen Staaten (Finnland, Estland, Lettland, Litauen) gehörenden Gebieten bildet die nördliche Grenze Litauens zugleich die Grenze der Interessenssphären Deutschlands und der UdSSR. Hierbei wird das Interesse Litauens am Wilnaer Gebiet beiderseits anerkannt. 2. Für den Fall einer territorial-politischen Umgestaltung der zum polnischen Staate gehörenden Gebiete werden die Interessenssphären Deutschlands und der UdSSR ungefähr durch die Linie der Flüsse Narew, Weichsel und San abgegrenzt. Die Frage, ob die beiderseitigen Interessen die Erhaltung eines unabhängigen polnischen Staates erwünscht erscheinen lassen und wie dieser Staat abzugrenzen wäre, kann endgültig erst im Laufe der weiteren politischen Entwicklung geklärt werden. In jedem Falle werden beide Regierungen diese Frage im Wege einer freundschaftlichen Verständigung lösen. 3. Hinsichtlich des Südostens Europas wird von sowjetischer Seite das Interesse an Bessarabien betont. Von deutscher Seite wird das völlig politische Desinteresse an diesen Gebieten

erklärt. 4. Dieses Protokoll wird von beiden Seiten streng geheim behandelt werden.

Moskau, den 23. August 1939.

Für die deutsche Reichsregierung: J. Ribbentrop

In Vollmacht der Regierung der UdSSR: W. Molotow

Hier nach: Politisches Archiv des Auswärtigen Amtes, f 19/182–183. Mikrofilm.

Wortlaut des deutsch-sowjetischen Grenz- und Freundschaftsvertrages vom 28. September 1939

Die Deutsche Reichsregierung und die Regierung der UdSSR betrachten es nach dem Auseinanderfallen des bisherigen polnischen Staates ausschliesslich als ihre Aufgabe, in diesen Gebieten die Ruhe und Ordnung wiederherzustellen und den dort lebenden Völkerschaften ein ihrer völkischen Eigenart entsprechendes friedliches Dasein zu sichern. Zu diesem Zwecke haben sie sich über folgendes geeinigt:

Artikel I

Die Deutsche Reichsregierung und die Regierung der UdSSR legen als Grenze der beiderseitigen Reichsinteressen im Gebiete des bisherigen polnischen Staates die Linie fest, die in der anliegenden Karte, eingezeichnet ist und in einem ergänzenden Protokoll näher beschrieben werden soll.

Artikel II

Beide Teile erkennen die in Artikel I festgelegte Grenze der beiderseitigen Reichsinteressen als endgültig an und werden jegliche Einmischung dritter Mächte in diese Regelung ablehnen.

Artikel III

Die erforderliche staatliche Neuregelung übernimmt in den Gebieten westlich der in Artikel I angegebenen Linie die Deutsche Reichsregierung, in den Gebieten östlich dieser Linie die Regierung der UdSSR.

Artikel IV

Die Deutsche Reichsregierung und die Regierung der UdSSR betrachten die vorstehende Regelung als ein sicheres Fundament für eine fortschreitende Entwicklung der freundschaftlichen Beziehungen zwischen ihren Völkern.

Artikel V

Dieser Vertrag wird ratifiziert und die Ratifikationsurkunden werden sobald wie möglich in Berlin ausgetauscht werden. Der Vertrag tritt mit seiner Unterzeichnung in Kraft.

Ausgefertigt in doppelter Urschrift in deutscher und russischer Sprache.

Moskau, den 28. September 1939.

Für die Deutsche Reichsregierung: *J. Ribbentrop*

In Vollmacht der Regierung der UdSSR: *W. Molotow*

Hier nach: Politisches Archiv des Auswärtigen Amtes, RAM-Film 2, 313, 330, 314, 319, 310, 329, 309, 326, 325, 316, 315, 322, 331.

Geheimes Zusatzprotokoll

Die unterzeichneten Bevollmächtigten stellen das Einverständnis der Deutschen Reichsregierung und der Regierung der UdSSR über folgendes fest:

Das am 23. August 1939 unterzeichnete geheime Zusatzprotokoll wird in seiner Ziffer 1 dahin abgeändert, dass das Gebiet des litauischen Staates in die Interessensphäre der UdSSR fällt, weil andererseits die Woywodschaft Lublin und Teile der Woywodschaft Warschau in die Interessensphäre Deutschlands fallen (vergl. die Karte zu dem heute unterzeichneten Grenz- und Freundschaftsvertrage). Sobald die Regierung der UdSSR auf litauischem Gebiet zur Wahrnehmung ihrer Interessen besondere Massnahmen trifft, wird zum Zwecke einer natürlichen und einfachen Grenzziehung die gegenwärtige deutsch-litauische Grenze dahin rektifiziert, dass das litauische Gebiet, das südwestlich der in der anliegenden Karte eingezeichneten Linie liegt, an Deutschland fällt.

Ferner wird festgestellt, dass die in Geltung befindlichen wirtschaftlichen Abmachungen zwischen Deutschland und Litauen durch die vorstehend erwähnten Massnahmen der Sowjetunion nicht beeinträchtigt werden sollen.

Moskau, den 28. September 1939.

Für die Deutsche Reichsregierung: *J. Ribbentrop*

In Vollmacht der Regierung der UdSSR: *W. Molotow*

Hier nach: Politisches Archiv des Auswärtigen Amtes, RAM-Film 2, 313, 330, 314, 319, 310, 329, 309, 326, 325, 316, 315, 322, 331.

Geheimes Zusatzprotokoll

Die unterzeichneten Bevollmächtigten haben bei Abschluss des deutsch-sowjetischen Grenz- und Freundschaftsvertrages ihr Einverständnis über folgendes festgestellt:

Beide Teile werden auf ihren Gebieten keine polnische Agitation dulden, die auf die Gebiete des anderen Teiles hinüberwirkt. Sie werden alle Ansätze zu einer solchen Agitation auf ihren Gebieten unterbinden und sich gegenseitig über die hierfür zweckmässigen Massnahmen unterrichten.

Moskau, den 28. September 1939.

Für die Deutsche Reichsregierung: *J. Ribbentrop*

In Vollmacht der Regierung der UdSSR: *W. Molotow*

Hier nach: Politisches Archiv des Auswärtigen Amtes, RAM-Film 2, 313, 330, 314, 319, 310, 329, 309, 326, 325, 316, 315, 322, 331.

Vertrauliches Protokoll

Die Regierung der UdSSR wird den in ihren Interessengebieten ansässigen Reichsangehörigen und anderen Persönlichkeiten deutscher Abstammung, sofern sie den Wunsch haben, nach Deutschland oder in die deutschen Interessengebiete überzusiedeln, hierbei keine Schwierigkeiten in den Weg legen. Sie ist damit einverstanden, dass diese Übersiedlung von Beauftragten der Reichsregierung im Einvernehmen mit den zuständigen örtlichen Behörden durchgeführt wird und dass dabei die Vermögensrechte der Auswanderer gewahrt bleiben.

Eine entsprechende Verpflichtung übernimmt die Deutsche Reichsregierung hinsichtlich der in ihren Interessengebieten ansässigen Personen ukrainischer oder weissrussischer Abstammung.

Moskau, den 28. September 1939.

Für die Deutsche Reichsregierung: *J. Ribbentrop*

In Vollmacht der Regierung der UdSSR: *W. Molotow*

Hier nach: Politisches Archiv des Auswärtigen Amtes, RAM-Film 2, 313, 330, 314, 319, 310, 329, 309, 326, 325, 316, 315, 322, 331.

Dank

Ein Buch zu schreiben bedeutet, Entscheidungen zu treffen. Welche Quelle findet Verwendung, welches noch so spannende Dokument wird am Ende unberücksichtigt bleiben? Welches Adjektiv trifft den Ton, ist die Deutung plausibel? Über allem steht die Suche nach einer Geschichte, die so erzählt werden will, dass sie überrascht, Neugier auslöst und unterhält. Es ist gut, bei diesen Entscheidungen auf den Rat, den Beistand und die Kritik von Freunden, Kollegen und Mitstreitern zählen zu können. Ihnen allen sei an dieser Stelle aufrichtig und herzlich gedankt. Wo immer ich in den vergangenen drei Jahren Ausschnitte aus dem «Paktbuch» vorstellen durfte, bin ich auf ein großes Interesse und eine Zugewandtheit gestoßen, die mich ermuntert und bestärkt haben.

Mein Dank gilt Historikern wie Lew Besymenski, Ingeborg Fleischauer, Roger Moorhouse und Sergei Slutsch, ohne deren großartige Arbeiten das Nachdenken über die Jahre des deutsch-sowjetischen Kriegsbündnisses schier unmöglich ist. Ich danke Jörg Baberowski, Timm Beichelt, Werner Benecke, Reinhard Blänkner, Kirsten Bönker, Anke Hilbrenner, Ulrike Jureit, Markus Nesselrodt, Julia Obertreis, Susanne Schattenberg, Stefan Troebst und Ricarda Vulpius für die zahlreichen Gespräche und die Einwände, wann immer sie vonnöten waren. Ich danke Kerstin Jobst, Philipp Ther, Tamara Scheer und dem Osteuropainstitut der Universität Wien für die Gastfreundschaft und einen großartigen Aufenthalt. Ganz besonders bedanke ich mich bei Olga Radtschenko für das Glück, meine Ideen mit einer außergewöhnlich mutigen, lebensklugen und geistreichen Kollegin teilen zu dürfen, deren Gespür für das 20. Jahrhundert unnachahmlich ist.

Mein Dank geht an die Mitarbeiter am Lehrstuhl für Europäische Zeitgeschichte der Europa-Universität Viadrina: Clara Frysztacka, Maria Giljarewskaja, Mike Plitt, Hannah Sprute, Samuel Wendt und Heidrun Hotzan. Die ausdauernde Anteilnahme, der großartige Witz und die bemerkenswerte Gelassenheit, mit der sie gelegentlich meine Anwesenheit und die Abwesenheiten ertragen haben, gaben mir die zum Schreiben nötige Ruhe. Ich danke Carolin Leutloff-Grandits, Andrea Meissner und dem gesamten Team des Viadrina Center B/Orders in Motion für unsere Diskussionen und die Anregung, das Thema der Grenze und ihren Einfluss auf die Gewaltgeschichte der Diktaturen stärker in den Blick zu nehmen. Moses Fendel und Markus Niedobitek halfen mir ganz hervorragend bei den Archivarbeiten. Karl-Konrad Tschäpe hat Korrektur gelesen und die gemeinsamen Telefonate immer zu besonderen Zeiten der historischen Reflexion werden lassen. Sven Husmann danke ich für die gar nicht selbstverständliche Bereitschaft, die eigenen Fachgrenzen zu überschreiten.

Bedanken möchte ich mich bei meinem Verlag C.H.Beck, der den Vorschlag, über die bekannten Augustereignisse hinaus auf die wechselseitigen Verflechtungen und die europäische Geschichte des Hitler-Stalin-Pakts zu blicken, von Beginn an begeistert angenommen hat. Ich danke Sebastian Ullrich, Matthias Hansl, Carola Samlowsky und Daniel Bussenius für die professionelle Begleitung und freundliche Unterstützung.

Wie immer am Ende eines langen und intensiven Arbeitsprozesses geht der größte und innige Dank an Freunde und an meine Familie, die meine Leidenschaft für die Geschichte Europas begleitet und trägt. Es ist ein Zeichen von großer Liebe, Fürsorge und Souveränität, dass «Stitler und Halin», wohlbedacht für eine gewisse Zeit und mit viel Ironie, Zugang zu unserer Welt erhielten. Anders wären manche Tage schwer zu ertragen gewesen. Für die Liebe, Geduld, für alle Rücksichtnahme und Freiheit danke ich meinem Mann Detlev Schneider und meiner Tochter Ella Elisabeth.

Anmerkungen

Zum Zwecke der leichteren Lesbarkeit sind russische und ukrainische Namen und Begriffe im Fließtext transkribiert (Duden-Transkription). Angaben in den Fußnoten folgen der wissenschaftlichen Transliteration. Bei Ortsnamen werden zuerst diejenigen Bezeichnungen genannt, die zum Zeitpunkt der Geschichte gebräuchlich waren oder in der zitierten Quelle so verwendet wurden. Der besseren Lesbarkeit halber wurde im Textkorpus der Unterschied in den Quellen zwischen «ss» und «ß» zugunsten der neuen Rechtschreibung durchgängig in «ss» aufgelöst. Es wird verallgemeinernd das generische Maskulinum verwendet. Diese Formulierungen umfassen gleichermaßen weibliche, männliche und diverse Personen; alle sind damit selbstverständlich gleichberechtigt angesprochen.

Einleitung

1 Roger Moorhouse, The Devils' Alliance. Hitler's Pact with Stalin, 1939–1941, London 2014, S. 257.

2 Bernhard H. Bayerlein, «Der Verräter, Stalin, bist Du!». Vom Ende der linken Solidarität 1939–1941, Berlin 2008, S. 366.

3 Joseph Goebbels, Die Tagebücher von Joseph Goebbels. Im Auftrag des Instituts für Zeitgeschichte und mit Unterstützung des Staatlichen Archivdienstes Rußlands. Herausgegeben von Elke Fröhlich, 2 Teile, München 1993 ff., hier Teil I, Bd. 9, München 1998, S. 396.

4 Zu den Ereignissen des Jahres 1941 im Überblick siehe: Ian Kershaw, Wendepunkte. Schlüsselentscheidungen im Zweiten Weltkrieg, München 2010, S. 235–416.

5 Siehe dazu: François Furet, Das Ende der Illusion. Der Kommunismus im 20. Jahrhundert, München 1996, S. 401 ff.

6 Vor allem an Überlegungen zu den Massenerschießungen von Katyń, einem sowjetischen Kriegsverbrechen aus der Zeit des Hitler-Stalin-Pakts. Siehe: Claudia Weber, Krieg der Täter. Die Massenerschießungen von Katyń, Hamburg 2015.

7 Die Literatur zur diplomatischen Vorgeschichte und den Ereignissen im August 1939 ist überwältigend. Stellvertretend seien hier nur genannt: Ingeborg

Fleischhauer, Der Pakt. Hitler, Stalin und die Initiative der deutschen Diplomatie, Berlin/Frankfurt am Main 1990; Bernd Wegner (Hg.), Zwei Wege nach Moskau. Vom Hitler-Stalin-Pakt zum «Unternehmen Barbarossa», München 2000, sowie die verschiedenen Beiträge im Sonderheft der Zeitschrift *Osteuropa* 7–8/2009: Der Hitler-Stalin-Pakt. Der Krieg und die europäische Erinnerung.

8 In den meisten osteuropäischen Staaten wird der Nichtangriffsvertrag aus diesem Grund als «Molotow-Ribbentrop-Pakt» bezeichnet. Hier wird die Bezeichnung «deutsch-sowjetischer Nichtangriffsvertrag» verwendet, während unter dem Begriff des «Hitler-Stalin-Pakts» alle Verträge, Vereinbarungen und ihre praktische Umsetzung, kurzum alle Facetten der deutsch-sowjetischen Zusammenarbeit von 1939–1941, zusammengefasst werden.

9 Jan Lipinsky, Das geheime Zusatzprotokoll zum deutsch-sowjetischen Nichtangriffspakt vom 23. August 1939 und seine Entstehungs- und Rezeptionsgeschichte von 1939 bis 1999, Frankfurt am Main 2004.

10 Zu den damaligen teils heftig geführten Erinnerungsdebatten siehe stellvertretend: Claus Leggewie/Anne Lang, Der Kampf um die europäische Erinnerung. Ein Schlachtfeld wird besichtigt, München 2011; Dan Diner, Gegenläufige Gedächtnisse. Über Geltung und Wirkung des Holocaust, Göttingen 2007; Anna Kaminsky/Dietmar Müller/Stefan Troebst (Hg.), Der Hitler-Stalin-Pakt 1939 in den Erinnerungskulturen der Europäer, Göttingen 2011.

11 Zum vieldiskutierten und seit einigen Jahren in aller Munde geführten Ansatz der Verflechtungsgeschichte siehe grundlegend: Michael Werner/Bénédicte Zimmermann, Vergleich, Transfer, Verflechtung. Der Ansatz der Histoire croisée und die Herausforderung des Transnationalen. In: Geschichte und Gesellschaft 28/2002, S. 607–636; Michael Werner/Bénédicte Zimmermann, Beyond Comparison. Histoire Croisée and the Challenge of Reflexivity. In: History and Theory 45/2006, S. 30–50.

12 Zu dieser Kritik siehe: Stefan Troebst in einem Interview mit der *Süddeutschen Zeitung* anlässlich des 75. Jahrestages: https://www.sueddeutsche.de/politik/jahre-hitler-stalin-pakt-deutschlands-verzerrter-blick-1.2097705 (letzter Zugriff am 28.10.2018) und die Einleitung bei Moorhouse, The Devils' Alliance, S. xxiii–xxvi. Moorhouse nennt das Fehlen des Hitler-Stalin-Pakts in den meisten westeuropäischen Kriegsdarstellungen einen Skandal. Zu den wenigen Ausnahmen der Beschäftigung mit der deutsch-sowjetischen Verflechtungsgeschichte zählen: Heinrich Schwendemanns Untersuchung der deutsch-sowjetischen Wirtschaftsbeziehungen: Die wirtschaftliche Zusammenarbeit zwischen dem Deutschen Reich und der Sowjetunion von 1939 bis 1941. Alternative zu Hitlers Ostprogramm?, Berlin 1993; Hans Schafranek, Zwischen NKWD und Gestapo. Die Auslieferung deutscher und österreichischer Antifaschisten aus der Sowjetunion an Nazideutschland 1937–1941,

Frankfurt am Main 1990; Moses Fendel, Przemyśl 1939/40. Von Menschen und Grenzen zur Zeit des Hitler-Stalin-Pakts, unveröffentlichte Masterarbeit an der Europa-Universität Viadrina Frankfurt an der Oder, November 2017.

13 Timothy Snyder, Bloodlands. Europe between Hitler and Stalin, New York 2010 (dt. Ausgabe München 2011).

14 Valentin Falin, Konflikte im Kreml. Zur Vorgeschichte der deutschen Einheit und Auflösung der Sowjetunion, München 1997, S. 108.

15 Siehe dazu den anregenden Briefwechsel zwischen François Furet und Ernst Nolte, Feindliche Nähe. Kommunismus und Faschismus im 20. Jahrhundert, München 1999, insbesondere S. 74 f.

16 Sebastian Haffner, Der Teufelspakt. Fünfzig Jahre deutsch-russische Beziehungen, Zürich 2002, S. 5 (Erstausgabe Reinbek 1968).

17 Stellvertretend sei verwiesen auf: Sławomir Dębski, Między Berlinem a Moskwą. Stosunki niemiecko-sowieckie 1939–1941, Warszawa 2003; Tomasz Bereza/Piotr Chmielowiec/Janusz Grechuta, W cieniu «Linii Mołotowa». Ochrona granicy ZSRR z III Rzeszą między Wisznią a Sołokiją w latach 1939–1941, Instytut Pamięci Narodowej: Rzeszów 2002; Rafael Wnuk, Zwischen Scylla und Charybdis. Deutsche und sowjetische Besatzung Polens 1939–1941. In: Osteuropa 7–8/2009, S. 157–172; Witold Wasilewski, Sovětsko-německa spolupráce a katyňský zloèin, in: Pamět a dějiny 4/2010, S. 22–41.

Kapitel 1

«Mit den Deutschen müsste es vorangehen»

1 Ludmila Thomas, Georgi Tschitscherin. Ich hatte die Revolution und Mozart, Berlin 2012, S. 96.

2 Haffner, Teufelspakt, S. 92.

3 Vladimir Genis, Delo Savelija, in: Voprosy istorii 1 (2000), S. 98–112.

4 Lew Besymenski, Stalin und Hitler. Das Pokerspiel der Diktatoren, Berlin 2006, S. 108.

5 Im Zuge der Locarno-Verträge und der Anerkennung der Versailler Westgrenze wurde das Deutsche Reich am 10. September 1926 in den Völkerbund aufgenommen.

6 Besymenski, Stalin und Hitler, S. 108. Der erste Vorsitzende der Komintern, Grigori Sinowjew, war 1926 aus dem Politbüro ausgeschlossen worden und wurde 1936 im ersten der berüchtigten Moskauer Schauprozesse zum Tode verurteilt und erschossen.

7 Die Ausweisung Trotzkis erfolgte auf der Grundlage von Artikel 58/10 des sowjetischen Strafgesetzbuches. Am 21. August 1940 ermordete der Sowjetagent Ramón Mercader Trotzki im mexikanischen Exil.

8 Gustav Hilger, Wir und der Kreml. Deutsch-sowjetische Beziehungen 1918–1941. Erinnerungen eines deutschen Diplomaten, Frankfurt am Main 1964, S. 104.
9 Besymenski, Stalin und Hitler, S. 109.
10 Alle Angaben in: Ian Kershaw, Höllensturz. Europa 1914 bis 1949, München 2015, S. 281.
11 Zur Geschichte des Gulag und speziell zum Belomorkanal siehe: Anne Applebaum, Der Gulag, Berlin 2003, S. 97–110; Karl Schlögel, Das sowjetische Jahrhundert. Archäologie einer untergegangenen Welt, München 2017, S. 141–159.
12 Hilger, Wir und der Kreml, S. 230.
13 Ebenda, S. 231.
14 Ebenda.
15 Ebenda, S. 232.
16 Ebenda, S. 230 f.
17 Ebenda.
18 Haffner, Der Teufelspakt, S. 95.
19 Besymenski, Stalin und Hitler, S. 51.
20 Hilger, Wir und der Kreml, S. 191.
21 Olaf Groehler, Selbstmörderische Allianz. Deutsch-russische Militärbeziehungen 1920–1941, Berlin 1992, S. 49.
22 Hilger, Wir und der Kreml, S. 192.
23 Groehler, Selbstmörderische Allianz, S. 50.
24 Die deutsche Militärmission war 1923 als «Zentrale Moskau» gegründet worden und wurde von der Sondergruppe R unter der Leitung von Lieth-Thomsen geführt. Ein Ziel war der geheime Wiederaufbau der deutschen Luftstreitkräfte.
25 Groehler, Selbstmörderische Allianz, S. 45.
26 Ebenda, S. 54.
27 Siehe hierzu u. a.: Bert Hoppe, Iron Revolutionaries and Salon Socialists. Bolsheviks and German Communists in the 1920s and 1930s. In: Kritika. Explorations in Russian and Eurasian History 10/2009, S. 499–526.
28 Furet, Das Ende der Illusion, S. 260. Allgemein zum Nationalbolschewismus siehe: Otto-Ernst Schüddekopf, Linke Leute von Rechts. Die nationalrevolutionären Minderheiten und der Kommunismus in der Weimarer Republik, Stuttgart 1960.
29 Vgl. Aufzeichnung von Brockdorff-Rantzau vom 14. 12. 1923. In: Manfred Zeidler, Reichswehr und Rote Armee 1920–1933. Wege und Stationen einer ungewöhnlichen Zusammenarbeit, München 1993, S. 85.
30 Furet, Das Ende der Illusion, S. 255 f.
31 Zahlen aus Bayerlein, «Der Verräter, Stalin, bist Du!», S. 44.
32 So zitiert in: https://www.1000dokumente.de/index.html?c=dokument_de&dokument=0109_hrw&object=facsimile&pimage=2&v=100&nav=&l=de (letzter Zugriff am 07. 01. 2019).

33 Hilger, Wir und der Kreml, S. 243.
34 Besymenski, Stalin und Hitler, S. 69.
35 Ebenda.
36 Niccolò Machiavelli, Politische Schriften, herausgegeben von Herfried Münkler, Frankfurt am Main 1990, S. 94 ff.
37 Besymenski, Stalin und Hitler, S. 69.
38 Hilger, Wir und der Kreml, S. 249.
39 Groehler, Selbstmörderische Allianz, S. 63.
40 Ebenda, S. 61.
41 Ebenda, S. 68.
42 Ebenda, S. 73.
43 Ebenda, S. 76.
44 Ebenda.
45 Zur Geschichte der Mission Kandelakis ausführlich: Lew Besymenski, Geheimmission in Stalins Auftrag? David Kandelaki und die sowjetisch-deutschen Beziehungen Mitte der dreißiger Jahre. In: Vierteljahrshefte für Zeitgeschichte 3/1992, S. 339–358.
46 Hilger, Wir und der Kreml, S. 269.
47 Besymenski, Stalin und Hitler, S. 73.
48 Ebenda, S. 72.
49 Ebenda, S. 80.
50 Ebenda, S. 83.
51 Ebenda.
52 Ebenda, S. 85.
53 Grigori Sokolnikow gehörte zu den «Geldbeschaffern» der Bolschewiki im Exil und begleitete Lenin im April 1917 auf der Zugreise von Zürich nach Petrograd. Er wurde 1936 verhaftet und in einem der Moskauer Schauprozesse zu einer zehnjährigen Gefängnisstrafe verurteilt. Angeblich wurde er 1939 von Mithäftlingen zu Tode geprügelt.
54 Siehe exemplarisch: Gabriel Gorodetsky (Hg.), Die Maiski-Tagebücher. Ein Diplomat im Kampf gegen Hitler 1932–1943, München 2016, S. 77 f., 96.
55 Britische Firmen wie die Metropolitan-Vickers Electrical Export hatten Ingenieure zur Elektrifizierung Russlands nach Moskau entsandt. Im März 1933 wurden sechs britische Ingenieure von Metro-Vickers der geheimdienstlichen Spionage gegen die UdSSR angeklagt und zu Gefängnisstrafen verurteilt.
56 So zitiert bei: Besymenski, Stalin und Hitler, S. 63.
57 Arthur Upham Pope, Maxim Litvinoff, New York 1943, S. 110 f.
58 Es war nicht zuletzt dieser Erfolg, der Litwinows Überleben sicherte und ihm nach Hitlers Überfall auf die Sowjetunion zum Botschafterposten in den USA verhalf.
59 Seit der Weltwirtschaftskrise und dem ersten Fünfjahrplan gab es eine eigene

Abteilung für Wirtschaftsfragen und wirtschaftliche Beziehungen zum Ausland. Bis zum Großen Terror wurde sie von Boris Rozenblum geleitet.

60 Siehe: Thomas Weingartner, Stalin und der Aufstieg Hitlers. Die Deutschlandpolitik der Sowjetunion und der Kommunistischen Internationale 1929–1934, Berlin 1970, S. 65 ff.

61 Hans von Herwarth, Zwischen Hitler und Stalin. Erlebte Zeitgeschichte 1931 bis 1945, Frankfurt am Main 1982, S. 123.

62 Maxim Litwinow, Memoiren. Aufzeichnungen aus den geheimen Tagebüchern, München 1956, S. 217.

63 Gorodetsky, Die Maiski-Tagebücher, S. 146 f.

64 Pope, Maxim Litvinoff, S. 424.

65 Gorodetsky, Die Maiski-Tagebücher, S. 147.

66 Einen Überblick liefert: Stanley Payne, The Spanish Civil War, Cambridge 2012.

67 Zur Rolle der Sowjetunion im Bürgerkrieg siehe: Stanley Payne, The Spanish Civil War, The Soviet Union and Communism, New Haven 2004.

68 Niederschrift über die Besprechung in der Reichskanzlei am 5. November 1937 («Hoßbach-Protokoll»), 10. November 1937. In: http://www.ns-archiv.de/krieg/1937/hossbach/ (letzter Zugriff am 07. 01. 2019). Dabei handelt es sich um die im so genannten Hoßbach-Protokoll festgehaltene Erklärung, die Hitler auf einem geheimen Treffen in der Reichskanzlei am 5. November 1937 gab.

69 Gorodetsky, Die Maiski-Tagebücher, S. 235–238.

70 Ebenda, S. 202.

71 Kurt Pätzold/Günter Rosenfeld (Hg.), Sowjetstern und Hakenkreuz 1938–1941. Dokumente zu den deutsch-sowjetischen Beziehungen, Berlin 1990, S. 93.

Kapitel 2

«Wir werden ebenfalls schachern»

1 So zitiert bei: Pope, Maxim Litvinoff, S. 437.

2 Siehe Schreiben Merekalows an Litwinow vom 12. Januar 1939, zitiert bei: Pätzold/Rosenfeld, Sowjetstern und Hakenkreuz, S. 106.

3 Gerhard L. Weinberg, Germany and the Soviet Union 1939–1941, Leiden 1954, S. 10.

4 Franz Knipping, Die Deutsch-Französische Erklärung vom 6. Dezember 1938. In: perspectivia.net, Beihefte der Francia 10/1981, S. 523–551. Online: https://www.perspectivia.net/publikationen/bdf/hildebrand-werner_deutschland/knipping_erklaerung (letzter Zugriff am 10. 01. 2019).

5 Gorodetsky, Die Maiski-Tagebücher, S. 248.

6 So zitiert bei: Pätzold/Rosenfeld, Sowjetstern und Hakenkreuz, S. 15.
7 Hilger, Wir und der Kreml, S. 274.
8 Pätzold/Rosenfeld, Sowjetstern und Hakenkreuz, S. 16.
9 Edward Ericson, Karl Schnurre and the Evolution of Nazi-Soviet Relations, 1936–1941. In: German Studies Review 21/1998, Heft 2, S. 263–283, hier S. 268.
10 Pätzold/Rosenfeld, Sowjetstern und Hakenkreuz, S. 108. Telegramm von Emil Wiehl an die deutsche Botschaft vom 28. Januar 1939.
11 Nach dem Münchner Abkommen besetzte Polen das Gebiet Ende Oktober 1938.
12 So zitiert bei: Pätzold/Rosenfeld, Sowjetstern und Hakenkreuz, S. 12.
13 Marek Kornat, Sehenden Auges. Polens Außenpolitik vor dem Hitler-Stalin-Pakt. In: Osteuropa 7–8/2009, S. 47–74, hier S. 49.
14 Ebenda, S. 47.
15 Pätzold/Rosenfeld, Sowjetstern und Hakenkreuz, S. 104.
16 Zur Genese des Rechenschaftsberichts und den Anleihen, die Stalin bei einer Rede seines Zöglings Andrei Schdanow nahm, siehe: I. V. Stalin, Rechenschaftsbericht auf dem XVIII. Parteitag über die Tätigkeit des CK VKP (b) [Auszüge], 10. März 1939 auf http://www.1000dokumente.de, insbesondere die Einleitung von Donal O'Sullivan. Online: https://www.1000dokumente.de/index.html?c=dokument_ru&dokument=0023_kas&object=context&st=&l=de (letzter Zugriff am 10. 01. 2019).
17 So zitiert bei: Alexander Werth, Russland im Krieg. 1941–1945, München 1970, S. 32.
18 Angelo Rossi, The Russo-German Alliance, August 1939–June 1941, London 1950, S. 8 ff. Angelo Rossi war das Pseudonym für Angelo Tasca (1892–1960), einen der Mitbegründer der italienischen kommunistischen Partei, der später in der französischen Vichy-Kollaborationsregierung mitwirkte und vermutlich gleichzeitig Kontakte zur Résistance hielt. Im Kalten Krieg war Tasca, der 1929 aus der kommunistischen Partei ausgeschlossen worden war, ein glühender Verfechter des politischen Antikommunismus.
19 Am 14. März 1939 hatte die Slowakei auf Druck Hitlers bereits die Abspaltung erklärt.
20 Jürgen Zarusky, «Hitler bedeutet Krieg». Der deutsche Weg zum Hitler-Stalin-Pakt. In: Osteuropa 7–8/2009, S. 97–114, hier S. 107.
21 Rossi, The Russo-German Alliance, S. 14 f.
22 Pope, Maxim Litvinoff, S. 442.
23 Ebenda, S. 443.
24 Henry C. Cassidy, Moscow Dateline, Boston 1943, S. 64.
25 Zum Großen Terror im Außenkommissariat siehe: Teddy J. Uldricks, The Impact of the Great Purges on the People's Commissariat of Foreign Affairs. In:

Slavic Review, 36/1977, Heft 2, S. 187–204; Sabine Dullin, Men of Influence. Stalin's Diplomats in Europe 1930–1939, Edinburgh 2008.

26 Očerki istorii Ministerstva inostrannych del Rossii, Bd. 2: 1917–2002, Moskva 2002, S. 199 f., 238.

27 Zu den Charakteristika der «Gromyko-Kohorte» siehe: Uldricks, The Impact of the Great Purges, S. 196.

28 So zitiert bei: Susanne Schattenberg, Diplomatie der Diktatoren. Der Molotov-Ribbentrop-Pakt. In: Osteuropa 7–9/2009, S. 7–31, hier S. 11.

29 So zitiert bei: Uldricks, The Impact of the Great Purges, S. 196.

30 Hans von Herwarth, Zwischen Hitler und Stalin, S. 163.

31 Felix Chuev, Molotov remembers. Inside Kremlin Politics. Conversations with Felix Chuev, Chicago 1993, S. 8 ff. Russische Originalausgabe: Feliks Chuev, Sto sorok besed s Molotovym, Moskva 1991.

32 Dazu Pope, Maxim Litvinoff, S. 320.

33 Hilger, Wir und der Kreml, S. 280.

34 Pätzold/Rosenfeld, Sowjetstern und Hakenkreuz, S. 109.

35 Ebenda, S. 108.

36 Ebenda, S. 136.

37 Ebenda, S. 138.

38 Ebenda.

39 Ebenda.

40 Ebenda.

41 Ebenda, S. 151.

42 Ebenda, S. 150.

43 Günter Rosenfeld, Das Zustandekommen und die Auswirkungen des Hitler-Stalin-Pakts. In: Roland G. Foerster (Hg.), Unternehmen Barbarossa. Zum historischen Ort der deutsch-sowjetischen Beziehungen, München 1993, S. 35–54, hier S. 44.

44 Gorodetsky, Die Maiski-Tagebücher, S. 307.

45 So zitiert bei: Simon Sebag Montefiore, Stalin. Am Hof des roten Zaren, Frankfurt am Main 2006, S. 349.

46 Helmut Metzmacher, Deutsch-englische Ausgleichsbemühungen im Sommer 1939. In: Vierteljahrshefte für Zeitgeschichte 4/1966, S. 369–412; Gorodetsky, Die Maiski-Tagebücher, S. 328.

47 Gorodetsky, Die Maiski-Tagebücher, S. 326.

48 Pätzold/Rosenfeld, Sowjetstern und Hakenkreuz, S. 166.

49 Gorodetsky, Die Maiski-Tagebücher, S. 332.

50 Ebenda, S. 333.

51 So zitiert bei: Schattenberg, Diplomatie der Diktatoren, S. 22.

52 Gorodetsky, Die Maiski-Tagebücher, S. 335.

53 So zitiert bei: Pope, Maxim Litvinoff, S. 445.

54 Ebenda. John Simon war Schatzkanzler (Lord of the Exchequer) und damit für Finanz- und Wirtschaftsfragen zuständig. Er galt als überzeugter Verfechter der Appeasement-Politik.
55 Siehe: Groehler, Selbstmörderische Allianz, S. 106 f.
56 Werth, Russland im Krieg, S. 51.
57 Zum Bericht Astachows über die Verhandlungen siehe: Besymenski, Stalin und Hitler, S. 205 ff.
58 Siehe Telegramm von Ribbentrop an von der Schulenburg vom 18. August 1939, bei: Pätzold/Rosenfeld, Sowjetstern und Hakenkreuz, S. 212 f.
59 Ebenda, S. 213–218.
60 So zitiert bei: Werth, Russland im Krieg, S. 54.
61 Der Wortlaut des Telegramms bei: Pätzold/Rosenfeld, Sowjetstern und Hakenkreuz, S. 223.
62 Ebenda.
63 So zitiert bei: Sebag Montefiore, Am Hof des roten Zaren, S. 351.
64 So zitiert bei: Schattenberg, Diplomatie der Diktatoren, S. 21.
65 Siehe Telegramm Ribbentrops an das Auswärtige Amt mit der Bitte, das Einverständnis Hitlers zu den Häfen Libau und Windau einzuholen, bei: Pätzold/Rosenfeld, Sowjetstern und Hakenkreuz, S. 230.
66 Ebenda, S. 237.
67 Ebenda, S. 228 f.
68 Zum Wortlaut des Vertrages siehe: Pätzold/Rosenfeld, Sowjetstern und Hakenkreuz, S. 231 f.
69 Zum Wortlaut des Geheimen Zusatzprotokolls siehe: Pätzold/Rosenfeld, Sowjetstern und Hakenkreuz, S. 232.
70 Reinhard Müller, Menschenfalle Moskau. Exil und stalinistische Verfolgung, Hamburg 2001; Schafranek, Zwischen NKWD und Gestapo.
71 Wolfgang Leonhard, Die Revolution entlässt ihre Kinder, Köln 1990, S. 82.
72 So zitiert bei: Bayerlein, «Der Verräter, Stalin, bist du!», S. 28.
73 So zitiert bei: Jens-Fietje Dwars, Johannes R. Becher. Triumph und Verfall. Eine Biographie, Berlin 2003, S. 174.
74 So zitiert bei: Wolfgang Leonhard, Der Schock des Hitler-Stalin-Paktes, München 1989, S. 63.
75 So zitiert bei: Pätzold/Rosenfeld, Sowjetstern und Hakenkreuz, S. 234.
76 Ebenda, S. 237 f.
77 Siehe Bericht des Botschafters von der Schulenburg bei: Pätzold/Rosenfeld, Sowjetstern und Hakenkreuz, S. 247.
78 Hilger, Wir und der Kreml, S. 292 f.
79 Leonhard, Der Schock des Hitler-Stalin-Paktes, S. 70 ff.
80 So zitiert bei: Moorhouse, The Devils' Alliance, S. 77.
81 Groehler, Selbstmörderische Allianz, S. 107.

82 Goebbels, Tagebücher, Teil I, Bd. 7, S. 74–76.
83 Pätzold/Rosenfeld, Sowjetstern und Hakenkreuz, S. 247.
84 Goebbels, Tagebücher, Teil I, Bd. 7, S. 75.
85 So zitiert bei: Moritz Florin, Der Hitler-Stalin-Pakt in der Propaganda des Leitmediums. Der «Völkische Beobachter» über die UdSSR im Jahre 1939, Berlin/Münster 2009, S. 144.
86 Tagebücher von Alfred Rosenberg (Alfred Rosenberg Diary), Tagebucheintrag vom 25. August 1939. United States Holocaust Memorial Museum, Quelle: https://collections.ushmm.org/view/2001.62.14 (letzter Zugriff am 10. 01. 2019).
87 So zitiert bei: Pätzold/Rosenfeld, Sowjetstern und Hakenkreuz, S. 238.
88 Zur Berichterstattung im *Völkischen Beobachter* siehe: Florin, Der Hitler-Stalin-Pakt, S. 114 ff.
89 Das schwarze Korps, Zeitung der Schutzstaffeln der NSDAP. Organ der Reichsführung SS vom 31. August 1939, S. 9.
90 Goebbels, Tagebücher, Eintrag vom 14. September 1939, Teil I, Bd. 7, S. 104.

Kapitel 3
«Wie unter Parteigenossen»

1 Pätzold/Rosenfeld, Sowjetstern und Hakenkreuz, S. 238 f.
2 Kornat, Sehenden Auges, S. 54 ff.
3 So zitiert bei: Pätzold/Rosenfeld, Sowjetstern und Hakenkreuz, S. 241.
4 So zitiert bei: Rudolf Augstein, «Nur ein Sandkastenspiel». In: Der Spiegel 6/1996, S. 102–125, hier S. 105.
5 Adolf Hitler, Erklärung der Reichsregierung vor dem Deutschen Reichstag, 1. September 1939. Online: https://www.1000dokumente.de/index.html?c=dokument_de&dokument=0209_pol&obj ect=translation&l=de (letzter Zugriff am 11. 01. 2019).
6 Weinberg, Germany and the Soviet Union, S. 53.
7 So zitiert bei: Pätzold/Rosenfeld, Sowjetstern und Hakenkreuz, S. 247.
8 Wortlaut der Note der Regierung der UdSSR an die in Moskau akkreditierten Missionen vom 17. September 1939, so zitiert bei: Pätzold/Rosenfeld, Sowjetstern und Hakenkreuz, S. 252.
9 Rundfunkrede Molotows vom 17. September 1939, so zitiert bei: ebenda, S. 253.
10 Kornat, Sehenden Auges, S. 65.
11 Ebenda.
12 Ebenda, S. 67.
13 So zitiert bei: ebenda, S. 51.

14 Gorodetski, Die Maiski-Tagebücher, S. 365.
15 So zitiert bei: Pätzold/Rosenfeld, Sowjetstern und Hakenkreuz, S. 247.
16 Ebenda, S. 249.
17 So zitiert bei: ebenda, S. 250.
18 So zitiert bei: ebenda.
19 Sergej Slutsch, 17. September 1939: Der Eintritt der Sowjetunion in den Zweiten Weltkrieg. Eine historische und völkerrechtliche Bewertung. In: Vierteljahrshefte für Zeitgeschichte 2/2000, S. 219–254, hier S. 226.
20 Pätzold/Rosenfeld, Sowjetstern und Hakenkreuz, S. 253.
21 So zitiert bei: ebenda, S. 252.
22 So zitiert bei: ebenda, S. 254.
23 Slutsch, Der 17. September 1939, S. 228.
24 So zitiert bei: ebenda.
25 So zitiert bei: ebenda.
26 Ebenda.
27 Der Wortlaut des Grenz- und Freundschaftsvertrages bei: Pätzold/Rosenfeld, Sowjetstern und Hakenkreuz, S. 260 f. Internetquelle: https://www.1000dokumente.de/index.html?c=dokument_ru&dokument=0027_gre&object=translation&st=GRENZ-%20UND%20FREUNDSCHAFTSVERTRAG&l=de (letzter Zugriff am 16. 03. 2019). Zu dessen Entstehungsgeschichte siehe auch: Ingeborg Fleischhauer, Der deutsch-sowjetische Grenz- und Freundschaftsvertrag vom 28. September 1939. Die deutschen Aufzeichnungen über die Verhandlungen zwischen Stalin, Molotov und Ribbentrop in Moskau. In: Vierteljahrshefte für Zeitgeschichte 3/1991, S. 447–470, hier S. 467.
28 Pätzold/Rosenfeld, Sowjetstern und Hakenkreuz, S. 258.
29 Weinberg, Germany and the Soviet Union, S. 58.
30 Eine ausgezeichnete Darstellung der Grenzverhandlungen in Moskau liefert die Arbeit von Moses Fendel. Fendel, Przemyśl 1939/40, S. 51–85.
31 Politisches Archiv des Auswärtigen Amtes, R 27436, Blatt 53–64, hier Blatt 58.
32 Ernst Kordt, Nicht aus den Akten …: Die Wilhelmstraße in Frieden und Krieg. Erlebnisse, Begegnungen und Eindrücke 1928–1945, Stuttgart 1950, S. 348.
33 So zitiert bei: Pätzold/Rosenfeld, Sowjetstern und Hakenkreuz, S. 259.
34 So zitiert bei: ebenda.
35 Rossi, The Russo-German Alliance, S. 76.
36 So zitiert bei: Pätzold/Rosenfeld, Sowjetstern und Hakenkreuz, S. 259.
37 Politisches Archiv des Auswärtigen Amtes, R 27436, hier Blatt 59.
38 Ebenda.
39 So zitiert bei: Slutsch, Der 17. September 1939, S. 231.

40 Vertrauliches Protokoll bei: Pätzold/Rosenfeld, Sowjetstern und Hakenkreuz, S. 261.
41 Hilger, Wir und der Kreml, S. 296.
42 Presseerklärung von Reichsaußenminister Ribbentrop vor seinem Abflug aus Moskau am 29. September 1929. In: Pätzold/Rosenfeld, Sowjetstern und Hakenkreuz, S. 264.
43 Ebenda, S. 262.
44 So zitiert bei: ebenda, S. 265 f.
45 Gorodetski, Die Maiski-Tagebücher, S. 365.
46 So zitiert bei: Pätzold/Rosenberg, Sowjetstern und Hakenkreuz, S. 271 ff.
47 Gorodetsky, Die Maiski-Tagebücher, S. 344.
48 So argumentiert etwa Gorodetsky, ebenda, S. 356.
49 Molotow gegenüber dem estnischen Außenminister Karl Selter am 24. September in Moskau, so zitiert bei: Seppo Myllyniemi, Die baltische Krise 1938–1941, Schriftenreihe der Vierteljahrshefte für Zeitgeschichte, Nr. 38, Stuttgart 1979, S. 57 f.
50 David Feest, Ethnische Spaltung, nationale Konsolidierung. Die Folgen des Hitler-Stalin-Pakts im Baltikum. In: Osteuropa 7–8/2009, S. 187–202.
51 So zitiert bei: Myllyniemi, Die baltische Krise, S. 58.
52 Goebbels, Tagebücher, Teil I, Bd. 7, S. 217.
53 Weinberg, Germany and the Soviet Union, S. 89.
54 So zitiert bei: ebenda.
55 Snyder, Bloodlands. Europa zwischen Hitler und Stalin.
56 So zitiert bei: Wnuk, Zwischen Scylla und Charybdis, S. 158.
57 So zitiert bei: ebenda, S. 162.
58 Ausführlich bei: Wanda Krystyna Roman, Die sowjetische Okkupation der polnischen Ostgebiete. In: Bernhard Chiari (Hg.), Die polnische Heimatarmee. Geschichte und Mythos der Armia Krajowa seit dem Zweiten Weltkrieg, München 2003, S. 87–109; Jan T. Gross, Revolution from Abroad. The Soviet Conquest of Poland's Western Ukraine and Western Belorussia, Princeton 1988 (erw. Neuausgabe Princeton 2002); Albin Głowacki, Sowieci wobec Polaków: na ziemach wschodnich II Rzeczypospolitej 1939–1941, Łódź 1998; Adam Sudoł (Hg.), Sowietyzacija Kresów Wschodnich II Rzeczypospolitej po 17 wrzeœnia 1939, Bydgoszcz 1998; Sergej G. Filippov, Dejatel'nost' organov VKP(b) v zapadnych oblastjach Ukrainy i Belorussii v 1939–1941gg. In: Aleksej Ė. Gurjanov (Hg.), Represii protiv poljakov i polskich graždan, Moskva 1997.
59 Zahlen bei: Roman, Die sowjetische Okkupation, S. 105.
60 Zahlen bei: Hans-Jürgen Bömelburg, Die deutsche Besatzungspolitik in Polen 1939 bis 1945. In: Chiari (Hg.), Die polnische Heimatarmee, S. 51–86, hier S. 76.

61 Zur Geschichte der Massenerschießungen siehe: Weber, Krieg der Täter; Anna M. Cienciala, Natalja S. Lebedeva, Wojciech Materski, Katyń. A Crime without Punishment, New Haven 2007.
62 Der populäre Begriff «Massaker von Katyń» entstammte der goebbelsschen Gräuelpropaganda nach der Entdeckung der Massengräber im April 1943.
63 So zitiert bei: Dieter Schenk, Hans Frank. Hitlers Kronjurist und Generalgouverneur, Frankfurt am Main 2006, S. 189.
64 So zitiert bei: ebenda.
65 NARA (The U. S. National Archives and Records Administration), RG 59, General Records of the Department of State: Records relating to Poland, Officer in Charge of Polish, Baltic, and Czechoslovak Affairs, 1941–1952, Box 2: Folder: Katyn Forest Massacre, Bericht über Veröffentlichungen von Mikołajczyk in der amerikanischen Presse, ohne Datum.

Kapitel 4
«Die Deutschen nach Deutschland, die Russen nach Russland, die Juden in den Bug!»

1 Bundesarchiv Berlin, R 59/311, Volksdeutsche Mittelstelle, Blatt 8–19, Bericht über die Tätigkeit des deutschen Umsiedlungskommandos auf dem Gebiet der Sowjetunion und die Mitwirkung der sowjetischen Regierungsvertreter bei der Aussiedlung der Volksdeutschen vom 28. Januar 1940.
2 Zu den Zahlen detailliert: Stephan Döring, Die Umsiedlung der Wolhyniendeutschen in den Jahren 1939 bis 1940, Frankfurt am Main 2001, S. 144 f.
3 Bundesarchiv Berlin, R 59/311, Volksdeutsche Mittelstelle, Blatt 12.
4 Volksdeutscher war laut Definition der Einwandererzentralstelle (EWZ), «wer rein deutscher Abstammung ist, die deutsche Sprache beherrscht und sich zum deutschen Volkstum bekennt. Personen, bei denen drei Großelternteile deutsch sind und nur ein Großelternteil fremdvölkisch, gelten als volksdeutsch», siehe: Döring, Die Umsiedlung der Wolhyniendeutschen, S. 13.
5 Ebenda, S. 15 f.
6 Vertrauliches Protokoll zum Grenz- und Freundschaftsvertrag vom 28. September 1939, siehe: Pätzold/Rosenfeld, Sowjetstern und Hakenkreuz, S. 261.
7 Ebenda.
8 Nach dem Zweiten Weltkrieg war Kamphoevener in den 1950er Jahren Generalkonsul am deutschen Generalkonsulat Istanbul. Bei seiner Vernehmung durch die US-amerikanische Armee gab er an, 1942 der NSDAP beigetreten zu sein.
9 Deutschland war nach dem Machtantritt Hitlers 1933 ausgetreten, die Sowjetunion wurde 1934 Mitglied.

10 Protokoll der Befragung von Kurt von Kamphoevener am 14. August 1945. In: Archiv des Instituts für Zeitgeschichte München. Online: http://www.ifz-muenchen.de/archiv/zs/zs-2066.pdf (letzter Zugriff am 12. 2. 2019). GPU war die Abkürzung für die sowjetische Geheimpolizei, die 1945 allerdings schon lange veraltet war. Die GPU existierte als Nachfolgeorganisation der Tscheka, bis sie in den frühen dreißiger Jahren im NKWD aufging. Bei Lt. Gen. Moslenikov handelte es sich wahrscheinlich um den NKWD-General und Stellvertreter Berias Iwan Maslennikow.

11 Dokument in: Pätzold/Rosenberg, Sowjetstern und Hakenkreuz, S. 274.

12 Hellmuth Hecker, Die Umsiedlungsverträge des Deutschen Reiches während des Zweiten Weltkrieges, Hamburg 1971, S. 105–119.

13 Zu den Details siehe: Döring, Die Umsiedlung der Wolhyniendeutschen, S. 68 f.

14 So zitiert bei: Hecker, Die Umsiedlungsverträge, S. 105–119.

15 Döring, Die Umsiedlung der Wolhyniendeutschen, S. 109 ff.

16 Bundesarchiv Berlin, R 59/309, Volksdeutsche Mittelstelle, Blatt 30. Die Eintragung stammte vom 21. Dezember 1939.

17 Döring, Die Umsiedlung der Wolhyniendeutschen, S. 88.

18 So zitiert bei: Hecker, Die Umsiedlungsverträge, S. 105–119.

19 Ebenda.

20 Döring, Die Umsiedlung der Wolhyniendeutschen, S. 47.

21 Peter Longerich, Heinrich Himmler. Biographie, München 2008, S. 461.

22 So zitiert bei: Döring, Die Umsiedlung der Wolhyniendeutschen, S. 57.

23 Ebenda, S. 63.

24 Rede Adolf Hitlers vor dem Großdeutschen Reichstag am 6. Oktober 1939. In: Pätzold/Rosenfeld, Sowjetstern und Hakenkreuz, S. 265 f., hier S. 266.

25 Forschungsliteratur zum Thema: Michael Wildt, «Eine neue Ordnung der ethnographischen Verhältnisse». Hitlers Reichstagsrede vom 6. Oktober 1939. In: Zeithistorische Forschungen/Studies in Contemporary History, 3/2006. Online: http://www.zeithistorische-forschungen.de/1–2006/id=4759 (letzter Zugriff am 12. 2. 2019), Druckausgabe: S. 129–137.

26 Longerich, Heinrich Himmler, S. 449.

27 Erlass des Führers und Reichskanzlers zur Festigung deutschen Volkstums, 7. Oktober 1939. In: https://www.1000dokumente.de/pdf/dok_0075_vot_de.pdf (letzter Zugriff am 12. 2. 2019).

28 Kathleen Kemmler, Das Deutsche Rote Kreuz als Akteur während der Umsiedlungsaktionen der «Volksdeutschen» von 1939 bis 1945 in Danzig-Westpreußen und dem Wartheland, unveröffentlichte Masterarbeit an der Europa-Universität Viadrina, Frankfurt an der Oder 2017. Die Einwandererzentralstellen waren im Auftrag Himmlers von Reinhard Heydrich, dem Chef der Sicherheitspolizei und des SD, ebenfalls im Oktober 1939 geschaf-

fen worden. Siehe: Döring, Die Umsiedlung der Wolhyniendeutschen, S. 81 f.

29 So zitiert bei: Longerich, Heinrich Himmler, S. 453.

30 Siehe dazu im Detail: Döring, Die Umsiedlung der Wolhyniendeutschen, S. 342 f.

31 Bundesarchiv Berlin, R 59/311, Volksdeutsche Mittelstelle, Blatt 14.

32 Ebenda.

33 Ebenda.

34 Zur Tätigkeit des NKWD siehe: Elena Jakovleva, Pol'ša protiv SSSR 1939–1950, Moskva 2007, insbesondere Kapitel 2, S. 33–73; A. E. Gurjanov (Hg.), Repressii protiv poliakov i pol'sskich graždan. Moskva 1997; Gross, Revolution from Abroad; Snyder, Bloodlands.

35 Bundesarchiv Berlin, R59/311, Volksdeutsche Mittelstelle, Blatt 47. Bericht des Stadtkommissars von Sanok an den Gouverneur des Distrikts Krakau vom 29. Februar 1940.

36 Zur Diskussion der sowjetischen Motive siehe auch: Döring, Die Umsiedlung der Wolhyniendeutschen, S. 40 f.

37 Bundesarchiv Berlin, R 59/311, Volksdeutsche Mittelstelle, Blatt 14.

38 Dokument in: Pätzold/Rosenberg, Sowjetstern und Hakenkreuz, S. 264.

39 Bundesarchiv Berlin, R 59/302, Volksdeutsche Mittelstelle, Blatt 45.

40 Zu den Vorbereitungen in Berlin siehe auch: Döring, Die Umsiedlung der Wolhyniendeutschen, S. 89 ff.

41 Lothar Seltmann, Tagebuch vom Treck der Wolhyniendeutschen, Potsdam 1941, S. 106.

42 Markus Leniger, Nationalsozialistische «Volkstumsarbeit» und Umsiedlungspolitik 1939–1945. Von der Minderheitenbetreuung zur Siedlerauslese, Berlin 2006, S. 95–99.

43 Bundesarchiv Berlin, R 59/309, Volksdeutsche Mittelstelle, Blatt 1–67.

44 Ebenda, Blatt 3.

45 Ebenda, Blatt 2.

46 Ebenda, Blatt 6.

47 Döring, Die Umsiedlung der Wolhyniendeutschen, S. 96 f.

48 Siehe dazu: Döring, Die Umsiedlung der Wolhyniendeutschen, S. 90.

49 Bundesarchiv Berlin, R 59/311, Volksdeutsche Mittelstelle, Bericht vom 28. Januar 1940, Blatt 8–19, hier Blatt 11.

50 Zu weiteren Details siehe: Döring, Die Umsiedlung der Wolhyniendeutschen, S. 97.

51 Ebenda, S. 99.

52 Ebenda, S. 96.

53 Völkischer Beobachter vom 6. Dezember 1939 (Berliner Ausgabe).

54 Ebenda.

55 K. A. Veršinin, Četvertaja vozdušnaja, Voennoe izdanie Minsterstva Oborony sssR: Moskva 1975, S. 162.

56 So zitiert bei: Pätzold/Rosenberg, Sowjetstern und Hakenkreuz, S. 280.

57 Bad Rabka and Zakopane – SD School's. «The Schools for Scoundrels». Online: http://www.holocaustresearchproject.org/nazioccupation/sdschool.html (letzter Zugriff am 12. 2. 2019).

58 Zu den Diskussionen siehe auch: Weber, Krieg der Täter, S. 52–65.

59 So argumentiert etwa der Historiker Norman Davies, der davon ausgeht, dass die Aktionen gemeinsam geplant wurden. Siehe: Norman Davies, Im Herzen Europas. Geschichte Polens, München 2000, S. 62.

60 Salomon W. Slowes, Der Weg nach Katyń. Bericht eines polnischen Offiziers. Hamburg 2000, darin: Vorwort von W. T. Bartoszewski, S. 15.

61 Bundesarchiv Berlin, R 59/309, Volksdeutsche Mittelstelle, Blatt 7.

62 Ebenda. Edward Rydz-Śmigły (1886–1941) war ein Politiker und Marschall Polens. Er hatte 1920 an der siegreichen Schlacht um Warschau teilgenommen und organisierte 1939 den Widerstand gegen die Deutschen. Nach dem Einmarsch der Roten Armee ging Rydz-Śmigły nach Rumänien, kehrte im Oktober 1941 inkognito in das Generalgouvernement zurück und starb kurze Zeit später in Warschau.

63 Döring, Die Umsiedlung der Wolhyniendeutschen, S. 117.

64 Ebenda, S. 113 f.

65 Bundesarchiv Berlin, R 59/305, Volksdeutsche Mittelstelle, Blatt 01–47, hier Blatt 30. Tagebuch von Prof. M. Koch, Mitarbeiter im Stab Lemberg (Lwów), Eintrag vom 7. Januar 1940.

66 PA AA, R 104387, Bericht Nr. 17 des Vertreters des Auswärtigen Amtes bei der deutschen Umsiedlungskommission Wolfgang von Welck an das AA vom 18. Januar 1940.

67 Ebenda.

68 Döring, Die Umsiedlung der Wolhyniendeutschen, S. 13.

69 Ebenda, S. 105.

70 PA AA, R 104387, Bericht Nr. 17 des Vertreters des Auswärtigen Amtes bei der deutschen Umsiedlungskommission Wolfgang von Welck an das AA vom 18. Januar 1940.

71 Bundesarchiv Berlin, R 59/309, Volksdeutsche Mittelstelle, Blatt 20.

72 PA AA, R 104387, Bericht Nr. 17 des Vertreters des Auswärtigen Amtes bei der deutschen Umsiedlungskommission Wolfgang von Welck an das AA vom 18. Januar 1940.

73 Ebenda.

74 Bundesarchiv Berlin, R 59/309, Volksdeutsche Mittelstelle, Blatt 38–39.

75 Ebenda.

76 Siehe Tagebuch von Prof. M. Koch, Mitarbeiter im Stab Lemberg (Lwów). In: Bundesarchiv Berlin, R 59/305, Volksdeutsche Mittelstelle, Blatt 11.

77 Siehe hierzu ausführlich bei: Viktor B. Bilous, Olga M. Radčenko, Polski gromadjani-bižentzi w URSR (1939–1941rr.), Čerkassy 2018.

78 Bundesarchiv Berlin, R 59/309, Volksdeutsche Mittelstelle, Blatt 37.

79 Frank Grelka, Die ukrainische Nationalbewegung unter deutscher Besatzungsherrschaft 1918 und 1941/1942, Wiesbaden 2005, S. 183. Alles in allem kann die Zahl der in den Osttruppen oder in Hilfseinheiten der Wehrmacht eingesetzten Ukrainer auf ungefähr 250 000 Personen geschätzt werden. Alfred J. Rieber, Civil Wars in the Soviet Union. In: Kritika: Explorations in Russian and Eurasian History 1/2003, S. 129–162, hier S. 147. Siehe auch: Peter J. Potichnyi, Ukrainians in World War II. Military Formations. An Overview. In: Yury Boshyk (Hg.), Ukraine during World War II. History and Aftermath, Edmonton 1986, S. 61–66, hier S. 62; Wolfdieter Bihl, Ukrainians in the Armed Forces of the Reich. The 14th Waffen Grenadier Division of the SS. In: Hans Joachim Torke/John-Paul Himka (Hg.), German-Ukrainian Relations in Historical Perspective, Edmonton 1994, S. 138–162, hier S. 141.

80 Franziska Bruder, «Den ukrainischen Staat erkämpfen oder sterben!» Die Organisation Ukrainischer Nationalisten (OUN) 1929–1948, Berlin 2007, S. 114. Zu den Ukrainern als »Musterschüler der Besatzungsmacht« in Krakau siehe: Grelka, Die ukrainische Nationalbewegung, S. 192–208.

81 Zur Zusammenarbeit zwischen den Ukrainern und dem «Dritten Reich» siehe: Grelka, Die ukrainische Nationalbewegung; Frank Golczewski, Deutsche und Ukrainer 1914–1939, Paderborn 2010; ders., Die Kollaboration in der Ukraine. In: Christoph Dieckmann/Babette Quinkert/Tatjana Tönsmeyer (Hg.), Kooperation und Verbrechen. Formen der «Kollaboration» im östlichen Europa 1939–1945, Göttingen 2003, S. 151–182; B. F. Sabrin, Alliance for Murder. The Nazi-Ukrainian Nationalist Partnership in Genocide, New York 1991. Zur Geschichte der OUN siehe: Bruder, «Den ukrainischen Staat erkämpfen oder sterben!». Das bekannteste Beispiel für einen nationalen Hilfsverband war der Ukrainische Hauptausschuss, auch Ukrainisches Zentralkomitee genannt, unter dessen Dach sich im Generalgouvernement seit April 1940 alle ukrainischen Selbsthilfekomitees versammelten. Das Ukrainische Zentralkomitee war die einzige von den Deutschen zugelassene legale politische Organisation der Ukrainer im Generalgouvernement.

82 Bundesarchiv Berlin, R 59/309, Volksdeutsche Mittelstelle, Blatt 37–39.

83 Ebenda, Blatt 39.

84 Jörg Baberowski, Verbrannte Erde. Stalins Herrschaft der Gewalt, München 2012, S. 385.

85 Zum Transport in Zügen, durch Trecks und Autokolonnen ausführlich: Döring, Die Umsiedlung der Wolhyniendeutschen, S. 118–134.

86 Bundesarchiv Berlin, R 59/309,Volksdeutsche Mittelstelle, Blatt 25.
87 Ebenda, R 59/311, Volksdeutsche Mittelstelle, Blatt 11.
88 Ausführlich: Döring, Die Umsiedlung der Wolhyniendeutschen, S. 153 ff.
89 Bundesarchiv Berlin, R 59/309, Volksdeutsche Mittelstelle, Blatt 47, 48.
90 Bundesarchiv Berlin, R 59/311, Volksdeutsche Mittelstelle, Blatt 38.
91 Bundesarchiv Berlin, R 59/311, Volksdeutsche Mittelstelle, Bericht an den Gouverneur von Krakau Wächter vom 27. Februar 1940, Blatt 37–41, hier Blatt 38.
92 Ebenda, Blatt 15.
93 Ebenda, Blatt 17.
94 Bundesarchiv Berlin, R 59/311, Volksdeutsche Mittelstelle, Blatt 6 (Bericht des Beauftragten des Auswärtigen Amtes für die Betreuung der sowjetischen Umsiedlungsbevollmächtigten an das AA Berlin vom 19. Januar 1940).
95 Zahl bei: Markus Nesselrodt, «I bled like you, brother, although I was a thousand miles away». Postwar Yiddish sources on the experiences of Polish Jews in Soviet exile during World War II. In: East European Jewish Affairs 1/2016, S. 47–67, hier S. 49.
96 Das Schicksal der jüdischen Flüchtlinge an der deutsch-sowjetischen Grenze rückt gegenwärtig verstärkt in das Interesse der Geschichtswissenschaft. Wichtige Publikation sind: Mark Edele/Sheila Fitzpatrick/Atina Grossmann (Hg.), Shelter from the Holocaust. Rethinking Jewish survival in the Soviet Union, Detroit 2017; Bilous, Radtschenko, Polski gromadjani-bischentzi; Karol Sauerland, Die Schicksale der Polen und Juden sowie deren gegenseitige Beziehungen während der ersten sowjetischen Besatzung im Raum von Jedwabne vom 17. September 1939 bis zum 22. Juni 1941, in: Irmtrud Wojak und Susanne Meinl (Hg.), Völkermord und Kriegsverbrechen in der ersten Hälfte des 20. Jahrhunderts, Frankfurt am Main/New York 2004, S. 269–299, und insbesondere die Dissertation von Markus Nesselrodt, Dem Holocaust entkommen. Polnische Juden in der Sowjetunion, Berlin 2019.
97 «Men, we thought, would be in much greater danger from the Nazis than women, who might be subjected to fines and indignities but whose lives wouldn't be at risk. Mother and Hanka would be more comfortable at home, where they could look after our property and even get some income from the shop. As refugees under the Soviets we knew it wouldn't be easy to make ends meet, and we hoped Mother would be able to send us some money. We believed too that, especially in the beginning, it would be possible to cross the border between German- and Soviet-occupied territory. Perhaps we could return home before long, and be with Mother and Hanka again.» Eliyana R. Adler, Hrubieszów at the Crossroads. Polish Jews navigate the German and Soviet Occupations. In: Holocaust and Genocide Studies 1/2014, S. 1–30, hier S. 13.

98 «A lot of young men and girls convinced that they would have a better future went with the Russians when they left for good on the 11th of October. Even my grandfather Nusen with his family, ten people altogether, came to our place; everyone with a bundle of food and a pillow. They came to convince us to leave together with them. They got a lift from the soldiers. My grandfather said he preferred the dirty Russians even if they were communists, as he didn't trust the blue-eyed, clean shaven Germans. My parents didn't want to move to an uncertain life as refugees.» Ebenda, S. 12.

99 «A small portion of the town's Jewish population took the advice of the Russians and, leaving behind most of their worldly possessions, sought sanctuary in border towns on the Russian side. This was a very difficult decision to reach for most Jewish families. [...] Even if we could have succeeded in crossing the border, my parents were reluctant to leave behind a comfortable home and expose the family to all the hardships awaiting us as refugees in a nearby Russian border town. My mother kept referring to her recollections of the German front-line soldiers [in World War I] [...] None of us at that time imagined the suffering of the Jewish population that followed–culminating in the ‹Final Solution›.» Ebenda, S. 8.

100 PA AA, R 104387, Bericht Nr. 17 des Vertreters des Auswärtigen Amtes bei der deutschen Umsiedlungskommission Wolfgang von Welck an das AA vom 18. Januar 1940.

101 Bundesarchiv Berlin, R 59/309, Volksdeutsche Mittelstelle, Tagebuch von Untersturmführer Brückner, Blatt 20.

102 Ebenda, Blatt 35.

103 PA AA, R 104387, Bericht Nr. 17 des Vertreters des Auswärtigen Amtes bei der Deutschen Umsiedlungskommission Wolfgang von Welck an das AA vom 18. Januar 1940.

104 Bundesarchiv Berlin, R 59/309, Volksdeutsche Mittelstelle, Blatt 37, 65.

105 Ebenda, R 59/311, Volksdeutsche Mittelstelle, Blatt 19.

106 Bundesarchiv Berlin, R 59/309, Volksdeutsche Mittelstelle, Blatt 15.

107 Ebenda, R 59/311, Volksdeutsche Mittelstelle, Bericht des Stadtkommissars von Sanok an den Gouverneur des Distrikts Krakau vom 29. Februar 1940, Blatt 47.

108 Protokolle der Amtschefbesprechungen im RSHA vom 7. September bis 14. Oktober 1939. In: SD-Hauptamt/Stabskanzlei, Institut für Zeitgeschichte München, MA 433, S. 8498 ff. So zitiert bei: Seev Goshen, Eichmann und die Nisko-Aktion im Oktober 1939. Eine Fallstudie zur NS-Judenpolitik in der letzten Etappe vor der «Endlösung». In: Vierteljahrshefte für Zeitgeschichte 1/1981, S. 74–96, hier S. 80 ff., und bei: Longerich, Heinrich Himmler, S. 455 ff.

109 Ebenda, S. 457.

110 Dokumentationsarchiv des österreichischen Widerstandes, Wien, http://

www.doew.at/erinnern/biographien/erzaehlte-geschichte/ns-judenverfolgung-deportation/leopold-sonnenfeld-jetzt-haben-wir-gewusst-was-los-ist (letzter Zugriff am 27. 1. 2019). Ähnliche Berichte bei: Goshen, Eichmann und die Nisko-Aktion, S. 89 f.

111 So zitiert bei: John Goldlust, A Different Silence. The Survival of More than 200,000 Polish Jews in the Soviet Union during World War II as a Case Study in Cultural Amnesia. In: Australian Jewish Historical Society Journal 1/2012, S. 13–60, hier S. 38.

112 Zu den Ereignissen des Todesmarsches detailliert: Adler, Hrubieszów at the Crossroads.

113 Bundesarchiv Berlin, R 59/309, Volksdeutsche Mittelstelle, Tagebuch von Untersturmführer Brückner, Eintrag vom 28. Dezember 1939, Blatt 40.

114 Quelle bei: Pätzold/Rosenberg, Sowjetstern und Hakenkreuz, S. 279 f.

115 So zitiert bei: Pätzold/Rosenberg, Sowjetstern und Hakenkreuz, S. 282.

116 Bundesarchiv Berlin, R 59/311, Volksdeutsche Mittelstelle, Blatt 19.

117 Ebenda, Blatt 30–34.

118 PA AA, R 104387, Telegramm der Deutschen Botschaft Moskau an das AA in Berlin vom 31. Januar 1940.

119 Bundesarchiv Berlin, R 59/311, Volksdeutsche Mittelstelle, Blatt 19.

120 Ebenda, Blatt 12.

121 Döring, Die Umsiedlung der Wolhyniendeutschen, S. 136.

122 Ebenda.

123 Bundesarchiv Berlin, R 59/311, Volksdeutsche Mittelstelle, Blatt 19.

124 Ebenda, Schreiben von Regierungsrat Hübschmann an Gouverneur Wächter vom 27. Februar 1940, Blatt 37–41.

125 Werner Präg/Wolfgang Jacobmeyer (Hg.), Das Diensttagebuch des deutschen Generalgouverneurs in Polen. 1939–1945, Stuttgart 1975, S. 93 f. Detaillierte Darstellung der zahlreichen Bevölkerungsverschiebungen und der Überforderung des Generalgouvernements. Laut «Fernplan» sollten ca. 600 000 Personen in das Generalgouvernement abgeschoben werden.

126 Gebhardt von Walther wurde im Jahr 1959 deutscher Botschafter bei der NATO.

127 Siehe dazu: PA AA, R 104387, Interne Information/Abschrift eines Telegramms aus der Botschaft Moskau von Emil von Rintelen vom 2. April 1940; Schreiben aus dem AA Berlin (Wilhelm Großkopf) an Hoffmeyer vom 8. April 1940; Schreiben der deutschen Botschaft Moskau an das AA Berlin (Wilhelm Großkopf) vom 18. Mai 1940.

128 PA AA, R 104387, Telegramm der Deutschen Botschaft an das Auswärtige Amt vom 29. Februar 1940.

129 Michail Iwanowitsch Proskurjakow stand seit 1924 im Dienst des NKWD und war nach 1941 Mitarbeiter des Militärgeheimdienstes Smersch. Siehe:

Federal'naja služba bezopasnosti Rossii (Hg.), Organy gosudarstvennoj bezopasnosti SSSR v Velikoj Oteèestvennoj Vojne. Sbornik dokumentov, Tom 5, kniga 1, Moskva 2007, S. 200.

130 PA AA, R 104387, Schreiben des Beauftragten des Auswärtigen Amtes bei der Deutschen Kontroll- und Durchlasskommission für die Aufnahme von Flüchtlingen (Walther) an das Auswärtige Amt aus Lemberg (Lwów), 19. April 1940.

131 Ebenda, Telegramm aus dem Auswärtigen Amt (Emil von Rintelen) an die Botschaft Moskau vom 2. April 1940.

132 Ebenda, Bericht (1) des Beauftragten des Auswärtigen Amtes bei der Deutschen Kontroll- und Durchlasskommission für die Aufnahme von Flüchtlingen an das Auswärtige Amt vom 19. April 1940.

133 Ebenda, Bericht (2) des Beauftragten des Auswärtigen Amtes bei der Deutschen Kontroll- und Durchlasskommission für die Aufnahme von Flüchtlingen an das Auswärtige Amt vom 28. April 1940.

134 Ebenda.

135 Ebenda.

136 Ebenda.

137 Ebenda, Bericht (1) des Beauftragten des Auswärtigen Amtes bei der Deutschen Kontroll- und Durchlasskommission für die Aufnahme von Flüchtlingen an das Auswärtige Amt vom 19. April 1940.

138 Ebenda, Bericht (2) des Beauftragten des Auswärtigen Amtes bei der Deutschen Kontroll- und Durchlasskommission für die Aufnahme von Flüchtlingen an das Auswärtige Amt vom 28. April 1940.

139 Ebenda.

140 Ebenda, Bericht (3) des Beauftragten des Auswärtigen Amtes bei der Kontroll- und Durchlasskommission für die Aufnahme von Flüchtlingen an das Auswärtige Amt vom 1. Mai 1940.

141 Ebenda.

142 Ebenda.

143 Ebenda.

144 Ebenda.

145 Präg/Jacobmeyer, Das Diensttagebuch des deutschen Generalgouverneurs, S. 192.

146 Ebenda.

147 PA AA, R 104387, Bericht (1) des Beauftragten des Auswärtigen Amtes bei der Deutschen Kontroll- und Durchlasskommission für die Aufnahme von Flüchtlingen an das Auswärtige Amt vom 19. April 1940. Siehe ebenda, Schreiben (Wilhelm Großkopf) an SS-Obersturmbannführer Hoffmeyer vom 8. April 1940.

148 Ebenda, Mitteilung von Otto Wächter an das Auswärtige Amt vom 1. Mai 1940.

149 Ebenda, Bericht des Auswärtigen Amtes (Wilhelm Großkopf) vom 15. Mai 1940.
150 Ebenda.
151 Ebenda, Fernmündliche Unterredung Deutsche Botschaft Moskau mit Auswärtiges Amt Berlin vom 17./18. Mai 1940.
152 Ebenda.
153 Ebenda, Fernmündliche Mitteilung von Distriktgouverneur Otto Wächter an den VLR (Vortragenden Legationsrat) Schliep im AA vom 18. Mai 1940.
154 Ebenda.
155 Ebenda, AA-Bericht über die Fragen der Restumsiedlung im Rahmen der Flüchtlingsaustauschaktion aus den durch die Sowjetunion besetzten Gebieten Polens vom 17. Mai 1940.
156 Nesselrodt, I bled like you, S. 49.

Kapitel 5
«Es war meine Aufgabe als Außenminister, die Grenzen unseres Vaterlandes zu vergrößern»

1 Chuev, Molotov remembers, S. 8. Das Zitat stammt aus einem Gespräch im Jahr 1974.
2 Zahlen bei: Moorhouse, The Devils' Alliance, S. 95.
3 Chuev, Molotov remembers, S. 13.
4 So zitiert bei: Pätzold/Rosenfeld, Sowjetstern und Hakenkreuz, S. 263.
5 Zu den Verhandlungen im Detail: Edward E. Ericson, Feeding the German Eagle. Soviet economic aid to Nazi Germany 1933–1941, Westport Conn./London 1999, S. 80 ff.; Weinberg, Germany and the Soviet Union, S. 65–75; Schwendemann, Die wirtschaftliche Zusammenarbeit, S. 120–149.
6 Slutsch, Der Eintritt der Sowjetunion in den Zweiten Weltkrieg, S. 239.
7 Dazu ausführlich: Groehler, Selbstmörderische Allianz, S. 161 ff.
8 Matthias Heeke, Reisen zu den Sowjets. Der ausländische Tourismus in Rußland 1921–1941, Münster/Berlin 1999, S. 144.
9 Lutz Budrass, Adler und Kranich. Die Lufthansa und ihre Geschichte 1926–1955, München 2016.
10 So zitiert bei: Groehler, Selbstmörderische Allianz, S. 173.
11 So zitiert bei: Pätzold/Rosenfeld, Sowjetstern und Hakenkreuz, S. 302.
12 Brief von der Schulenburg an Weizsäcker vom 11. April 1940, ebenda, S. 295.
13 Groehler, Selbstmörderische Allianz, S. 123.
14 Ebenda.
15 Zeidler, Reichswehr und Rote Armee, S. 254.
16 Ebenda.

17 So zitiert bei: Groehler, Selbstmörderische Allianz, S. 142.
18 So zitiert bei: ebenda, S. 142.
19 Die «Bremen» konnte am 13. Dezember 1939 nach Bremerhaven zurückkehren.
20 Wortlaut der Rede in: Winston S. Churchill, Blut, Schweiß und Tränen. Antrittsrede im Unterhaus nach der Ernennung zum Premierminister am 13. Mai 1940, Hamburg 1995.
21 So zitiert bei: Bayerlein, «Der Verräter, Stalin, bist Du!», S. 50.
22 Ebenda, S. 85.
23 So zitiert bei: ebenda, S. 51.
24 Ebenda, S. 73.
25 So zitiert bei: ebenda, S. 269.
26 So zitiert bei: ebenda, S. 291.
27 So zitiert bei: ebenda, S. 279.
28 So zitiert bei: ebenda.
29 Ebenda, S. 295.
30 So zitiert bei: ebenda, S. 281.
31 Ebenda, S. 286.
32 Pätzold/Rosenfeld, Sowjetstern und Hakenkreuz, S. 297.
33 Chuev, Molotov remembers, S. 9. «They had no chance. A country somehow has to see to its security. When we laid down our demands – you have to act before it's too late – they vacillated. [...] but finally they made up their minds. And we needed the Baltic states.»
34 Karl-Heinz Gräfe, «Es kommt die Zeit, da sie es tun ...» Online: http://www.ag-friedensforschung.de/themen/Kriegsgeschichte/baltikum.html (letzter Zugriff am 24. 01. 2019).
35 So zitiert bei: Donal O'Sullivan, Stalins «Cordon Sanitaire». Die sowjetische Osteuropapolitik und die Reaktionen des Westens 1939–1949, Paderborn 2003, S. 102.
36 Pätzold/Rosenfeld, Sowjetstern und Hakenkreuz, S. 297 ff.
37 Ebenda, S. 298.
38 Chuev, Molotov remembers, S. 10.
39 So zitiert bei: Pätzold/Rosenfeld, Sowjetstern und Hakenkreuz, S. 299, Telegramm Ribbentrop an von der Schulenburg vom 25. Juni 1940.
40 Ebenda.
41 Ebenda.
42 Graf Galeazzo Ciano, Tagebücher 1939–1943, Bern 1946, S. 252, Tagebucheintrag vom 24. Juni 1946.
43 Pätzold/Rosenfeld, Sowjetstern und Hakenkreuz, Telegramm von der Schulenburg an das Auswärtige Amt über die Gespräche vom 13. Juli 1940, S. 301.
44 Ebenda.

45 Ebenda.
46 So zitiert bei: Pätzold/Rosenfeld, Sowjetstern und Hakenkreuz, S. 307.
47 Außenpolitischer Bericht von Molotow am 1. August 1940, ebenda, S. 304.
48 So zitiert bei: ebenda, S. 302.
49 Ebenda, S. 302–309. Im November 1940 wiesen die deutschen Lieferungen allerdings einen Fehlbetrag von 82 Millionen Reichsmark auf. Am 11. November begannen die Wirtschaftsverhandlungen in Moskau, während Molotow nach Berlin reiste.

Kapitel 6

«Ein Spiel, ein Spiel, und zwar ein primitives»

1 Als Beria 1953 stürzte, riss er Amajak Kobulow, Wladimir Dekanosow und Wsewolod Merkulow mit sich. Alle wurden im Dezember 1953 verhaftet, in Sonderverfahren zum Tod verurteilt und hingerichtet.
2 W. M. Bereschkow, Jahre im diplomatischen Dienst, Berlin 1976, S. 32.
3 Chuev, Molotov remembers, S. 15.
4 Aufzeichnung über die Unterredung zwischen dem Führer und dem Vorsitzenden des Rats der Volkskommissare der UdSSR und Volkskommissar für Auswärtige Angelegenheiten W. M. Molotow in Anwesenheit des Reichsaußenministers und des stellvertretenden Volkskommissars Dekanosow in Berlin am 13. November 1940. Online: https://www.histdoc.net/history/de/NaSo1940-11-12.html (letzter Zugriff am 30. 1. 2019).
5 Chuev, Molotov remembers, S. 15.
6 Ebenda, S. 18.
7 Besymenski, Stalin und Hitler, S. 315.
8 Ebenda.
9 Chuev, Molotov remembers, S. 19.
10 So zitiert bei: Pätzold/Rosenfeld, Sowjetstern und Hakenkreuz, S. 318.
11 So zitiert bei: Besymenski, Stalin und Hitler, S. 315.
12 So zitiert bei: ebenda, S. 316. Im Oktober 1940 hatte Deutschland eine erste Militärmission nach Rumänien entsandt und die Beziehungen nach der Regierungsübernahme von General Ion Antonescu im September intensiviert. Am 22. November trat Rumänien dem Dreimächtepakt bei.
13 Die Beziehungen zwischen Deutschland und der Sowjetunion 1939–1941. 251 Dokumente. Aus den Archiven des Auswärtigen Amtes und der Deutschen Botschaft in Moskau, hg. von Alfred Seidl, Tübingen 1949, Dokument Nr. 184, S. 254–263, hier S. 262 f.
14 Aufzeichnungen von Hitlers Heeresadjutanten Engel, so zitiert bei: Sergej Slutsch, Die Motive für die Einladung Molotovs nach Berlin im November

1940. Fakten, Vermutungen, vorläufige Schlussfolgerungen. In: Klaus Hildebrandt (Hg.), Geschichtswissenschaft und Zeiterkenntnis. Von der Aufklärung bis zur Gegenwart. Festschrift zum 65. Geburtstag von Horst Möller, München 2008, S. 253–276, hier S. 274.

15 Als die britische Luftwaffe während eines Gesprächs zwischen Ribbentrop und Molotow einen Angriff auf Berlin flog, kam es zu einer oft erwähnten Episode im Luftschutzbunker der Wilhelmstraße. Während Berlin von den Briten bombardiert wurde, fragte Molotow bei seinem Amtskollegen nach, warum man eigentlich im Bunker sitzen müsse und wessen Bomben gerade einschlügen, wenn doch, wie Hitler verkündet hatte, England quasi schon geschlagen sei. Bereschkow, Jahre im diplomatischen Dienst, S. 48.

16 Ebenda, S. 37. Weitere Teilnehmer des ersten Treffens waren Außenminister Ribbentrop, Botschafter von der Schulenburg, der Chefdolmetscher Paul Otto Schmidt, der das Protokoll verfasste, Botschaftsrat Gustav Hilger, der deutscherseits dolmetschte, während von russischer Seite Stalins Chefdolmetscher Pawlow und Walentin Bereschkow diesen Dienst erfüllten. Bereschkow, der erst seit kurzem im Außenkommissariat arbeitete, war in der sowjetischen Handelsvertretung in Berlin tätig gewesen und hatte Volkskommissar Mikojan bei den Wirtschaftsverhandlungen mit Deutschland unterstützt. Wladimir Dekanosow war ebenfalls anwesend.

17 Ebenda; Besymenski, Stalin und Hitler, S. 327.

18 Hilger, Wir und der Kreml, S. 301; Bereschkow, Jahre im diplomatischen Dienst, S. 38.

19 Ebenda, S. 39.

20 Der Bericht Molotows an Stalin bei Besymenski, Stalin und Hitler, S. 328.

21 Ebenda, S. 329.

22 Aufzeichnung über die Unterredung zwischen dem Führer und dem Vorsitzenden des Rats der Volkskommissare der UdSSR und Volkskommissar für Auswärtige Angelegenheiten W. M. Molotow in Anwesenheit des Reichsaußenministers und des stellvertretenden Volkskommissars Dekanosow in Berlin am 13. November 1940. Online: https://histdoc.net/history/de/NaSo1940-11-13.html (letzter Zugriff am 30. 1. 2019); siehe auch: Die Beziehungen zwischen Deutschland und der Sowjetunion 1939–1941, Dokument Nr. 185, S. 264–278, hier S. 264.

23 Ebenda, S. 266.

24 Ebenda.

25 Ebenda, S. 267 f.

26 Ebenda.

27 Zu dieser Diskussion siehe: Slutsch, Die Motive für die Einladung Molotows, S. 275, sowie Besymenski, Stalin und Hitler, S. 328. Besymenski geht davon

aus, dass Stalin einen neuerlichen Finnlandkrieg plante, Slutsch hielt ihn nur für «nicht ausgeschlossen».

28 So zitiert bei: ebenda.

29 Die Beziehungen zwischen Deutschland und der Sowjetunion 1939–1941, S. 277.

30 Bereschkow, Jahre im diplomatischen Dienst, S. 49.

31 Chuev, Molotov remembers, S. 13.

32 Zu den einzelnen Maßnahmen siehe: Slutsch, Die Motive für die Einladung Molotovs, S. 261 f.

33 Walther Hubatsch (Hg.), Hitlers Weisungen für die Kriegführung: 1939–1945: Dokumente des Oberkommandos der Wehrmacht, München 1965, S. 77–82, hier S. 81.

34 So zitiert bei: Slutsch, Die Motive für die Einladung Molotovs, S. 274.

35 So zitiert bei: Pätzold/Rosenfeld, Sowjetstern und Hakenkreuz, S. 312.

36 Die Beziehungen zwischen Deutschland und der Sowjetunion 1939–1941, Dokument 192.

37 Das Zitat lautet: «Worauf ich erwidern konnte: ‹Sire, das ist eine Frage des Datums›, und nach einer Pause hinzufügte: ‹und eine Wirkung der Verlegenheiten, in die man durch die Umstände gerathen kann›», in: Talleyrand's Briefwechsel mit König Ludwig XVIII. während des Wiener Congresses, F. A. Brockhaus 1881, S. 20.

38 Der Führer und Oberste Befehlshaber der Wehrmacht, FHQu, Weisung Nr. 21 «Fall Barbarossa» vom 18. Dezember 1940. Online: https://www.1000dokumente.de/index.html?c=dokument_de&dokument=0009_bar&object=translation&l=de (letzter Zugriff am 30. 1. 2019).

39 Zu den Aktivitäten der Geheimdienste detailliert: Besymenski, Stalin und Hitler, S. 341.

40 Pätzold/Rosenfeld, Sowjetstern und Hakenkreuz, S. 322 ff. Die südliche Halbinsel von Hanko war nach dem «Winterkrieg» für 30 Jahre an die Sowjetunion verpachtet worden und diente als Marinestützpunkt der baltischen Flotte.

41 Chuev, Molotov remembers, S. 22.

42 Ebenda, S. 23.

43 So zitiert bei: Pätzold/Rosenfeld, Sowjetstern und Hakenkreuz, S. 325.

44 So bei: Gregor Schöllgen, Deutsche Außenpolitik von 1815–1945, München 2013, S. 220.

45 Chuev, Molotov remembers, S. 22.

46 Bayerlein, «Der Verräter, Stalin, bist Du!», S. 77.

47 Chuev, Molotov remembers, S. 21.

Kapitel 7
«Zusammen mit den Deutschen wären wir unschlagbar gewesen»

1 Besymenski, Stalin und Hitler, S. 375; ders., Stalins Rede vom Mai 1941 – neu dokumentiert. In: Gerd R. Ueberschär/Lev Bezymenskij (Hg.), Der deutsche Angriff auf die Sowjetunion 1941, Darmstadt 1998, S. 131–144.
2 Besymenski, Stalin und Hitler, S. 376.
3 So zitiert bei: ebenda.
4 Bei dieser Quelle handelt es sich um eine im Jahr 1948 aus dem Volkskommissariat für Verteidigung beim Institut für Marxismus-Leninismus des ZK der KPdSU hinterlegte maschinenschriftliche Kurzfassung der Stalinrede, die nach der Öffnung der Archive in den 1990er Jahren in Umlauf kam und in Forschungskreisen als authentisch gilt. Besymenski, Stalin und Hitler, S. 380.
5 Werth, Russland im Krieg, S. 107.
6 Besymenski, Stalin und Hitler, S. 380.
7 So zitiert bei: Besymenski, Stalin und Hitler, S. 384.
8 So zitiert bei: ebenda, S. 385.
9 So zitiert bei: ebenda, S. 386.
10 Gerd R. Ueberschär/Lev A. Bezymenskij (Hg.), Der deutsche Angriff auf die Sowjetunion 1941. Die Kontroverse um die Präventivkriegsthese, Darmstadt 1998; Stefan Voß, Stalins Kriegsvorbereitungen 1941 – erforscht, gedeutet und instrumentalisiert. Eine Analyse postsowjetischer Geschichtsschreibung, Hamburg 1998; Gabriel Gorodetsky, Die große Täuschung. Hitler, Stalin und das Unternehmen «Barbarossa», Berlin 2001.
11 So zitiert bei: Besymenski, Stalin und Hitler, S. 378.
12 So zitiert bei: ebenda, S. 393.
13 Ebenda, S. 354–368.
14 Ebenda.
15 Werth, Russland im Krieg, S. 99.
16 Ebenda, S. 106.
17 Ebenda, S. 107.
18 Ebenda.
19 Pätzold/Rosenfeld, Sowjetstern und Hakenkreuz, S. 334.
20 So zitiert bei: ebenda.
21 Werth, Russland im Krieg, S. 108.
22 Jörn Happel, Der Ost-Experte. Gustav Hilger – Diplomat im Zeitalter der Extreme, Paderborn 2017, S. 260; Hilger, Wir und der Kreml, S. 310.
23 Siehe dazu bei: Kershaw, Wendepunkte, S. 309–374.
24 Konstantin Simonow, Die Lebenden und die Toten, München 1960, so zitiert bei: Werth, Russland im Krieg, S. 104.
25 Chuev, Molotov remembers, S. 22

26 Ebenda.
27 Fabian Thunemann, Verschwörungsdenken und Machtkalkül. Herrschaft in Russland, Berlin 2019.
28 So zitiert bei: Besymenski, Stalin und Hitler, S. 409.
29 So zitiert bei: ebenda, S. 423.
30 Chuev, Molotov remembers, S. 25.
31 Hilger, Wir und der Kreml, S. 311.
32 So zitiert bei: Happel, Der Ost-Experte, S. 261.
33 Proklamation des Führers an das Deutsche Volk und Note des Auswärtigen Amtes an die Sowjet-Regierung nebst Anlagen, Internetquelle: https://archive.org/details/ProklamationDesFührersAnDasDeutscheVolkUndNoteDesAuswärtigenAmtes (letzter Zugriff am 19. 03. 2019).
34 Erinnerung von Gustav Hilger, so zitiert in: Pätzold/Rosenfeld, Sowjetstern und Hakenkreuz, S. 338.
35 Hilger, Wir und der Kreml, S. 312.
36 Ebenda, S. 313.
37 Ebenda.
38 So zitiert in: Der Spiegel 40 (1969) S. 146 f. Internetquelle: http://www.spiegel.de/spiegel/print/d-45547705.html (letzter Zugriff am 19. 03. 2019).
39 Erst nach der Niederlage von Minsk Anfang Juli zog er sich tatsächlich im Glauben, dass «nun alles verloren war», nach Kunzewo zurück und rechnete mit seiner Absetzung.
40 Sebag Montefiore, Stalin, S. 418.
41 Hilger, Wir und der Kreml, S. 313. Andrei Schdanow fehlte auf dieser Sitzung, da ihn Stalin nach Sotschi auf die Krim geschickt hatte, um eine langwierige Krankheits- und Schwächephase zu überwinden. Seine Abwesenheit wurde später oft kritisiert und als Beleg dafür herangezogen, dass Stalin ernstzunehmende Warnungen vor dem 21. Juni ignorierte, denn sonst, so das Argument, hätte er seinen Chefideologen nicht zur Kur geschickt. Molotow hat diese Schlussfolgerung in seinen Gesprächen mit Chuev zurückgewiesen. Chuev, Molotov remembers, S. 28. Ende Juni übernahm Stalin das Amt des Oberbefehlshabers und machte Timoschenko zu seinem Stellvertreter.
42 Werth, Russland im Krieg, S. 132 f.
43 Ebenda, S. 133.
44 Goebbels, Tagebücher, Teil I, Bd. 9, Eintrag vom 22. Juni 1941, S. 394.
45 Die Proklamation ist vollständig ediert bei: Max Domarus, Hitler. Reden und Proklamationen 1932–1945. Kommentiert von einem deutschen Zeitgenossen, Bd. 4, Zweiter Halbband, Wiesbaden 1973, S. 1726–1732, Zitate S. 1726 f., 1731.
46 Goebbels, Tagebücher, Teil I, Bd. 9, Eintrag vom 23. Juni 1941, S. 398.
47 Domarus, Hitler, Bd. 4, S. 1732.

48 Goebbels, Tagebücher, Teil I, Bd. 9, Eintrag vom 23. Juni 1941, S. 398.
49 So zitiert bei: Pätzold/Rosenfeld, Sowjetstern und Hakenkreuz, S. 338.
50 So zitiert bei: Antony Beevor, Der Zweite Weltkrieg, München 2014, S. 255.
51 Winston S. Churchill, Reden 1940–1941. Der unerbittliche Kampf, Band 2, hrsg. von Charles Eade, Zürich 1947, S. 260.

Abkürzungsverzeichnis

AA – Auswärtiges Amt
Deruluft – Deutsch-Russische Luftverkehrs A. G.
DRK – Deutsches Rotes Kreuz
EWZ – Einwandererzentralstelle
FO – Foreign Office
GPU – Gossudarstwennoje Polititscheskoje Uprawlenie, Staatliche Politische Verwaltung
GUGB – Glawnoje Uprawlenie Gossudarstwennoi Besopasnosti, Hauptverwaltung für Staatssicherheit
KPD – Kommunistische Partei Deutschlands
Komintern – Kommunistische Internationale
NARA – The U. S. National Archives and Records Administration, Nationalarchiv der Vereinigten Staaten von Amerika
NSKK – Nationalsozialistisches Kraftfahrkorps
NKID – Narodny Komissariat Inostrannych Del, Volkskommissariat für Auswärtige Angelegenheiten
NKWD – Narodny Komissariat Wnutrennich Del, Volkskommissariat für Innere Angelegenheiten
NSDAP – Nationalsozialistische Deutsche Arbeiterpartei
OKW – Oberkommando der Wehrmacht
OUN – Organisation der Ukrainischen Nationalisten
OUN-B – Organisation der Ukrainischen Nationalisten-Banderisten
PA AA – Politisches Archiv des Auswärtigen Amtes
RKF – Reichskommissar für die Festigung deutschen Volkstums
RSHA – Reichssicherheitshauptamt
SD – Sicherheitsdienst des Reichsführers SS
Sipo – Sicherheitspolizei
UdSSR – Union der Sozialistischen Sowjetrepubliken
VDA – Volksbund für das Deutschtum im Ausland
VoMi – Volksdeutsche Mittelstelle
WKP (b) – Wsesojusnaja Kommunistitscheskaja Partija, Kommunistische Allunions-Partei (Bolschewiki)

Bildnachweis

akg-images, Berlin – S. 85, 96, 220
bpk, Berlin / Staatsbibliothek zu Berlin – S. 129
Bundesarchiv Bild 137–055840, Fotograf: Spahn – S. 115
info@jewishgen.org – S. 131
nac.gov.pl, Polnisches Staatsarchiv – S. 130
entnommen aus: Olaf Groehler, Selbstmörderische Allianz. Deutsch-russische Militärbeziehungen 1920–1941, Berlin 1992, S. 139. – S. 101
Politisches Archiv des Auswärtigen Amtes, Berlin, R 104405 – S. 154, 155
ullstein-Bild, Berlin – S. 8, 31, 46, 55, 68, 78, 94, 185, 190, 221
wikipedia, Foto: 1946, Nürnberger Prozesse – S. 89

Quellen- und Literaturverzeichnis

Archive

Bundesarchiv Berlin

R 59/302, Volksdeutsche Mittelstelle.

R 59/305, Volksdeutsche Mittelstelle.

R 59/309, Volksdeutsche Mittelstelle.

R 59/311, Volksdeutsche Mittelstelle.

The U. S. National Archives and Records Administration (NARA)

RG 59, General Records of the Department of State: Records relating to Poland, Officer in Charge of Polish, Baltic, and Czechoslovak Affairs, 1941–1952.

Politisches Archiv des Auswärtigen Amtes (PA AA)

R 104387, Politische Abteilung V, Akten betreffend: Strafverfolgungen

R 104 405 Politische Abteilung V, Akten betreffend: Heimschaffung, Übersiedlung von Flüchtlingen

R 27436, Politische Abteilung V, Handakten Unterstaatssekretär Andor Hencke: Moskau

Publizierte Quellen und Literatur

Adler, Eliyana R., Hrubieszów at the Crossroads. Polish Jews navigate the German and Soviet Occupations. In: Holocaust and Genocide Studies 1/2014, S. 1–30.

Applebaum, Anne, Der Gulag, Berlin 2003.

Baberowski, Jörg, Verbrannte Erde. Stalins Herrschaft der Gewalt, München 2012.

Bayerlein, Bernhard H., «Der Verräter, Stalin, bist Du!». Vom Ende der linken Solidarität 1939–1941, Berlin 2008.

Beevor, Antony, Der Zweite Weltkrieg, München 2014.

Bereschkow, W. M., Jahre im diplomatischen Dienst, Berlin 1976.

Bereza, Tomasz/Chmielowiec, Piotr/Grechuta, Janusz, W cieniu «Linii Mołotowa».

Ochrona granicy ZSRR z III Rzeszą między Wisznią a Sołokiją w latach 1939–1941, Instytut Pamięci Narodowej: Rzeszów 2002.

Besymenski, Lew, Geheimmission in Stalins Auftrag? David Kandelaki und die sowjetisch-deutschen Beziehungen Mitte der dreißiger Jahre. In: Vierteljahrshefte für Zeitgeschichte 3/1992, S. 339–358.

Besymenski, Lew, Stalin und Hitler. Das Pokerspiel der Diktatoren, Berlin 2006.

Bezymenskij, Lev, Stalins Rede vom Mai 1941 – neu dokumentiert. In: Gerd R. Ueberschär/Lev Bezymenskij (Hg.), Der deutsche Angriff auf die Sowjetunion 1941, Darmstadt 1998, S. 131–144.

Bilous, Viktor B., Radčenko, Olga M., Polski gromadjani-bižentzi w URSR (1939–1941rr.), Čerkassy 2018.

Bihl, Wolfdieter, Ukrainians in the Armed Forces of the Reich. The 14th Waffen Grenadier Division of the SS. In: Hans Joachim Torke/John-Paul Himka (Hg.), German-Ukrainian Relations in Historical Perspective, Edmonton 1994, S. 138–162.

Bömelburg, Hans-Jürgen, Die deutsche Besatzungspolitik in Polen 1939 bis 1945. In: Bernhard Chiari (Hg.), Die polnische Heimatarmee. Geschichte und Mythos der Armia Krajowa seit dem Zweiten Weltkrieg, München 2003, S. 51–86.

Bruder, Franziska, «Den ukrainischen Staat erkämpfen oder sterben!» Die Organisation Ukrainischer Nationalisten (OUN) 1929–1948, Berlin 2007.

Budrass, Lutz, Adler und Kranich. Die Lufthansa und ihre Geschichte 1926–1955, München 2016.

Cassidy, Henry C., Moscow Dateline, Boston 1943.

Chiari, Bernhard (Hg.), Die polnische Heimatarmee. Geschichte und Mythos der Armia Krajowa seit dem Zweiten Weltkrieg, München 2003.

Chuev, Feliks, Sto sorok besed s Molotovym, Moskva 1991.

Chuev, Felix, Molotov remembers. Inside Kremlin Politics. Conversations with Felix Chuev, Chicago 1993.

Churchill, Winston S., Reden 1940–1941. Der unerbittliche Kampf, Band 2, hrsg. von Charles Eade, Zürich 1947.

Churchill, Winston S., Blut, Schweiß und Tränen. Antrittsrede im Unterhaus nach der Ernennung zum Premierminister am 13. Mai 1940, Hamburg 1995.

Ciano, Graf Galeazzo, Tagebücher 1939–1943, Bern 1946.

Cienciala, Anna M., Lebedeva, Natalja S., Materski, Wojciech, Katyń. A Crime without Punishment, New Haven 2007.

Davies, Norman, Im Herzen Europas. Geschichte Polens, München 2000.

Dębski, Sławomir, Między Berlinem a Moskwą. Stosunki niemiecko-sowieckie 1939–1941, Warszawa 2003.

Die Beziehungen zwischen Deutschland und der Sowjetunion 1939–1941. 251 Dokumente. Aus den Archiven des Auswärtigen Amtes und der Deutschen Botschaft in Moskau, hg. von Alfred Seidl, Tübingen 1949.

Diner, Dan, Gegenläufige Gedächtnisse. Über Geltung und Wirkung des Holocaust, Göttingen 2007.

Domarus, Max, Hitler. Reden und Proklamationen 1932–1945. Kommentiert von einem deutschen Zeitgenossen, 4 Bde., Wiesbaden 1965–1973.

Döring, Stephan, Die Umsiedlung der Wolhyniendeutschen in den Jahren 1939 bis 1940, Frankfurt am Main 2001.

Dullin, Sabine, Men of Influence. Stalin's Diplomats in Europe 1930–1939, Edinburgh 2008.

Dwars, Jens-Fietje, Johannes R. Becher. Triumph und Verfall. Eine Biographie, Berlin 2003.

Eade, Charles, 1940–1941; Der unerbittliche Kampf, Zürich 1947.

Edele, Mark/Fitzpatrick, Sheila/Grossmann, Atina (Hg.), Shelter from the Holocaust. Rethinking Jewish survival in the Soviet Union, Detroit 2017.

Ericson, Edward E., Feeding the German Eagle. Soviet economic aid to Nazi Germany 1933–1941, Westport Conn./London 1999.

Ericson, Edward, Karl Schnurre and the Evolution of Nazi-Soviet Relations, 1936–1941. In: German Studies Review 21/1998, Heft 2, S. 263–283.

Falin, Valentin, Konflikte im Kreml. Zur Vorgeschichte der deutschen Einheit und Auflösung der Sowjetunion, München 1997.

Federal'naja služba bezopasnosti Rossii (Hg.), Organy gosudarstvennoj bezopasnosti SSSR v Velikoj Oteèestvennoj Vojne. Sbornik dokumentov, Tom 5, kniga 1, Moskva 2007.

Feest, David, Ethnische Spaltung, nationale Konsolidierung. Die Folgen des Hitler-Stalin-Pakts im Baltikum. In: Osteuropa 7–8/2009, S. 187–202.

Fendel, Moses, Przemyśl 1939/40. Von Menschen und Grenzen zur Zeit des Hitler-Stalin-Pakts, unveröffentlichte Masterarbeit an der Europa-Universität Viadrina Frankfurt an der Oder, 2017.

Filippov, Sergej G., Dejatel'nost' organov VKP(b) v zapadnych oblastjach Ukrainy i Belorussii v 1939–1941gg. In: Aleksej E. Gurjanov (Hg.), Represii protiv poljakov i polskich graždan, Moskva 1997.

Fleischhauer, Ingeborg, Der deutsch-sowjetische Grenz- und Freundschaftsvertrag vom 28. September 1939. Die deutschen Aufzeichnungen über die Verhandlungen zwischen Stalin, Molotov und Ribbentrop in Moskau. In: Vierteljahrshefte für Zeitgeschichte 3/1991, S. 447–470.

Fleischhauer, Ingeborg, Der Pakt. Hitler, Stalin und die Initiative der deutschen Diplomatie, Berlin/Frankfurt am Main 1990.

Florin, Moritz, Der Hitler-Stalin-Pakt in der Propaganda des Leitmediums. Der «Völkische Beobachter» über die UdSSR im Jahre 1939, Berlin/Münster 2009.

Furet, François/Nolte, Ernst, Feindliche Nähe. Kommunismus und Faschismus im 20. Jahrhundert, München 1999.

Furet, François, Das Ende der Illusion. Der Kommunismus im 20. Jahrhundert, München 1996.

Genis, Vladimir, Delo Savelija, in: Voprosy istorii 1 (2000), S. 98–112.

Głowacki, Albin, Sowieci wobec Polaków: na ziemach wschodnich II Rzeczypospolitej 1939–1941, Łódź 1998.

Goebbels, Joseph, Die Tagebücher von Joseph Goebbels. Im Auftrag des Instituts für Zeitgeschichte und mit Unterstützung des Staatlichen Archivdienstes Russlands. Herausgegeben von Elke Fröhlich, 2 Teile, München 1993 ff.

Golczewski, Frank, Die Kollaboration in der Ukraine. In: Christoph Dieckmann/Babette Quinkert/Tatjana Tönsmeyer (Hg.), Kooperation und Verbrechen. Formen der «Kollaboration» im östlichen Europa 1939–1945, Göttingen 2003, S. 151–182.

Golczewski, Frank, Deutsche und Ukrainer 1914–1939, Paderborn 2010.

Goldlust, John, A Different Silence. The Survival of More than 200,000 Polish Jews in the Soviet Union during World War II as a Case Study in Cultural Amnesia. In: Australian Jewish Historical Society Journal 1/2012, S. 13–60.

Gorodetsky, Gabriel (Hg.), Die Maiski-Tagebücher. Ein Diplomat im Kampf gegen Hitler 1932–1943, München 2016.

Gorodetsky, Gabriel, Die große Täuschung. Hitler, Stalin und das Unternehmen «Barbarossa», Berlin 2001.

Goshen, Seev, Eichmann und die Nisko-Aktion im Oktober 1939. Eine Fallstudie zur NS-Judenpolitik in der letzten Etappe vor der «Endlösung». In: Vierteljahrshefte für Zeitgeschichte 1/1981, S. 74–96.

Grelka, Frank, Die ukrainische Nationalbewegung unter deutscher Besatzungsherrschaft 1918 und 1941/1942, Wiesbaden 2005.

Groehler, Olaf, Selbstmörderische Allianz. Deutsch-russische Militärbeziehungen 1920–1941, Berlin 1992.

Gross, Jan T., Revolution from Abroad. The Soviet Conquest of Poland's Western Ukraine and Western Belorussia, Princeton 1988 (erw. Neuausgabe Princeton 2002).

Gurjanow, A. E. (Hg.), Repressii protiv poliakov i pol'skich graždan, Moskva 1997.

Haffner, Sebastian, Der Teufelspakt. Fünfzig Jahre deutsch-russische Beziehungen, Zürich 2002.

Happel, Jörn, Der Ost-Experte. Gustav Hilger – Diplomat im Zeitalter der Extreme, Paderborn 2017.

Hecker, Hellmuth, Die Umsiedlungsverträge des Deutschen Reiches während des Zweiten Weltkrieges, Hamburg 1971.

Heeke, Matthias, Reisen zu den Sowjets. Der ausländische Tourismus in Russland 1921–1941, Münster/Berlin 1999.

Herwarth, Hans von, Zwischen Hitler und Stalin. Erlebte Zeitgeschichte 1931 bis 1945, Frankfurt am Main 1982.

Hilger, Gustav, Wir und der Kreml. Deutsch-sowjetische Beziehungen 1918–1941. Erinnerungen eines deutschen Diplomaten, Frankfurt am Main 1964.

Hoppe, Bert, Iron Revolutionaries and Salon Socialists. Bolsheviks and German Communists in the 1920s and 1930s. In: Kritika. Explorations in Russian and Eurasian History 10/2009, S. 499–526.

Hubatsch, Walther, Hitlers Weisungen für die Kriegführung: 1939–1945: Dokumente des Oberkommandos der Wehrmacht, München 1965.

Jakovleva, Elena, Pol'ša protiv SSSR 1939–1950, Moskva 2007.

Kaminsky, Anna/Müller, Dietmar/Troebst, Stefan (Hg.), Der Hitler-Stalin-Pakt 1939 in den Erinnerungskulturen der Europäer, Göttingen 2011.

Kemmler, Kathleen, Das Deutsche Rote Kreuz als Akteur während der Umsiedlungsaktionen der «Volksdeutschen» von 1939 bis 1945 in Danzig-Westpreußen und dem Wartheland, unveröffentlichte Masterarbeit an der Europa-Universität Viadrina, Frankfurt an der Oder 2017.

Kershaw, Ian, Höllensturz. Europa 1914 bis 1949, München 2015.

Kershaw, Ian, Wendepunkte. Schlüsselentscheidungen im Zweiten Weltkrieg, München 2010.

Kordt, Ernst, Nicht aus den Akten ...: Die Wilhelmstrasse in Frieden und Krieg. Erlebnisse, Begegnungen und Eindrücke 1928–1945, Stuttgart 1950.

Kornat, Marek, Sehenden Auges. Polens Außenpolitik vor dem Hitler-Stalin-Pakt. In: Osteuropa 7–8/2009, S. 47–74.

Leggewie, Claus/Lang, Anne, Der Kampf um die europäische Erinnerung. Ein Schlachtfeld wird besichtigt, München 2011.

Leniger, Markus, Nationalsozialistische «Volkstumsarbeit» und Umsiedlungspolitik 1939–1945. Von der Minderheitenbetreuung zur Siedlerauslese, Berlin 2006, S. 95–99.

Leonhard, Wolfgang, Der Schock des Hitler-Stalin-Paktes, München 1989.

Leonhard, Wolfgang, Die Revolution entlässt ihre Kinder, Köln 1990.

Lipinsky, Jan, Das geheime Zusatzprotokoll zum deutsch-sowjetischen Nichtangriffspakt vom 23. August 1939 und seine Entstehungs- und Rezeptionsgeschichte von 1939 bis 1999, Frankfurt am Main 2004.

Litwinow, Maxim, Memoiren. Aufzeichnungen aus den geheimen Tagebüchern, München 1956.

Longerich, Peter, Heinrich Himmler. Biographie, München 2008.

Machiavelli, Niccolò, Politische Schriften, herausgegeben von Herfried Münkler, Frankfurt am Main 1990.

Metzmacher, Helmut, Deutsch-englische Ausgleichsbemühungen im Sommer 1939. In: Vierteljahrshefte für Zeitgeschichte 4/1966, S. 369–412.

Moorhouse, Roger, The Devils' Alliance. Hitler's Pact with Stalin, 1939–1941, London 2014.

Müller, Reinhard, Menschenfalle Moskau. Exil und stalinistische Verfolgung, Hamburg 2001.

Myllyniemi, Seppo, Die baltische Krise 1938–1941, Schriftenreihe der Vierteljahrshefte für Zeitgeschichte, Nr. 38, Stuttgart 1979.

Nesselrodt, Markus, Dem Holocaust entkommen. Polnische Juden in der Sowjetunion, Berlin 2019.

Nesselrodt, Markus, «I bled like you, brother, although I was a thousand miles away». Postwar Yiddish sources on the experiences of Polish Jews in Soviet exile during World War II. In: East European Jewish Affairs, 1/2016, S. 47–67.

O'Sullivan, Donal, Stalins «Cordon Sanitaire». Die sowjetische Osteuropapolitik und die Reaktionen des Westens 1939–1949, Paderborn 2003.

Očerki istorii Ministerstva inostrannych del Rossii, Band 2: 1917–2002, Moskva 2002.

Pätzold, Kurt/Rosenfeld, Günter (Hg.), Sowjetstern und Hakenkreuz 1938–1941. Dokumente zu den deutsch-sowjetischen Beziehungen, Berlin 1990.

Payne, Stanley, The Spanish Civil War, Cambridge 2012.

Payne, Stanley, The Spanish Civil War, The Soviet Union and Communism, New Haven 2004.

Pope, Arthur Upham, Maxim Litvinoff, New York 1943.

Potichnyi, Peter J., Ukrainians in World War II. Military Formations. An Overview. In: Yury Boshyk (Hg.), Ukraine during World War II. History and Its Aftermath, Edmonton 1986, S. 61–66.

Präg, Werner/Jacobmeyer, Wolfgang (Hg.), Das Diensttagebuch des deutschen Generalgouverneurs in Polen, 1939–1945, Stuttgart 1975.

Rieber, Alfred J., Civil Wars in the Soviet Union. In: Kritika. Explorations in Russian and Eurasian History 1/2003, S. 129–162.

Roman, Wanda Krystyna, Die sowjetische Okkupation der polnischen Ostgebiete. In: Bernhard Chiari (Hg.), Die polnische Heimatarmee. Geschichte und Mythos der Armia Krajowa seit dem Zweiten Weltkrieg, München 2003, S. 87–109.

Rosenfeld, Günter, Das Zustandekommen und die Auswirkungen des Hitler-Stalin-Paktes. In: Roland G. Foerster (Hg.), Unternehmen Barbarossa. Zum historischen Ort der deutsch-sowjetischen Beziehungen, München 1993, S. 35–54.

Rossi, Angelo, The Russo-German Alliance, August 1939–June 1941, London 1950.

Sabrin, B. F., Alliance for Murder. The Nazi-Ukrainian Nationalist Partnership in Genocide, New York 1991.

Sauerland, Karol, Die Schicksale der Polen und Juden sowie deren gegenseitige Beziehungen während der ersten sowjetischen Besatzung im Raum von Jedwabne vom 17. September 1939 bis zum 22. Juni 1941. In: Irmtrud Wojak und Susanne Meinl (Hg.), Völkermord und Kriegsverbrechen in der ersten Hälfte des 20. Jahrhunderts, Frankfurt am Main/New York 2004, S. 269–299.

Schafranek, Hans, Zwischen NKWD und Gestapo. Die Auslieferung deutscher und österreichischer Antifaschisten aus der Sowjetunion an Nazideutschland 1937–1941, Frankfurt am Main 1990

Schattenberg, Susanne, Diplomatie der Diktatoren. Der Molotov-Ribbentrop-Pakt. In: Osteuropa 7–9/2009, S. 7–31.

Schenk, Dieter, Hans Frank. Hitlers Kronjurist und Generalgouverneur, Frankfurt am Main 2006.

Schlögel, Karl, Das sowjetische Jahrhundert. Archäologie einer untergegangenen Welt, München 2017.

Schöllgen, Gregor, Deutsche Außenpolitik von 1815–1945, München 2013.

Schüddekopf, Otto-Ernst, Linke Leute von Rechts. Die nationalrevolutionären Minderheiten und der Kommunismus in der Weimarer Republik, Stuttgart 1960.

Schwendemann, Heinrich, Die wirtschaftliche Zusammenarbeit zwischen dem Deutschen Reich und der Sowjetunion von 1939 bis 1941. Alternative zu Hitlers Ostprogramm?, Berlin 1993.

Sebag Montefiore, Simon, Stalin. Am Hof des roten Zaren, Frankfurt am Main 2006.

Seltmann, Lothar, Tagebuch vom Treck der Wolhyniendeutschen, Potsdam 1941.

Slowes, Salomon W., Der Weg nach Katyń. Bericht eines polnischen Offiziers, Hamburg 2000.

Slutsch, Sergej, 17. September 1939: Der Eintritt der Sowjetunion in den Zweiten Weltkrieg. Eine historische und völkerrechtliche Bewertung. In: Vierteljahrshefte für Zeitgeschichte 2/2000, S. 219–254.

Slutsch, Sergej, Die Motive für die Einladung Molotovs nach Berlin im November 1940. Fakten, Vermutungen, vorläufige Schlussfolgerungen. In: Klaus Hildebrandt (Hg.), Geschichtswissenschaft und Zeiterkenntnis. Von der Aufklärung bis zur Gegenwart. Festschrift zum 65. Geburtstag von Horst Möller, München 2008, S. 253–276.

Snyder, Timothy, Bloodlands. Europe between Hitler and Stalin, New York 2010 (dt. Ausgabe München 2011).

Sudoł, Adam (Hg.), Sowietyzacija Kresów Wschodnich II Rzeczypospolitej po 17 wrzeœnia 1939, Bydgoszcz 1998.

Talleyrand's Briefwechsel mit König Ludwig XVIII. während des Wiener Congresses, F. A. Brockhaus 1881, S. 20.

Thomas, Ludmila, Georgi Tschitscherin. Ich hatte die Revolution und Mozart, Berlin 2012.

Fabian Thunemann, Verschwörungsdenken und Machtkalkül. Herrschaft in Russland, Berlin 2019.

Ueberschär, Gerd R./Bezymenskij, Lev A. (Hg.): Der deutsche Angriff auf die Sowjetunion 1941. Die Kontroverse um die Präventivkriegsthese, Darmstadt 1998.

Uldricks, Teddy J., The Impact of the Great Purges on the People's Commissariat of Foreign Affairs. In: Slavic Review, 36/1977, Heft 2, S. 187–204.

Veršinin, K. A., Četvertaja vozdušnaja, Voennoe izdanie Ministerstva Oborony SSSR: Moskva 1975.

Voß, Stefan, Stalins Kriegsvorbereitungen 1941 – erforscht, gedeutet und instrumentalisiert. Eine Analyse postsowjetischer Geschichtsschreibung, Hamburg 1998.

Witold Wasilewski, Sovětsko-německa spolupráce a katyňský zločin, in: Pamět a dějiny 4 /2010, S. 22–41.

Weber, Claudia, Krieg der Täter. Die Massenerschießungen von Katyń, Hamburg 2015.

Wegner, Bernd (Hg.), Zwei Wege nach Moskau. Vom Hitler-Stalin-Pakt zum «Unternehmen Barbarossa», München 2000.

Weinberg, Gerhard L., Germany and the Soviet Union 1939–1941, Leiden 1954.

Weingartner, Thomas, Stalin und der Aufstieg Hitlers. Die Deutschlandpolitik der Sowjetunion und der kommunistischen Internationale 1929–1934, Berlin 1970.

Werner, Michael/Zimmermann, Bénédicte, Beyond Comparison. Histoire Croisée and the Challenge of Reflexivity. In: History and Theory 45/2006, S. 30–50.

Werner, Michael/Zimmermann, Bénédicte, Vergleich, Transfer, Verflechtung. Der Ansatz der Histoire croisée und die Herausforderung des Transnationalen. In: Geschichte und Gesellschaft 28/2002, S. 607–636.

Werth, Alexander, Russland im Krieg. 1941–1945, München 1970.

Wnuk, Rafael, Zwischen Scylla und Charybdis. Deutsche und sowjetische Besatzung Polens 1939–1941. In: Osteuropa 7–8/2009, S. 157–172.

Zarusky, Jürgen, «Hitler bedeutet Krieg». Der deutsche Weg zum Hitler-Stalin-Pakt. In: Osteuropa 7–8/2009, S. 97–114.

Zeidler, Manfred, Reichswehr und Rote Armee 1920–1933. Wege und Stationen einer ungewöhnlichen Zusammenarbeit, München 1993.

Zeitungen und Zeitschriften

Osteuropa

Das schwarze Korps (Zeitung der Schutzstaffeln der NSDAP. Organ der Reichsführung SS)

Der Spiegel

Krakauer Zeitung

Süddeutsche Zeitung

Völkischer Beobachter

Warschauer Zeitung

Internetquellen

Aufzeichnung über die Unterredung zwischen dem Führer und dem Vorsitzenden des Rats der Volkskommissare der UdSSR und Volkskommissar für Auswärtige Angelegenheiten W. M. Molotow in Anwesenheit des Reichsaußenministers und des stellvertretenden Volkskommissars Dekanosow in Berlin am 13. November 1940. Online: https://www.histdoc.net/history/de/NaSo1940–11–12.html (letzter Zugriff am 30. 01. 2019).

Bad Rabka and Zakopane – SD School's. «The Schools for Scoundrels». Online: http://www.holocaustresearchproject.org/nazioccupation/sdschool.html (letzter Zugriff am 12. 02. 2019).

Der deutsch-sowjetische Grenz- und Freundschaftsvertrag vom 28. September 1939. Online: https://www.1000dokumente.de/index.html?c=dokument_ru&dokument=0027_gre&object=translation&st=GRENZ-%20UND%20FREUNDSCHAFTSVERTRAG&l=de (letzter Zugriff am 16. 03. 2019)

Der Führer und Oberste Befehlshaber der Wehrmacht, FHQu, Weisung Nr. 21 «Fall Barbarossa» vom 18. Dezember 1940. Online: https://www.1000dokumente.de/index.html?c=dokument_de&dokument=0009_bar&object=translation&l=de (letzter Zugriff am 30. 01. 2019).

Fluchtbericht von Leopold Sonnenfeld, Dokumentationsarchiv des österreichischen Widerstandes, Wien. http://www.doew.at/erinnern/biographien/erzaehlte-geschichte/ns-judenverfolgung-deportation/leopold-sonnenfeld-jetzt-haben-wir-gewusst-w as-los-ist (letzter Zugriff am 27. 01. 2019).

Erlass des Führers und Reichskanzlers zur Festigung des deutschen Volkstums, 7. Oktober 1939. Online: https://www.1000dokumente.de/pdf/dok_0075_vot_de.pdf (letzter Zugriff am 12. 02. 2019).

Gräfe, Karl-Heinz, «Es kommt die Zeit, da sie es tun …» Online: http://www.ag-friedensforschung.de/themen/Kriegsgeschichte/baltikum. html (letzter Zugriff am 24. 01. 2019).

Hitler, Adolf, Erklärung der Reichsregierung vor dem Deutschen Reichstag, 1. September 1939. Online: https://www.1000dokumente.de/index.html?c=dokument_de&dokument=0209_ pol&object=translation&l=de (letzter Zugriff am 11. 01. 2019).

Knipping, Franz, Die Deutsch-Französische Erklärung vom 6. Dezember 1938. In: perspectivia.net, Beihefte der Francia 10/1981, S. 523–551. Online: https://www.perspectivia.net/publikationen/bdf/hildebrand-werner_deutschland/knipping_erklaerung (letzter Zugriff am 10. 01. 2019).

Kurzfassung der Rede I. V. Stalins vor den Absolventen der Akademie der Roten Armee im Kreml, 5. Mai 1941. Online: https://www.1000dokumente.de/index.html?c=dokument_ru&dokument=0028_ kre&object=facsimile&l=de (letzter Zugriff am 30. 01. 2019).

Niederschrift über die Besprechung in der Reichskanzlei am 5. November 1937 («Hoßbach-Protokoll»), 10. November 1937. Online: http://www.ns-archiv.de/krieg/1937/hossbach/ (letzter Zugriff am 07. 01. 2019).

Protokoll der Befragung von Kurt von Kamphoevener am 14. August 1945. In: Archiv des Instituts für Zeitgeschichte München. Online: http://www.ifz-muenchen.de/archiv/zs/zs-2066.pdf (letzter Zugriff am 12. 02. 2019).

Rede Adolf Hitlers vor den Spitzen der Reichswehr am 03. 02. 1933. Online: https://www.1000dokumente.de/index.html?c=dokument_de&dokument=0109_hrw&object=facsimile&pimage=2&v=100&nav=&l=de (letzter Zugriff am 07. 01. 2019).

Stalin, I. V., Rechenschaftsbericht auf dem XVIII. Parteitag über die Tätigkeit des CK VKP (b) [Auszüge], 10. März 1939. Einleitung Donald O'Sullivan. Online: https://www.1000dokumente.de/index.html?c=dokument_ru&dokument=0023_kas&object=context&st=&l=de (letzter Zugriff am 10. 01. 2019).

Stefan Troebst im Interview mit Barbara Galaktionow von der Süddeutschen Zeitung anlässlich des 75. Jahrestages der Unterzeichnung des Nichtangriffsvertrags. Online: https://www.sueddeutsche.de/politik/jahre-hitler-stalin-pakt-deutschlands-verzerrter-blick-1.2097705 (letzter Zugriff am 04. 01. 2019).

Swetlana Allilujewa in: Der Spiegel 40 (1969) S. 146 f. Internetquelle: http://www.spiegel.de/spiegel/print/d-45547705.html (letzter Zugriff am 19. 03. 2019).

Tagebücher von Alfred Rosenberg (Alfred Rosenberg Diary), United States Holocaust Memorial Museum. Online: https://collections.ushmm.org/view/2001.62.14 (letzter Zugriff am 11. 09. 2018).

Wildt, Michael, «Eine neue Ordnung der ethnographischen Verhältnisse». Hitlers Reichstagsrede vom 6. Oktober 1939. In: Zeithistorische Forschungen/Studies in Contemporary History, 3/2006. Online: http://www.zeithistorische-forschungen.de/1–2006/id=4759 (letzter Zugriff am 12. 02. 2019), Druckausgabe: S. 129–137.

Personenregister

Aus dem Verlagsprogramm